JN083764

実践コンピューターリテラシー入門

■

改訂版

宮脇典彦・小沢和浩・安藤富貴子・新村隆英〔著〕

実教出版

まえがき（改訂にあたって）

初版のまえがきにある通り，「大学あるいは短期大学における初年度の入門授業でお使いいただくことを目的」として，2013 年 10 月に本書を実教出版株式会社より刊行いただいて以来，はや 10 年が経過してしまった。この間 Windows 8 は Windows11 に，Office2013 は Office2021 あるいは Microsoft365 にバージョンアップした。本来であればもっと早く本書を改訂すべきであったが，ようやく改訂版を出版させていただくことができた。

改訂版は初版と目的および構成を一にしている。Windows11 と Office2021 に準拠して改訂したほか，2 章「Windows11 の概要」，5 章「PowerPoint」および 10 章「Excel マクロ」は内容を一新した。4 章にあった Word を用いた「簡単な Web ページの作成」については，ワードアート等を用いて作成した内容が Web ブラウザで必ずしも正確に表示されないことから，改訂版では割愛した。もし本書を Word と Excel を中心とした半期の入門授業のテキストとして使われる場合には，1 章，2 章，3 章，4 章（5 節まで），6 章，7 章（4 節まで），8 章（2 節まで）を基本として活用いただきたい。

2023 年 1 月時点における Windows11 と Office2021 の最新版を用いて改訂版の執筆を開始したが，同年 5 月初旬にクイックアクセスツールバーがデフォルトでタイトルバーに表示されるようになったことなど，大きな変更については校正の段階で修正した。それ以外にも，自動更新などにより画面構成が若干変わっている可能性があることをご容赦願いたい。さらに，読者が使用されている Office2021 や Microsoft365 の画面とは，更新時点によって若干の相違があると思われる。初版と同様に，Windows11 や Office 2021 の各種機能をすべて網羅しているわけではないことも，お断りしておきたい。

最後になったが，改訂版の刊行にあたり企画段階から大変有益なアドバイスをいただき，初稿の確認，校正から最終稿の確定に至るまで，ネットワークツールを駆使して献身的にサポートいただいた，実教出版株式会社企画開発部の永田東子氏に，心から感謝申し上げたい。

2023 年 10 月
著者を代表して
宮脇 典彦

まえがき

筆者らは，法政大学経済学部において長年にわたりコンピューター入門やビジネスプログラミング，データ解析などの授業に携わってきた。この経験を生かし，大学あるいは短期大学における初年度の入門授業でお使いいいただくことを目的に，株式会社有斐閣から「実践的コンピュータ入門」を刊行いただいた。今回このテキストをベースに，新村隆英氏と安藤富貴子氏に新たに執筆陣に加わっていただき，さらに発展的なテキストとして実教出版株式会社から本書を出版させていただく機会を得たことは，私どもにとって望外の幸せである。大学・短期大学での授業や実習のテキストとして，あるいは社会人や高校生の方々の参考書として，幅広くご活用いただければ幸いである。

本書は最初にコンピューターとネットワークの歴史と概念を概説し，Windows 8 の説明とファイルや Web 操作，Word の基本操作とさまざまな文書の作成方法，PowerPoint によるプレゼンテーションの基本的手法，Excel によるデータ解析や数理解析の基本と応用を，身近な例題を通じて 1 年間で習得できるよう配慮した。もし本書を Word と Excel を中心とした半期の入門授業のテキストとして使われる場合には，1 章，2 章，3 章，4 章(5 節まで)，6 章，7 章(4 節まで)，8 章(2 節まで)を基本として，その他の章や節は必要に応じてトピック的に取り上げていただきたい。

執筆にあたっては，大学や短期大学で必要となる知識や考え方を，初学者が系統的に身に付けていくことができる内容とするよう心がけた。したがって，多くの概説書のように，Windows 8 や Office 2013 の各種機能をすべて網羅しているわけではないことを，あらかじめお断りしておきたい。

最後になったが，本書の企画段階から打合せやメールを通じて大変有益なアドバイスをいただき，完成まで献身的に支えていただいた，実教出版株式会社企画開発部企画開発第 1 課の吉田優氏に，心より深く感謝申し上げたい。

2013 年 9 月
著者を代表して
宮脇 典彦

1章 コンピューターとネットワーク

2章 Windows11 の概要

3章 Word の基本的な機能

4章 Wordによるさまざまな文書の作成

5章 PowerPoint

6章 Excelの基本操作

7章 Excelによる数値データの解析

本書で使用するデータは下記URLからダウンロードできます。
https://www.jikkyo.co.jp/download/
「実践コンピューターリテラシー入門」と検索してください。

1章 コンピューターとネットワーク

●――本章ではコンピューターとネットワークの概要を述べる。以降での学習の基礎となる部分である。コンピューターを利用する場合にはその背景となる基礎的な知識も必要である。

1-1 コンピューターの誕生

アメリカのペンシルバニア大学で1946年に世界ではじめての電子計算機（コンピューター）が誕生する。ENIAC（Electric Numerical Integrator And Calculator）と名づけられたこのコンピューターは，基本素子として18,800本もの真空管を用い，総重量約30トン，消費電力は150 kWもあったといわれている。それまで，歯車やその回転数を数値に対応させて計算を行った機械式の計算機や，電磁式開閉素子（リレー）を基本素子として用いていた計算機とは比べものにならないほどの高速計算が可能となった。しかし，計算手順をハードウェアの中に直接組み込んでいたことや，巨大な回路自身のメンテナンスに多くの労力と時間を費やすことなどにより困難な運用が強いられていたようである。また，ENIAC開発の目的は，残念なことに大砲の弾道計算であったといわれている。

1-2 コンピューターの発展

メンテナンスの効率化をめざし，またENIACの短所を解消するため，J. Von Neumannによって新しい概念が提案される。プログラムを記憶する部分をコンピューターの内部（メインメモリー）に持たせ，その部分を交換する（書き換える）ことで汎用性を持たせたものである。この概念は，プログラム内蔵方式と呼ばれ，現在の汎用コンピューターのほとんどに採用されている方式である。このようなコンピューターをノイマン型のコンピューターと呼ぶ。1949年にケンブリッジ大学で開発されたEDSAC（Electronic Delay Storage Automatic Computer）でこの概念ははじめて実現されている。

1948年6月30日にアメリカのAT＆Tベル研究所で，Walter Houser Brattain, John Bardeen, William Bradford Shockleyによってトランジスタが発明されると，それまでコンピューターの基本素子として用いられてきた真空管がその役目を終えることになる。不純物濃度の違ったシリコンなどの半導体と呼ばれる結晶を組み合わせて作られたこの電子的なスイッチは，小型で低消費電力であったためコンピューター以外にもあらゆる電子回路で使われるようになった。

トランジスタを用いたコンピューターはさらに飛躍的な進歩を遂げることになる。CPUやメモリーなど，そこで扱うすべての情報が2値（ONとOFF状態で情報を表現）であるコンピューターにとって，トランジスタ回路のスイッチとしての役割が最適だったのである。トランジスタの製造技術が進歩すると，ひとつの半導体基盤の上に多数のトランジスタやその周辺素子を同時に製造することが可能となった。これは集積回路（IC：Integrated Circuit）と呼ばれ，1970年代の最先端技術であった。1980年代に入るとさらにその集積度を上げた，LSI（Large Scale IC），VLSI（Very Large Scale IC），さらには，現在のパーソナルコンピューター（以下PCという）の1チップCPUやSOC（System on Chip）へと発展してゆく。

基本素子の発達によって高速な演算装置や大容量のメモリーが使えるようになると，ソフトウェアの規模も次第に大型化してゆく。当初は個々のコンピューターに合わせて設計されていた基本ソフト（OS：Operating System）やアプリケーションソフト（以下，アプリ[注]）も汎用化（オープン化）が進み，次第にコンピューターメーカー間の壁を超えて動作するようになる（PC の OS では，Windows，Linux など）。

また汎用のコンピューターも多様化し，汎用のコンピューター（メインフレーム）の他にネットワーク利用を前提としたワークステーション，超高速の科学技術計算用に特化したスーパーコンピューターなどさまざまなコンピューターが登場する。現在では，コンピューターはインターネットやネットワーク環境での利用を前提として多くの分野での情報管理，情報処理になくてはならない存在となっている。

1-3 コンピューターでの情報表現

コンピューター内部では 2 つの電気的な状態（{ON，OFF} または，{0V，3V} など）で情報を表現している。いま，この 2 つの状態を {0，1} の 2 値に対応付けて考えよう。このように 2 値で表現される数値を 2 進数と呼ぶ。2 進数 1 桁では，2 つの状態，2 桁では 4 つの状態，3 桁では 8 つの状態，…となる。2 進数の桁数が増えてゆくと，2 のべき乗で表現できる状態の数が増えてゆくことになる。表 1.1 に 2 進数の 4 桁で表現が可能な状態を示した。2 進数 4 桁では 16 通りの情報表現が可能である。

表 1.1　2 進数 4 桁で表すことができる状態

10 進数	2 進数の 4 桁の状態	16 進数
0	0000	0
1	0001	1
2	0010	2
3	0011	3
4	0100	4
5	0101	5
6	0110	6
7	0111	7
8	1000	8
9	1001	9
10	1010	A
11	1011	B
12	1100	C
13	1101	D
14	1110	E
15	1111	F

注 | 本書で使うアプリという用語は主に PC にインストールして使うデスクトップ・アプリを示す。

2 進数の 1 桁のことを bit (binary digit) という。表 1.1 は 4 bit で表現できるデータ数である。また，8 bit を 1 byte と呼ぶ。桁数が増えると 2 の倍数で表現できる場合の数が増えるため，1000 に一番近い数字は 1024 となる。1024 byte を 1K byte，1024K byte を 1M byte，1024M byte を 1G byte，さらに 1024G byte を 1T byte という。1K＝1024 は，1k＝1000 と区別するため大文字が用いられている。これらコンピューターや情報通信で用いられる単位を表 1.2 に示す。

表 1.2　情報量の基本的な表現

単位 (よみかた)	容量
1K byte (1 キロバイト)	1024 byte
1M byte (1 メガバイト)	1024K byte
1G byte (1 ギガバイト)	1024M byte
1T byte (1 テラバイト)	1024G byte
1P byte (1 ペタバイト)	1024T byte
1E byte (1 エクサバイト)	1024P byte

1-4 コンピューターでの情報の符号化

コンピューター内部やネットワーク上で伝達される情報は 2 値の電気的な信号で表現される。それに対してわれわれが日常で情報伝達に使うのは数字や記号や文字である。コンピューターで扱う電気的な 2 値の情報とわれわれが使う文字などがつねに一対一に対応付けられていれば，電気信号に変換して伝送されたデータも，もとのデータとして再び読み出すことが可能となる。このように文字や数値や記号に一対一で電気信号を割り当てることを**符号化**という。

世界で最も一般的な符号化の方法は ASCII (American Standard Code for Information Interchange) と呼ばれる符号体系である。これはもともと欧米で用いられる半角サイズのアルファベット，数字，演算記号などを 7 bit の 2 進数で (128 通り) 割り当てたものである。ASCII での符号化の例を表 1.3 に示す。表中のカッコ内の数字は 16 進数で後ろについている H (ヘキサと読む) は 16 進数を表す記号で，10 進数との混同を避けるために用いられる。

表 1.3　ASCII での符号化の例

ASCII コード	表現される文字，記号
100 0001 (41H)	A
110 0001 (61H)	a
011 1111 (2FH)	/

図 1.1 に示すように，キーボードから「A」の文字が押されれば，{ON，OFF，OFF，OFF，OFF，OFF，ON} の配列の電気信号が発生し，これ以降コンピューターやネットワーク内ではこの配列の電気信号で「A」の文字を扱うことになる。インターネットを通じて外国にいる人にメールを送っても相手のコンピューターで解読できるのは ASCII コードを世界中のコンピューターが採用しているからである。

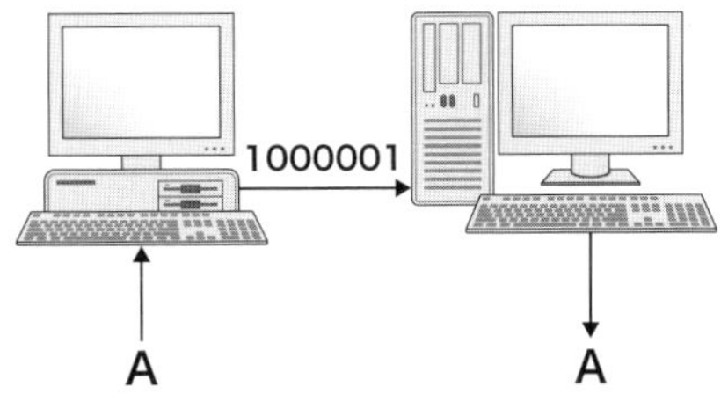

図 1.1　文字「A」が伝送される様子

日本ではASCIIを包含する形で16 bit JISコードやSHIFT JISコードが作成され用いられている。16 bitに拡張することで全角サイズの文字のコード化もなされている。

1-5　ネットワークとインターネットの登場

1960〜70年頃のコンピューターの利用形態といえば，「コンピュータールームに利用者が出向き，あらかじめ用意して仕上げたプログラム（磁気テープや紙カードに記録）をそこで入力し，結果が印刷されて出力されたものを持ち帰る」というのが一般的であった。このような処理形態をバッチ処理と呼ぶ。そのころ主流のコンピューターはメインフレームと呼ばれる大型の汎用マシンである。その後，60年代後半から70年代前半にかけて，汎用のメインフレームを少し離れたところから使う技術が登場し，さらにあたかも複数の人が同時に利用しているように見せかけるタイムシェアリングシステム（TSS）が登場する。それまでは，ひとつのジョブ（プログラムとして投入されるコンピューターが行う処理の単位）が終了するまで，他のジョブは処理を行うことはできなかった。ひとつの仕事が終わるまで次の仕事には取り掛かれない，直列的な処理である。それに対してTSSは，多くのジョブをすべて分割し，分割したそれぞれのジョブを順番にしかも高速に処理してゆくため，見た目には複数のジョブが同時に並列処理されているかのように見せる技術である。

一方で1960年代後半には，アメリカ国防総省のAdvanced Research Projects Agency（高等研究計画局）が軍事用データの通信網として複数のコンピューターを繋いだネットワーク技術を開発した。これが現在のインターネットの起源といわれている。目的は軍事データを分散配置し一箇所のコンピューターが攻撃を受けて破壊されても，他の複数のコンピューターがネットワークを経由して情報網を維持し続けるような頑健性を持たせることが目的であった。パケット交換による通信形態，また，TCP/IPと呼ばれる通信規約（データ通信上の約束事）はこの研究プロジェクトで多くの実験が行われ，完成されたものである。1983年以降には，TCP/IP（インターネットの通信規約）を標準仕様として用いることになった。さらに同年には軍事用ネットワークであるMILNETが分離され，1992年には商用インターネットサービスが開始される。その後，WWW技術が開発され，さらにWebブラウザソフトの充実とともに，PCからの接続もWindow95の発売をきっかけに急増してゆく。90年代はインターネットへ接続するコンピューターの数が爆発的に増加した時代であった。

1-6 ネットワークの仕組みとインターネットの発展

ネットワークの伝送路に関する技術（規格）としては，1973年にアメリカのゼロックス社によって開発されたイーサネットの技術が標準となっている。具体的には，伝送線（電線や光ファイバーケーブル）やコネクタ，ネットワークカードやネットワークスイッチなどのハードウェア仕様やデータのフレーム転送に関するものである。この技術も年々進歩し，現在では，PCでもギガビットイーサネット対応の入出力端子が標準で装備されている。

このように構成された多くのLAN（Local Area Network）を，ルーターを介してTCP/IP（インターネットの通信規約）のプロトコルで結んだものがインターネットである。世界中のネットワークが同一の通信規約で結ばれることによって相互にデータ通信が可能となったのである。インターネットでは特定のネットワーク（LAN）やそのネットワーク上のサーバー，さらにはクライアントマシンに対して世界にひとつしかないIPアドレスという固有の番号を割り当てている。世界中のIPアドレスはICANN（Internet Corporation for Assigned Names and Numbers）と呼ばれる非営利団体によって管理され，日本ではJPNIC（Japan Network Information Center）がその管理を行っている。当初は約43億（32ビット）ものアドレス空間を持つIPアドレスであったが，インターネットの爆発的な普及によって，2011年2月3日にICANNは最後の国際的な在庫の分配を終えた。これまでのIPver.4は終了し，さらに拡張した128ビットのアドレス空間を持つIPver.6へ移行している。

インターネットが普及し，その運用技術の精度が向上して通信容量も安定，拡大してくると，いままではデータを保存することが中心だったサーバーの利用形態がさらに進展する。高速なネットワーク技術で接続されたサーバー上にデータばかりでなくさまざまなアプリケーションソフトやサービスを置き，データを共有しながら遠隔地から複数のユーザーが同時利用するといったクラウドコンピューティングが登場する。多くのサービスがサーバー上に存在するクラウドコンピューティングや，インターネットを利用して収集される大量のデータ（ビッグデータ）を用いて，統計的・社会科学的な解析や分析などを高速処理することで新たな事実の発見が可能となっている。

1-7 コンピューターウイルス

インターネットが社会生活のインフラとなるにつれて，ネットワーク上でのさまざまな脅威が増えている。コンピューターシステムに直接的に脅威を引き起こすものとしてマルウェアがある。マルウェアはコンピューターシステムに対して不正な動作を行うプログラムの総称である。マルウェアにはコンピューターに取り込まれる（感染）と不正な動作を引き起こしたりするものや，コンピューターの管理権を奪ったり（乗っ取り），OSやアプリの不具合な部分（セキュリティホール）を探し出し，そこからウイルスを感染させたりするものもある。これらの悪意のあるアプリの総称を，広い意味での「コンピューターウイルス」と呼んでいる。

コンピューターウイルスにはマクロプログラムなどに感染して増殖能力を持つものや，単独で動作し増殖能力のあるワーム（ボットなど）と，単独で動作するが増殖能力のないトロイの木馬（スパイウェアやバックドア）などに分類されている。こうしたエンドポイントのセキュリティ対策としてウイルス対策用アプリが利用されている。また，管理するPCなどは常にOSをアップデートして最新の状態にしておくことが求められる。

1-8 ネットワークからのさまざまな脅威

ネットワークにつながれたコンピューターシステムにセキュリティホールが存在すると，そこからコンピューターシステムの管理権を奪われ不正侵入されてしまう。その後，コンピューターからの情報漏洩や，所有者が知らない間に他のコンピューターへの攻撃に使われることもある。こうした脅威からの対応はマルウェアと同様である。

サービスを提供するサーバーに対する脅威としては，多くの要求を大量に送りつける DoS 攻撃がある。これはサーバーの処理能力以上の要求を送ることで，サーバーを処理不能の状態にすることを狙ったものである。手法は単純であるが，サービスを要求する側の IP アドレスが変えられている場合が多く特定が難しい。さらに，ボットに感染した多くのコンピューターを操り大量の要求を同時に行うものもある。

また，ネットワークを利用したサービスを提供する会社などの Web サイトを装い，個人情報に問題があるなどとして再入力画面に誘導し，パスワードなど重要な情報を詐取するフィッシング詐欺にも注意が必要である。年々フィッシングに利用される偽の Web サイトも完成度が上がっているので，細心の注意が必要である。相手の要求にすぐには応答せず，本当に重要な情報の入力が必要なのかを冷静に判断する必要がある。

1-9 ネットワーク利用における社会問題

SNS (Social Networking Service) は Web 上でグループを構成し情報を共有する仕組みである。一般的に SNS 上に作られたグループ以外には情報の発信はできない。しかし，登録をしなくても誰でも見ることはできるので，情報の発信には細心の注意が必要である。発信した情報は世界中に向いていることを自覚するべきである。内容によっては瞬く間に世界中に情報が拡散することも考えられる。これは，最近話題の動画投稿サイトなどでよくみられることである。利用する際には慎重に社会的なルールを守った利用が求められる。

1-10 将来のコンピューターとネットワーク

コンピューターの性能が向上した1980年代に「人工知能(Artificial Intelligence)」という言葉がもてはやされた。日本でも当時の通商産業省が主導し，第五世代コンピューター開発機構が誕生している。ノイマン型のコンピューターからの脱却，高速な並列計算の論理の実現，知的情報処理などハードウェアやアプリの開発がさまざまな研究機関の研究者たちによって組織的に始まった。しかし，エキスパートシステム(専門家システム)構築用のコンピューター言語など，いくつかの要素技術は誕生したが，実用的なハードウェアやアプリなどを開発することはできなかった。さらに，1990年代には「ファジィ理論」や「ニューラルネットワーク」などを応用した，学習システムや診断システム，さらには制御システム等が実用化されている。これらもやはり，ノイマン型コンピューターの応用アプリとしての位置づけである。このなかで，人の神経回路網を模して誕生した「ニューラルネットワーク」は進化を遂げ，深層学習などの応用を重ねた学習アルゴリズムとインターネット上の情報収集技術により現在の生成AIへとつながってゆく。

一方で次世代のコンピューターとして期待されている量子コンピューターは，現在のノイマン型のコンピューターが扱う1ビットを1量子ビットに置き換えることによって，少ないビット数で多くの情報表現や状態表現が可能とされている。量子力学の重ね合わせの理論に基づき，状態を表現することにより多くの並列計算を高速に実現することができるとされている。

演習問題

演習 | **1.1**　コンピューターの発展の歴史をその時代背景から考察しなさい。

演習 | **1.2**　インターネットが社会に与えた影響を考察しなさい。

演習 | **1.3**　以下の文字を 2 進数表現と 16 進数表現の ASCII コードで書きなさい。

J j I i K k Y y O o

2章 Windows 11 の概要

Windows 11 をインストールしアカウントを設定すると，クラウド上のストレージサービスやビデオ会議システムなどネットワークを利用したいくつかのサービスが提供される。これらのアカウントの設定が終了すると，端末と利用者を関連付ける PIN (Personal Identification Number) と呼ばれる，ローカルパスワードの設定が行われる。PIN は設定した端末上でのみ有効である。

本章ではこれらの初期設定が終了していることを前提に，基本的なアプリの利用法を解説する。

2-1 Windows 11 の操作法

PC の電源を入れて PIN を入力し，Windows が起動すると図 2.1 の画面が現れる。

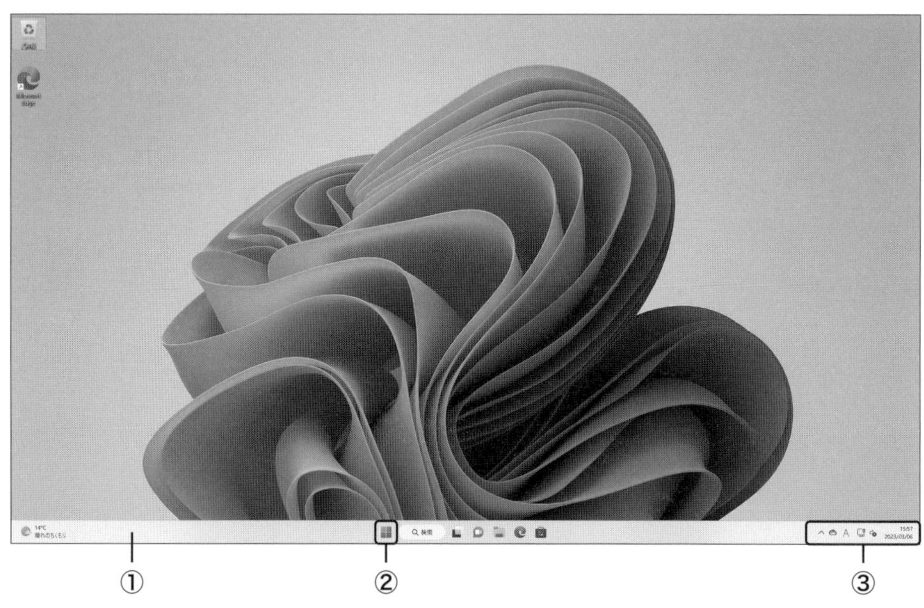

図 2.1　Windows11 のデスクトップ

現れた画面がデスクトップである。以下に各部の名称と機能を紹介する。

① タスクバー

起動できるアプリがアイコンで表示されている。メニューからアプリを起動すると，そのアイコンが追加されて表示される。

② スタート

アプリの一覧が表示できるスタートメニュー(図 2.2) が表示される。

③ タスクバーコーナー

クラウドサービスの状態，文字入力のモード，ネットワークの状態，オーディオ(音量など)，日時などが表示されている。

次にデスクトップの**[スタート]**をクリックすると図2.2のようなスタートメニューが表示される。「ピン留め済み」の部分にはよく使われると思われるアプリのアイコンが並んでいる。また，スタートメニュー上でマウスの右ボタンをクリックして現れる**[スタート設定]**をクリックすることによりスタートの設定画面が表示され，メニュー形式でよく使うアプリや最近使ったファイルなどを「おすすめ」に表示させることができる。

右上の**[すべてのアプリ]**をクリックすると，アルファベット順にPCにインストールされているすべてのアプリのリストが表示される。

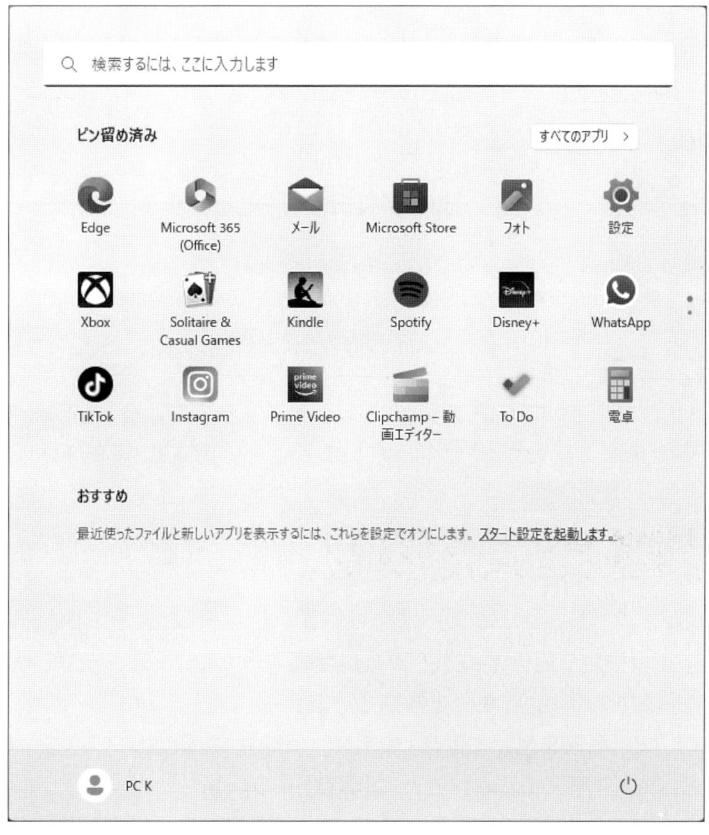

図2.2　スタートメニュー

図2.2の右下の「電源」ボタンをクリックし，現れたメニューの中から**[シャットダウン]**を選べばWindowsを終了し，PCの電源を切ることができる。

2-2 ファイル操作

2-2-1 ファイルの作成と保存

ここでは，簡単に操作できるエディタの「メモ帳」を起動してファイルを作成し，保存してみる。

例題 2-1

メモ帳を使って以下の文章を入力し，ファイル名を「例題 2-01.txt」として保存しなさい。

実教大学経済学部

ファイルの作成と保存

1 **[スタート]** から **[すべてのアプリ]** と進み，メニューの中から「メモ帳」を選択する。
2 画面右下の IME の部分が あ となっていることを確認する（**図 2.1 ③**）。 A となっている場合には， 半角／全角 キーを押して あ に変更する。IME で あ が表示されている場合は全角サイズのローマ字入力の状態である。 A となっている場合には半角サイズのアルファベット入力の状態である。
3 ローマ字入力で「じっきょうだいがくけいざいがくぶ」と入力すると候補の漢字が現れるので，その中から選択するか，または変換キー（スペースキー）を押して現れる候補の漢字から選択し Enter キーを押して決定する。
4 **[ファイル]** の **[名前を付けて保存]** を選び，保存先（左側のリスト）を「デスクトップ」，ファイル名を「例題 2-01 .txt」として **[保存]** する。
5 デスクトップ上に「例題 2-01 .txt」のアイコンができていれば保存できたことになる。
6 「メモ帳」のファイルメニューから **[終了]** を選ぶ。
7 確認のためデスクトップ上の「例題 2-01 .txt」のアイコンをダブルクリックしてファイルが開くことを確認しておく。

2-2-2 ファイル形式と拡張子

アプリを使って作成するファイルにはいろいろな形式がある。例題 2-1 で作成した「例題 2-01 .txt」はファイル名の後に「.txt」がついている。ファイル名の後半のピリオド以下の部分を**拡張子**と呼ぶ。拡張子はそのファイルがどのようなアプリで作成されたかを示している。拡張子「.txt」はテキストファイルといって，ほとんどのアプリで読み書きすることができるファイルを示している。拡張子の代表的なのものを表 2.1 に示す。

表 2.1　拡張子とファイルの種類

拡張子	ファイルの種類
.docx　.doc	Word ファイル（doc は旧バージョン）
.xlsx　.xls	Excel ファイル（xls は旧バージョン）
.pptx　.ppt	PowerPoint ファイル（ppt は旧バージョン）
.txt	テキストファイル（文字・数値だけの文書）
.csv	データをカンマで区切ったテキストファイル
.pdf	PDF ファイル
.zip　.lzh など	圧縮されたファイル
.exe	実行ファイル

2-2-3　IME による日本語入力

Microsoft の日本語変換ツール IME を用いた文字の入力方法について簡単に説明する。

❶ 入力するときの文字の種類と切り替え

入力するときの文字の種類は全角文字と半角文字に分かれ，全角文字の場合には，入力後に確定する必要がある。全角文字と半角文字の入力の切り替えは，キーボード左上隅の 半角／全角 キーを押す。全角入力となっている場合には，画面右下に あ と表示され，半角入力となっている場合には， A （半角）と表示されている。 半角／全角 キーを押すごとに あ と A （半角）が切り替わる。 あ と表示して欲しいときに， カ や A （全角）などになっている場合には， スペース キーの右側にある カタカナひらがな キーを押すと あ に戻る。

❷ 全角文字種類の変更

あ が表示されているときには，全角のひらがなでの入力となり，確定前である文字に下線が引かれている状態になっている。この状態でキーボード上段にある F7 キーを押せば全角カタカナに， F8 キーを押せば半角カタカナに， F9 キーを押せば全角の英字， F10 キーを押せば半角の英字に変換できる。目的の文字になり決定するときには， Enter キーを押して確定する。

❸ 文字の変換

全角文字で入力すると変換の候補一覧が表示される。 スペース キーを押して選択，またはマウスで選択し， Enter キーを押すと確定する。

❹ 大文字・小文字の切り替え

大文字で入力しているときに， Shift キーを押しながら入力すれば，小文字が入力される。その逆も同じである。 Shift キーを押しながら Caps Lock キーを押すと大文字入力と小文字入力が切り替わる。

2-2-4 ファイルの構造とフォルダー

ストレージ(メモリー)上のファイルの構造を可視化するツールに**エクスプローラー**がある。エクスプローラーはWindows OSにインストールされている。通常，初期画面ではタスクバーにそのアイコンがある(図2.3)。

図2.3　エクスプローラーのアイコン

エクスプローラーを起動すると，ストレージ上のフォルダーやファイルを階層的に見ることができる。またファイルやフォルダーをドラッグ&ドロップすることにより移動させることもできる。図2.4はドキュメントフォルダーにある「Officeのカスタムテンプレート」のフォルダーをローカルディスク(C:)に移動させているところである。

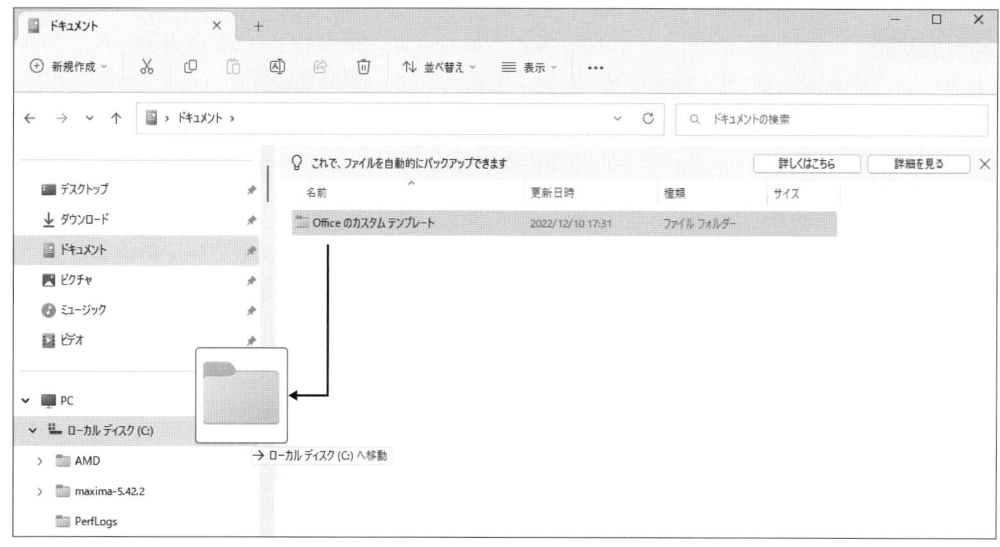

図2.4　エクスプローラーによるフォルダーの移動

2-2-5 フォルダーの作成とファイルの圧縮・解凍

フォルダーはいくつかのファイルをまとめて保存することが可能である。また，フォルダーごとファイルを圧縮することも可能である。

例題 2-2

例題 2-1 で保存したデスクトップ上にあるファイル「例題 2-01.txt」を「2 章の例題」というフォルダーに移動しなさい。

フォルダーの作成とファイルの移動

1. デスクトップ上でマウスの右ボタンをクリックして現れたプルダウンメニューの中から **[新規作成]-[フォルダー]** を選択する。
2. デスクトップ上に新しいフォルダーができるので，ファイル名を「2 章の例題」に変更し（図 2.5（a)），Enter キーを押して決定する。
3. デスクトップ上にある「例題 2-01 .txt」をドラッグして「2 章の例題」のフォルダー上でドロップする（図 2.5（b））。
4. 確認のため「2 章の例題」のフォルダーをダブルクリックして中のファイルを確認する（図 2.6）。

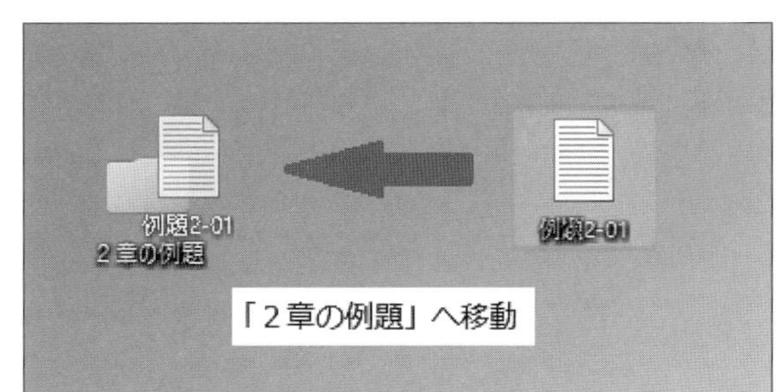

図 2.5 (a)フォルダーの作成 (b)フォルダーへのファイルの移動

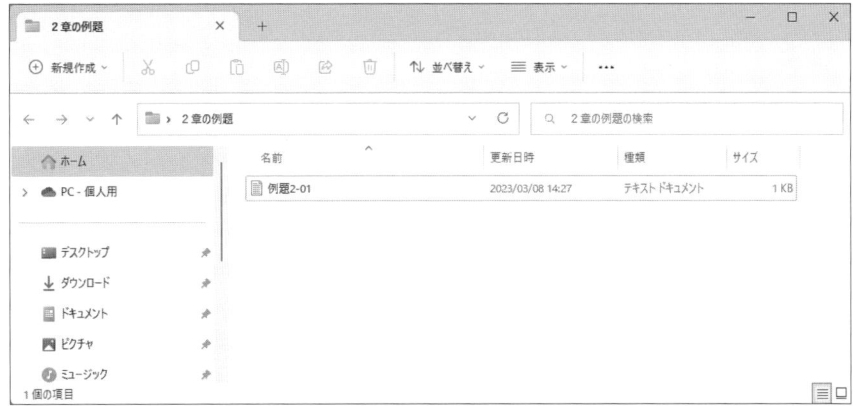

図 2.6 フォルダー内のファイルの確認

ファイルやフォルダーのメモリー容量を圧縮して保存する技術がある。ここでは Windows にあらかじめ備えられているファイルやフォルダーの圧縮機能を使ってみる。次の例題 2-3 ではフォルダーの圧縮を行っているが，ファイルに関しても同様の操作で圧縮・解凍が可能である。

例題 2-3

「2章の例題」のフォルダーを圧縮しなさい。次に圧縮したフォルダーを解凍しなさい。

フォルダーの圧縮

1 デスクトップ上にある「2章の例題」のフォルダー上でマウスの右ボタンをクリックし現れたメニューの中の**[ZIPファイルに圧縮する]**を選択する(図2.7(a))。

2 図2.7(b)のようなフォルダーが圧縮されたフォルダーである。

3 圧縮したフォルダーの名称の部分をクリックすると名称変更が可能になるので,「2章の例題提出用」に変更する(図2.7(c))。

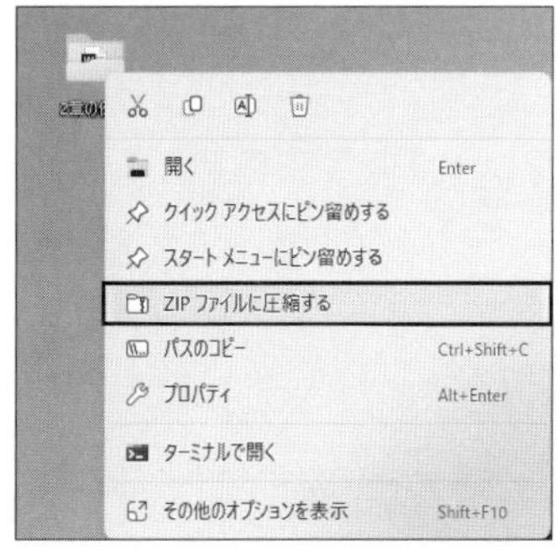

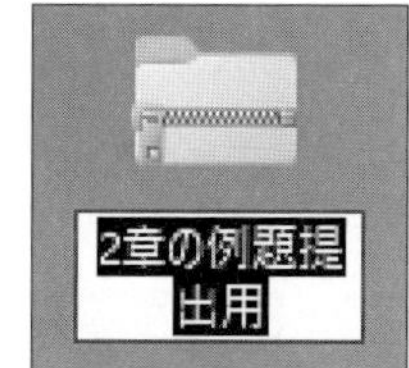

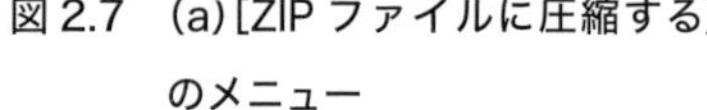

図2.7 (a)[ZIPファイルに圧縮する]のメニュー (b)圧縮フォルダー (c)フォルダーの名称変更

フォルダーの解凍

1 圧縮されたフォルダーの上でマウスを右クリックして現れるメニューから**[すべて展開]**を選択する。

2 **[展開先の選択とファイルの展開]**の画面(図2.8)が現れるので,展開先を指定する。

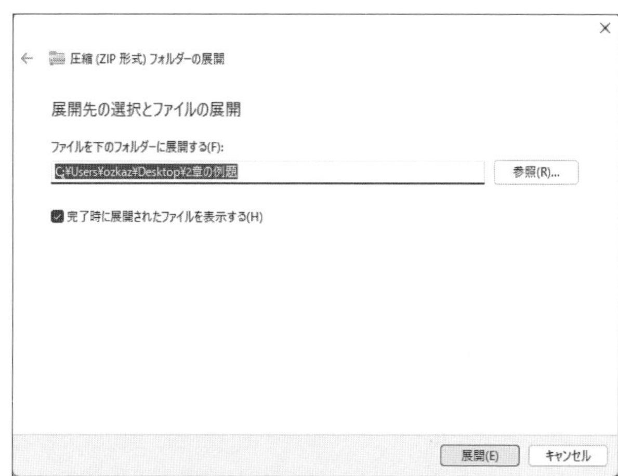

図2.8 [展開先の選択とファイルの展開]の画面

2-3 電子メール

Windows ではネットワーク環境やメールアドレス，パスワードなどを設定すると電子メールの利用が可能となる。電子メール用のアプリは組織や企業，大学などによって指定されている場合も多い。公用（仕事）として用いる場合には，指定されたものを利用することを推奨する。各自が所属する組織の電子メールを確認するとよい。ここでは，Windows に用意されている Outlook を例にその概要を示す。図 2.9 は Outlook を起動し「メールの新規作成」を選択したものである。

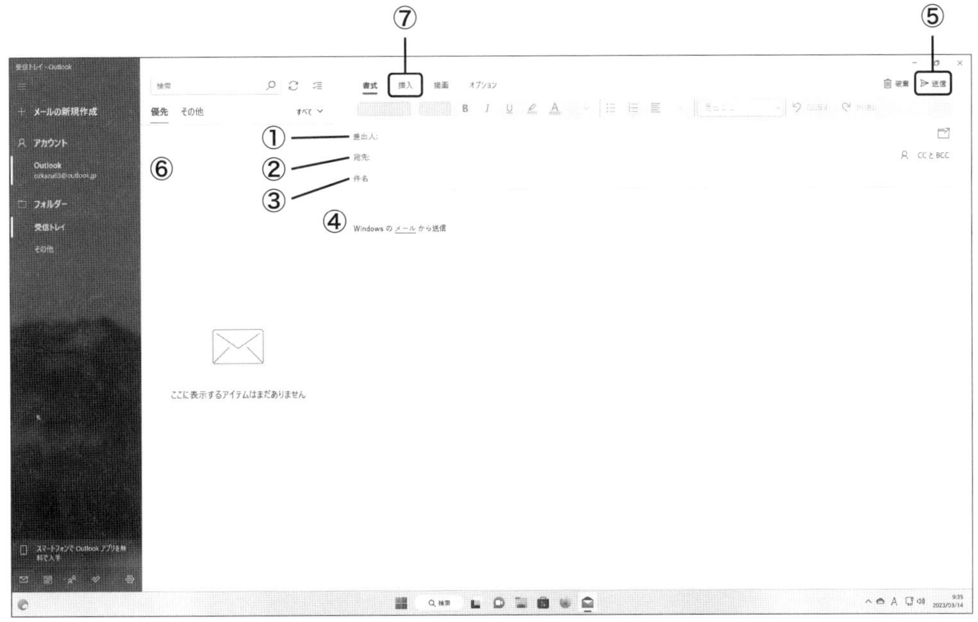

図 2.9　Outlook の「メールの新規作成」画面

●各部の名称と役割

① 差出人：メールを送信する人のアドレスを記述する。

② 宛先　：メール送信先のアドレスを記述する。
CC は Carbon Copy のことで，メールの内容を共有したい相手のアドレスを書く。BCC はメール内容を共有したいがその相手のアドレスを公開したくない場合に用いる。「CC と BCC」ボタンを押すと記述欄が現れる。

③ 件名　：メールの件名を短く記入する。

④ 本文　：メールの本文を入力する。

⑤ 送信　：メールの送信ボタン。

⑥ 受信メールが一覧になって表示される。このリストをクリックするとメール本文が表示される。

⑦ 挿入　：メールにファイルや画像などを添付することができる。添付するファイルや画像の容量には注意が必要である。あまり大きなファイルを添付すると送信ができない場合もある。

2-4　Web 閲覧

Windows でブラウザソフトとして用意されているのは Edge である。図 2.10 に Edge のスタート画面の一例を示す。

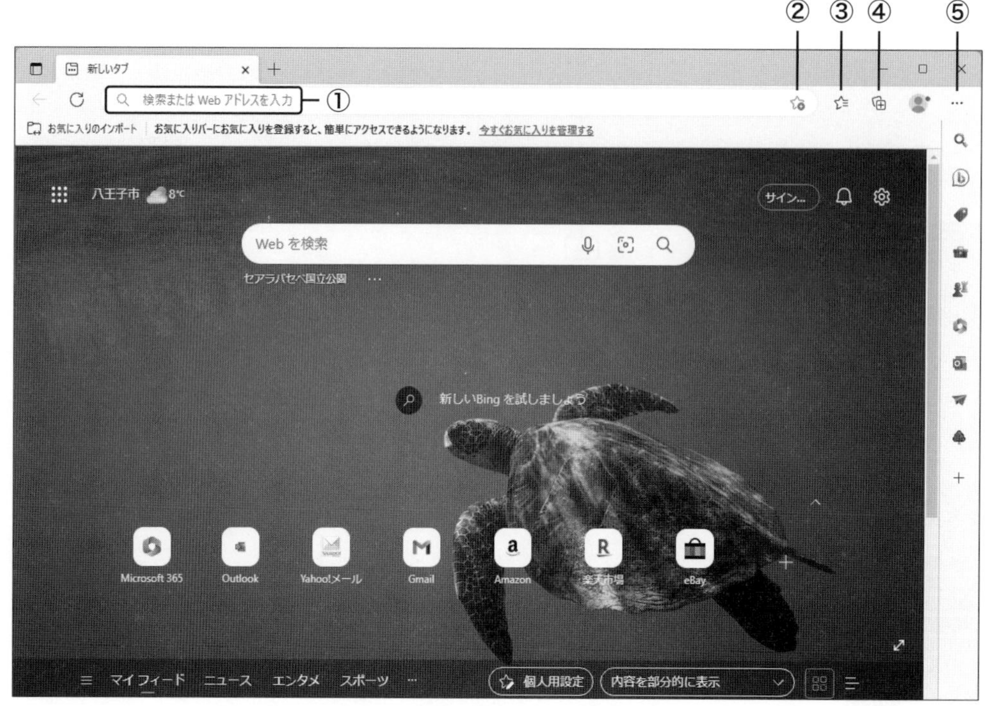

図 2.10　Edge のスタート画面の一例

●各部の名称と役割

①表示する URL (Uniform Resource Locator) を入力，またはキーワードを入力して Web 上の Web サイトを検索する。

②このページをお気に入りに追加：表示中の Web サイトをお気に入りとして登録する。

③お気に入り：お気に入りの Web サイトのリストを表示する。

④コレクション：表示中の Web サイトや画像を保存する。

⑤各種設定を行うことができる。

以上は Edge の基本的な画面構成であるが，他のブラウザソフトでも基本的には同様の機能が用意されている。

演習問題

演習 **2.1**

例題 2-3 で作成した圧縮フォルダー「2 章の例題提出用」を自分宛てのメールに添付して送りなさい。メールが受信できたことを確認したら，メールに添付された圧縮フォルダーを解凍しなさい。

演習 **2.2**

国勢調査や家計調査などの政府統計を掲載している Web サイトを探しなさい。

演習 **2.3**

日本銀行の Web サイトから今週の月曜日の外国為替市況（ドル／円，ユーロ／ドル，ユーロ／円）を調べなさい。

（本日が月曜日の場合には先週の金曜日の外国為替市況とする。）

3章 Word の基本的な機能

Word は Windows で動作するワードプロセッサー（ワープロ）の中で最も広く利用されているアプリであり，ワープロとして十分な機能を備えている。本章では Word の代表的な機能を例題を通して紹介する。

3-1 Word の画面構成とメニューの配置

Word を起動させると図 3.1 のような画面が表示される。**[最近使ったアイテム]** の欄には最近扱ったファイルの一覧が表示され，その上の部分には，作成するドキュメント（文書）に応じて選択することができるテンプレートが表示される。この中の，**[Word へようこそ]** を選択すると作業を簡単に行うためのヒントが紹介される。

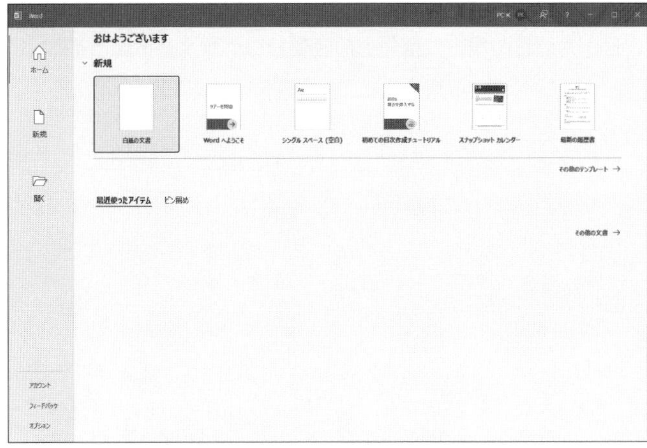

図 3.1　Word のスタート画面

Word のスタート画面から **[白紙の文書]** を選択すると，図 3.2 の画面（印刷レイアウトモード）が表示される。

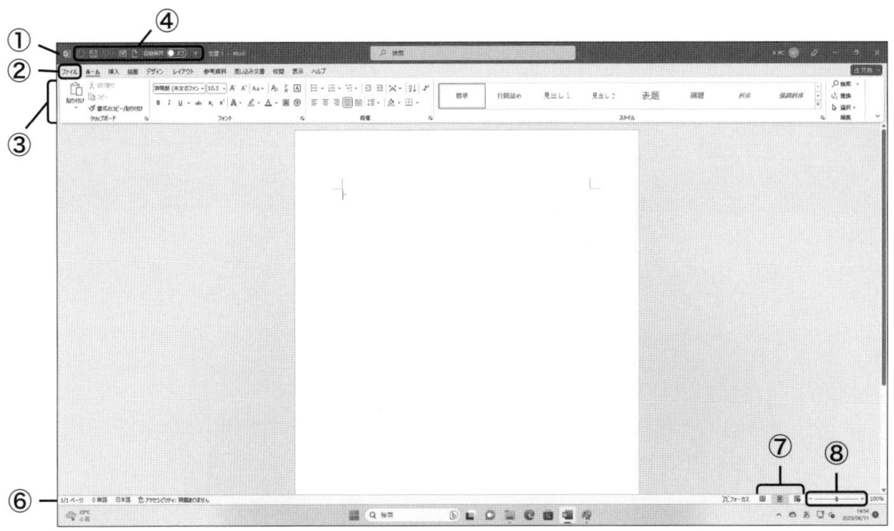

図 3.2　Word の［白紙の文書］の初期画面

ここでは代表的な部分の名称のみを紹介し，詳細は学習の進行とともに解説の中で触れることにする。

① タイトルバー

編集しているファイルの名称と実行中のアプリの名称が表示される。

② [ファイル] タブ

ファイルを**[開く]** **[保存]** **[印刷]**するなどの機能がバックステージビューで表示される。**[共有]** の項目にはクラウドサービスを活用したファイル共有などの設定がある。**[情報]** では作成した文書ファイルにパスワードを設定したり，暗号化やデジタル署名を付加することができる。**[オプション]** の項目では文書校正や文字体裁などの設定を行うことができる。

③ リボン

Word が持つほとんどの文書の編集機能がここに収められている。これらはすべてメニュー形式で選択することができる。リボンには**[ホーム]** **[挿入]** **[デザイン]** **[レイアウト]** などのタブがあり，それぞれのタブはグループ化されたコマンドボタンからなっている。さらにグループ化されたボタン以外のコマンドもそれぞれの階層化されたメニューに収められている。

④ クイックアクセスツールバー

タイトルバーの中にあり，よく使われる機能がボタン形式で表示されている部分をクイックアクセスツールバーという。このクイックアクセスツールバーの左端には，**[自動保存]** と **[上書き保存]** ボタンがある。**[自動保存]** は，マイクロソフトが提供するクラウドサービスを有効にしないと機能しない。通常はオフとなっている。また，**[上書き保存]** ボタンは一度保存したファイルに現在編集しているファイルを上書き保存するためのものである。タイトルバーの ▾ をクリックして現れるプルダウンメニューから表示する項目の設定が可能である。

初期設定では通常はタイトルバーにあるが，プルダウンメニューの中から**[表示する／非表示にする]** の切り替えが可能である。また，**[リボンの下に表示]** を選択すると，リボンの下に表示位置を変えることもできる。

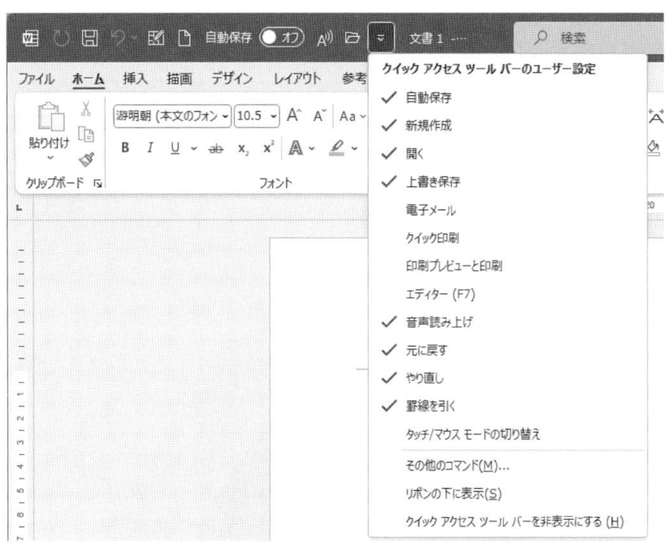

図 3.3　クイックアクセスツールバーの設定

⑤ ルーラー

水平ルーラーと垂直ルーラーの表示・非表示の切り替えは**[表示]**タブの**[表示]**グループの**[ルーラー]**の欄のチェックの有無で行うことができる(**図3.4**)。

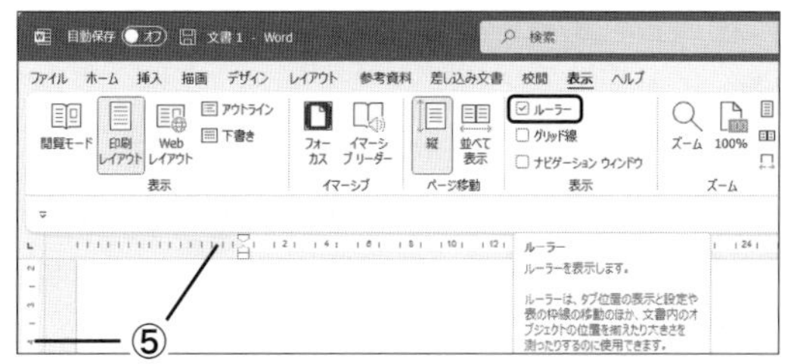

図 3.4　ルーラーの表示

●水平ルーラー

その行における文字の始まりの位置や終わりの位置を決めるもので，目盛りの白い部分が1行の文字数を表している。水色の部分は左右の余白部分を示す。左側の上部のマーク「▽」は文章の1行目の始まり位置(1行目のインデント)を示し，下部のマーク「⌂」は2行目以降の始まり位置(ぶら下げインデント)を示す。下部のマークの四角部分はその段落の左インデントを示している。また，右側のマーク「⌂」は右インデントを示している。

●垂直ルーラー

目盛りの白い部分が文書の行数を表している。水色の部分は上下の余白部分を示す。

⑥ ステータスバー

現在編集中の文書の総ページ数，現在表示されているページ数や総文字数など，編集中の文書の情報を表示している。また，現在，アクティブになっている機能も表示される。

⑦ 文書表示ボタン

文書の表示形式を**[閲覧モード]［印刷レイアウト］［Web レイアウト]**の各モードから選択できる。閲覧モードでは画面は横方向にスクロールする。タッチ操作が可能なディスプレイを意識した機能であり，タブレット端末などで多く用いられている。マウスによる操作では図3.5に示す画面両端の矢印をクリックすることでページをめくることができる。

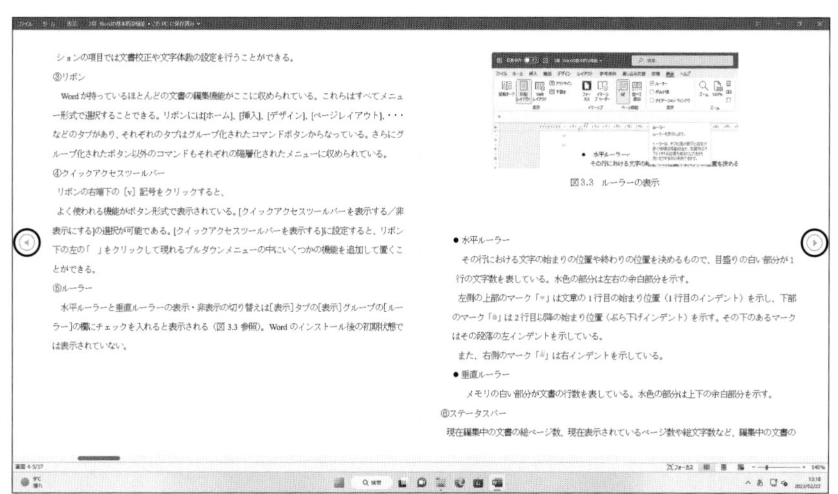

図 3.5　閲覧モードでの画面のスクロール

⑧ ズームスライダー

文書表示の倍率をスライダーによって変えることができる。

3-2 文節変換による日本語文章の入力

例題 3-1

次の文章を文節変換で入力しなさい。

明日は医者に行く

文字の入力と日本語変換の最も基本的なものとして単語単位で漢字やカタカナに変換する方法がある。これは単語単位でそのつど変換操作を行わなくてはならず，あまり効率のよい方法とはいえない。キーボード入力に慣れてくると，入力された少し長めの文章を文節単位で区切り変換していく文節変換が便利である。

文節変換による文章入力

1 **「あすはいしゃにいく」**を途中で変換をせずに入力する。

2 ここで変換キー（スペースキー）を押すと下のようになる。

明日歯医者に行く↵

3 カーソルを文頭に合わせて Shift キーを押しながら，→ を三度押すと，以下のように**「明日歯」**の部分だけが変換対象となる。

明日歯医者に行く↵

4 次に変換キーを押すと，**「明日歯」**の部分の変換を行うことができる。

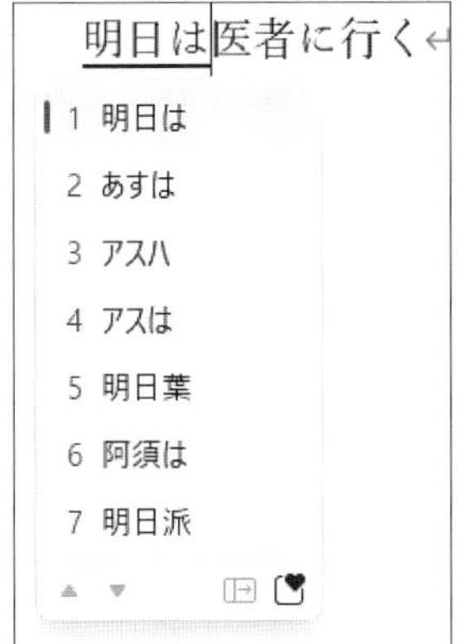

5 **「1 明日は」**を選択し，Enter キーを押して確定する。

3-3 文書ファイルの保存と読み込み

作成した文書はなるべくこまめに保存をしておいたほうが賢明である。PC ではシステムが不安定になる場合が多いし，ユーザー自身の失策により入力した文書を消してしまうこともある。ここでは，例題 3-1 で作成した文章を Word 文書ファイルとして保存する手順を紹介する。

新規文書ファイルの保存

1 **[ファイル]** タブをクリックして現れるメニューの中の **[名前を付けて保存]** を選択する (図 3.6)。

2 ファイルの保存先を指定する。ここでは，外部ストレージの USB ドライブ (図 3.7) に保存する。この部分を，USB を利用したメモリーストレージやネットワークフォルダーなどを指定することよって，ファイルの保存場所を選択することができる。

3 次にファイル名を入力する。ここでは，ファイル名を「例題 3-01 .docx」とした。**[ファイルの種類]** が Word 文書であることを確認し，**[保存]** を選択する (図 3.7)。

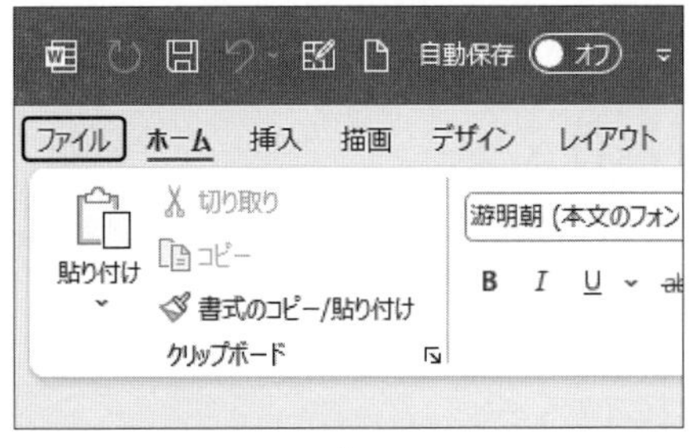

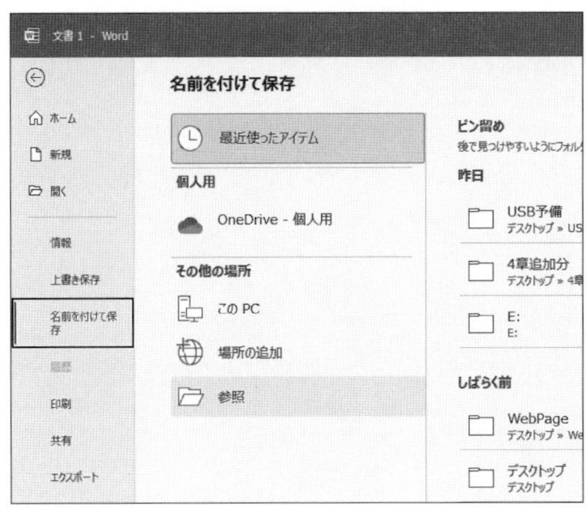

図 3.6 ファイルの保存（名前を付けて保存）

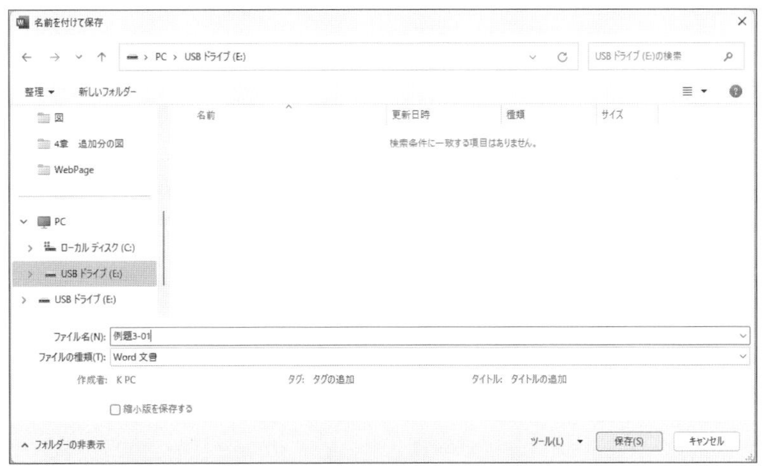

図 3.7　保存場所の選択と Word 文書の保存

ファイルを保存したら必ず確認をすることが必要である。

保存したファイルの確認と Word の終了

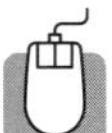

1 **[エクスプローラー]** を起動する。

2 保存したドライブのフォルダーをクリックして開き，そこに保存したファイル名が存在すれば確認されたことになる(図 3.8)。この例では USB ドライブに「例題 3-01 .docx」が存在することが確認できた。

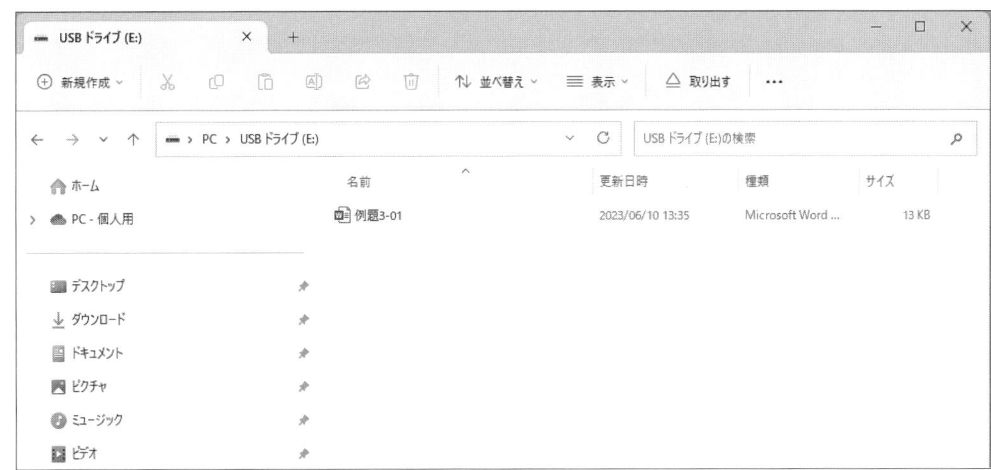

図 3.8　保存したファイルの確認

3 現在編集中の文書を上記の手順で保存したら，×**(閉じる)** を押す。文書の保存前に終了の操作をすると，現在編集中の文書を保存するかどうかをたずねるダイアログボックスが現れる(図 3.9)。ここで，**[保存]** を選択すると上述の「新規文書ファイルの保存」と同様の手順である。

[保存しない] を選ぶと保存せずに Word を終了する。

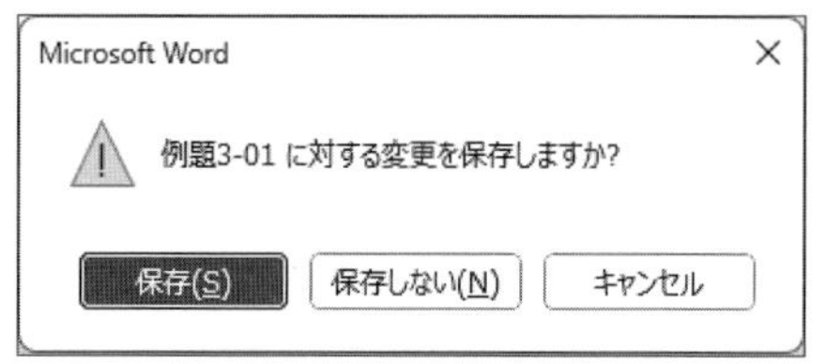

図 3.9　ファイル保存の警告

次に，保存した文書ファイルを呼び出す方法を紹介する。

文書ファイルの読み込み

1 **[ファイル]** タブをクリックし，現れるメニューの中の **[開く]** を選択してファイルの場所を指定する。ここでは，**[参照]** から外部ストレージの **「E：ドライブ」** を選択する。

2 **[参照]** を選択すると **[ファイルを開く]** ダイアログボックスが現れるので，呼び出すファイル名がダイアログボックス内にあることを確認する。

3 そのファイル名をダブルクリックするか，ファイル名をクリックして **[開く]** を選択する。

補足： 一度編集したファイルは保存した場所を指定しなくても，**[ファイル]** メニューから **[開く]** を選択し，**[最近使ったアイテム]** を選ぶと，最近使った文書の一覧が時系列で表示される。開きたいファイル名をクリックすると，ファイルを開くことができる (図 3.10)。

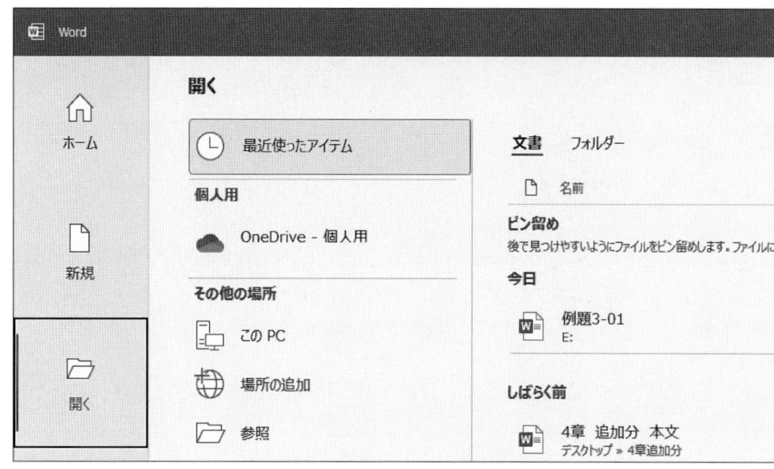

図 3.10　文書ファイルの読み込み

編集中の文書ファイルで以前に一度でも保存したことがあるファイルに関しては同じ名称で上書き保存が可能である。大事な文書の作成中には誤って消してしまわないように，定期的に上書き保存しておくほうがよい。

文書ファイルの上書き保存

文書ファイルの上書き保存は，下記のいずれかの方法で行うことができる。

a ［**ファイル**］タブをクリックし，現れるメニューの中の［**上書き保存**］を選択する。

b クイックアクセスツールバーの［**上書き保存**］を押す。

システムや Word 自身の不具合などで編集中の文書ファイルにアクセスができなくなることに備え，ある時間間隔で回復用ファイルの自動保存をすることも可能である。時間をかけて長い文書の作成をする場合などにこの機能を利用すると安心である。

編集中の文書ファイルの自動保存

1 ［**ファイル**］タブをクリックし，現れるメニューの下方にある［**オプション**］を選択し，表示されたダイアログボックス（図 3.11）内の［**保存**］を選択する。

2 ［**文書の保存**］の中の［**次の間隔で自動回復用データを保存する**］欄にチェックを入れ，時間間隔を設定する。
初期設定では「10 分」ごとに設定されている。
［**自動回復用ファイルの場所**］も必要があれば設定する。

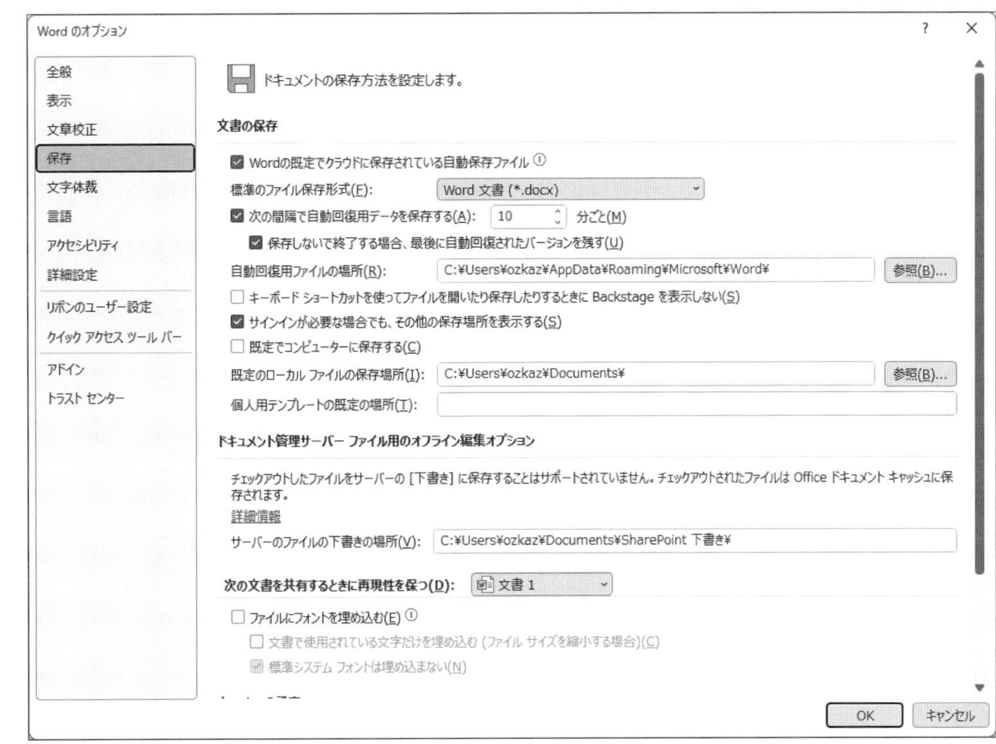

図 3.11 ［Word のオプション］ダイアログボックス

3-4 テキスト形式，PDF 形式でのファイルの保存

Word で作成した文書ファイルを Word 以外のアプリの形式や，より一般的なファイル形式で保存することが可能である。ここでは，テキスト形式，PDF 形式でのファイルの保存を行う。

●テキスト形式のファイル

テキスト形式のファイルとは，ASCII（American Standard Code for Information Interchange）コードを用いて符号化された文字コードによるファイルである。ASCII コードでは半角のアルファベットや数字，また基本的な演算記号などは全世界共通のコード体系となっている。日本ではこれに「カタカナ」や全角文字の「かな」「漢字」などを付け加え，拡張した形で JIS の文字コード体系が作られている。この形式のファイルはほとんどのアプリで互換性がある（読むことができる）。例えば，電子メールではテキスト形式のファイルを基本として用いているため，世界中のどの PC で作成したメール文書でも読むことが可能となっている。

● PDF 形式のファイル

PDF（Portable Document Format）のファイルはアドビシステムズ社が開発したファイル形式で文書（画像データも含む）の表示用に特化したものである。PDF 化した文書ファイルは編集を不可能にできるため，正式な電子提出文書として多く用いられている。また，PDF 化された文書はファイルが圧縮されてメモリ容量が少ないため，電子メールに添付して文書を提出する場合などに広く用いられている。Adobe Acrobat Reader と呼ばれる PDF ファイル表示用のアプリはフリーソフトとしてアドビシステムズ社より提供されている。

例題 3-2

例題 3-1 のファイル「例題 3-01.docx」をテキスト形式，PDF 形式の各ファイル形式で保存しなさい。

テキスト形式，PDF 形式でのファイルの保存

「例題 3-01 .docx」を開き，**[ファイル]** のメニューから **[名前を付けて保存]** を選択する。**[参照]** などでファイルの保存場所を選択したら，**[ファイルの種類]** を指定する。

1 テキスト形式の保存

[ファイルの種類] を **[書式なし]** として **[保存]** を選択し，**[ファイル変換]** のダイアログボックスが現れたら，エンコード方式で **[Windows (既定値)]** にチェックが入っていることを確認して **[OK]** をクリックする。

2 PDF 形式の保存

[ファイルの種類] を **[PDF]** として保存する。PDF Reader が起動して文書が表示されるので，確認したらそのウィンドウは閉じる。

3-5 文書の印刷

コンピューターとプリンターの接続形態は大きく分けて，ネットワーク経由のものとPCに直接接続されるものに分けられる。多数のユーザーの同時利用に耐え得るような処理能力の高い高速のプリンターは，ネットワークにつながれている場合が多く，処理能力の低い小型の安価なプリンターは，個人ユースで用いられる場合が多い。最近では家庭内でLAN（ローカルエリアネットワーク）を構成し，印刷環境を構成している場合が多くなってきている。

いずれの場合にも自分の用いているPCの印刷環境を把握しておくことが必要である。特にネットワークに接続されているプリンターは複数存在することが多いので，自分が出力させたいプリンターの名称をしっかりと把握しておくことが必要である。

ここでは，印刷環境が整っているものと仮定して例題3-1の文書を印刷する手順を以下に示す。

文書ファイルの印刷

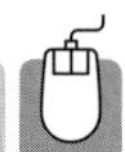

1. 文書の入力と編集が終了したら，一度保存して **[ファイル]** タブのメニューから **[印刷]** を選択し，印刷画面を表示する（図3.12）。
2. 印刷画面の右には印刷したときの様子がプレビューとして表示されるので確認する。
3. **[プリンター]** の下に表示されているプリンターの名称を確認する。プリンターが希望するものと異なる場合には，名称の横にある「⌄」部分をクリックすると，登録されているプリンターの一覧が表示されるので，その中から希望のものを選ぶ。
4. **[設定]** の部分で，印刷するページの設定や両面印刷，印刷部数，印刷の向き（縦方向，横方向），用紙サイズ，余白の設定などができるようになっている。一番下の **[ページ設定]** を選択すると詳細なページ設定ができる。
5. **[プリンターのプロパティ]** 部分をクリックして，**[プリンターのプロパティ]** ダイアログボックス（図3.13）を開くと，より詳細な設定が可能である（このダイアログボックスはインストールされているプリンターによって異なる。詳細は利用するプリンターのマニュアルを参照）。
6. すべての設定が済んだら，**[印刷]** をクリックする。

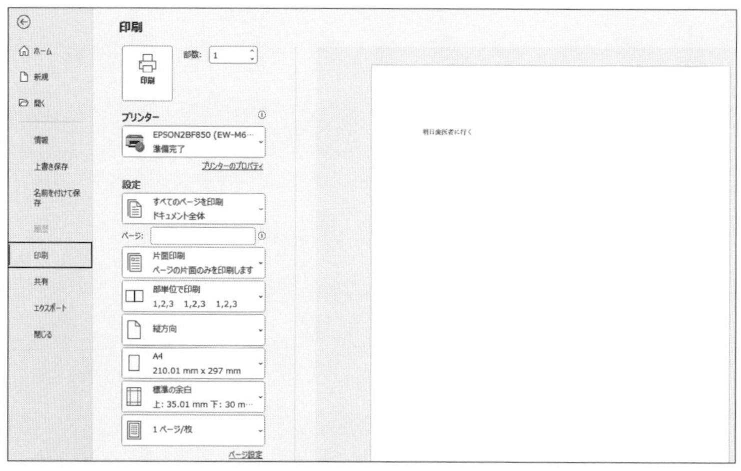

図3.12 印刷画面

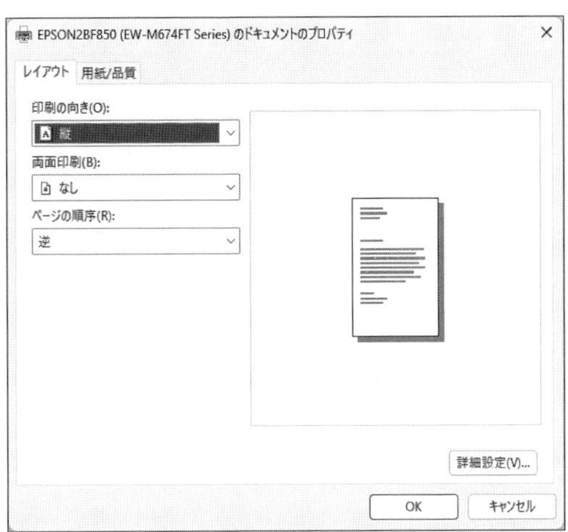

図 3.13 ［プリンターのプロパティ］ダイアログボックスの一例

3-6 文字サイズの変更や記号，文字飾りなどの入力

3-6-1 フォントと文字サイズの変更

例題 3-3

文字　文字　文字　文字

文字サイズを変えて入力しなさい。ここで，文字のポイントサイズは左から順に10.5，12，14，16とする。

文字のサイズを変更するには，以下の方法で行う。

文字のフォントサイズの変更

1. ［**ホーム**］タブの［**フォント**］グループの［**フォントサイズ**］の ⌄（図 3.14）をクリックし，現れたプルダウンメニューの中から文字のサイズ（数値）を選択する。
2. 入力する前にそれぞれのフォントサイズ（10.5，12，14，16）をメニューから選択して入力を行う。入力したあとに文字のフォントサイズを変える場合には，変えたい文字をドラッグしてフォントサイズを指定すればよい。

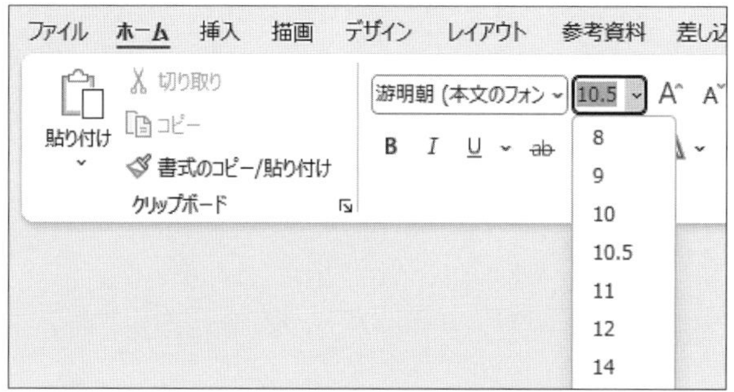

図 3.14　フォントサイズの選択

例題 3-4

文字，**文字**，letter，letter，letter

文字のフォントを変えて入力しなさい。ここで，「文字」のフォントは左から順にMS明朝，MSゴシックを，「letter」のフォントは左から順に，MSゴシック，Century，Times New Romanを選んだものである。

フォントメニューを選択すると，さまざまな字体を使うことができる（図 3.15）。

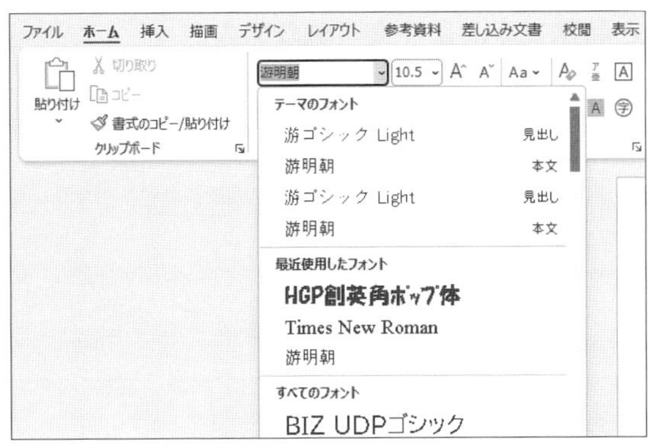

図 3.15　フォントの選択

●標準のフォントの設定

Word の標準フォントは **[ホーム]** タブの **[フォント]** グループの **[フォント]** ダイアログボックスで確認できる。相性のよい全角文字のフォントと半角文字のフォントの組み合わせを設定しておくと，作成するレポートや論文などに統一性が保たれて見やすい文書になる。ここでは見出し文字として相性のよい組み合わせの一例として，全角文字フォントを「MS ゴシック」，半角文字フォントを「Arial」に設定する方法を紹介する。

フォントの設定

1 **[ホーム]** タブの **[フォント]** グループの ↘ **(フォント)** を選択してダイアログボックスを表示する。

2 **[フォント]** タブを選択し，**「日本語用のフォント」**のリストから**「MS ゴシック」**を選ぶ。次に**「英数字用のフォント」**ではリストから**「Arial」**を選択する。

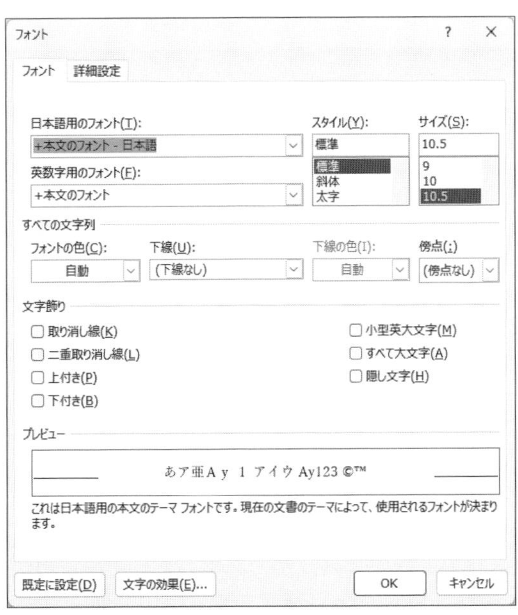

図 3.16　標準で用いるフォントの設定

3-6-2　記号と特殊文字および文字飾りの入力

記号や特殊文字は一覧表から選択し，文章中に挿入する。

例題 3-5

次の記号を入力しなさい。

『　〄　⊆　≨　≧　≒　×　◎　▽　∃　∂　∀　⇔

記号と特殊文字の入力

1 **[挿入]** タブの **[記号と特殊文字]** グループの **[記号と特殊文字]** を選択し，現れたプルダウンメニューの中から **「その他の記号」** を選択する (図 3.17)。

2 **[記号と特殊文字]** ダイアログボックス (図 3.18) が表示されるので，表示させたい文字や記号を選択して **[挿入]** をクリックする。文章中のカーソルの位置に選んだ特殊文字や記号が挿入される。

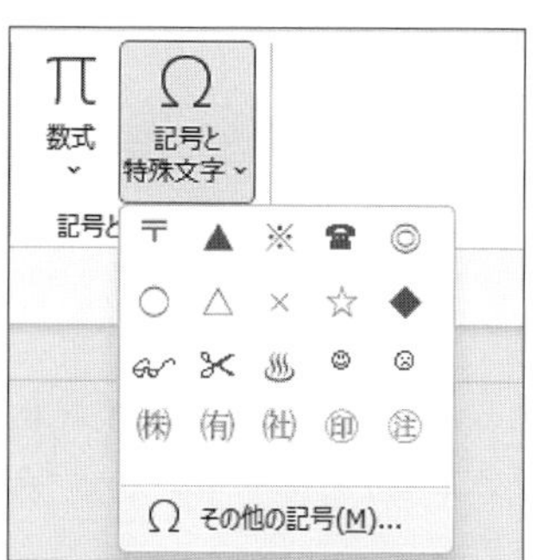

図 3.17　記号と特殊文字

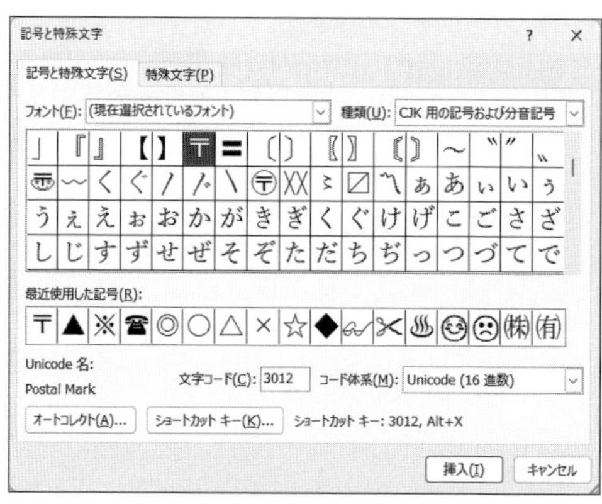

図 3.18 ［記号と特殊文字］ダイアログボックス

上記の入力方法の他にも代表的な記号は，かな漢字の変換機能を用いても選択可能である。例えば，郵便番号を表す記号「〒」は‘ゆうびん’と入力すれば変換の候補に挙げられるし，ギリシャ文字の「Σ」は‘しぐま’と入力して変換すれば候補に挙げられる。

この他に，ボールドフェイス（太字）や斜体文字，下線，囲み文字，網かけ等，文字飾りも簡単に表示させることができる。

例題 3-6

次のように文字飾りで入力しなさい。

文字，*文字*，<u>文字</u>，文字，文字，文字，文　字，文字

文字飾りの入力

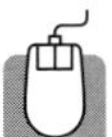

1 文字入力の前に **［ホーム］** タブの **［フォント］** グループ（図 3.19）にある B　I　U ⌄ A　A の各ボタンをクリックすると，太字，斜体文字，下線，文字の囲み線，網かけがそれぞれ可能である。すでに入力した文字を変更する場合は希望の文字をドラッグしてからいずれかのボタンを選択すればよい。下線の線種はプルダウンメニューから選択できる（図 3.20）。

2 文字入力の前に **［ホーム］** タブの **［段落］** グループにある **［文字の拡大 / 縮小］** の ⌄（図 3.21）を選択すると文字の横方向への拡大 / 縮小が可能となる。
上記の文字飾り機能と合わせて使うことも可能である。

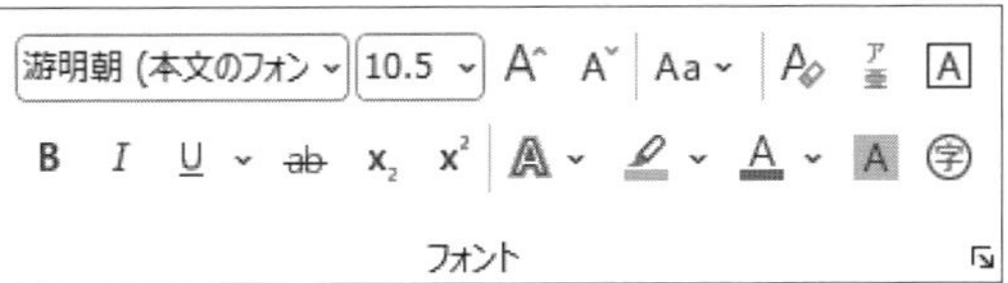

図 3.19　［フォント］グループ

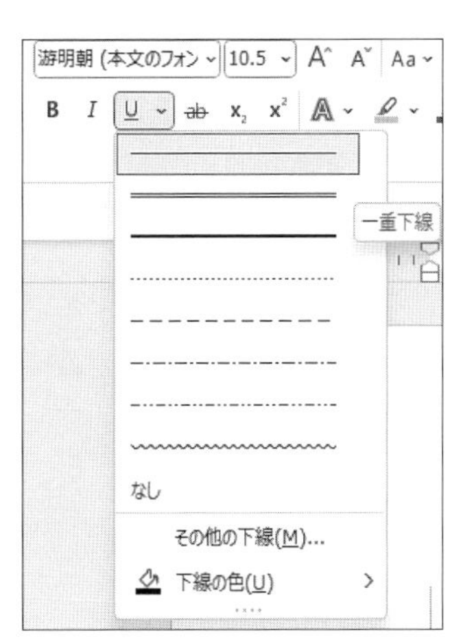

図 3.20　下線の線種の選択

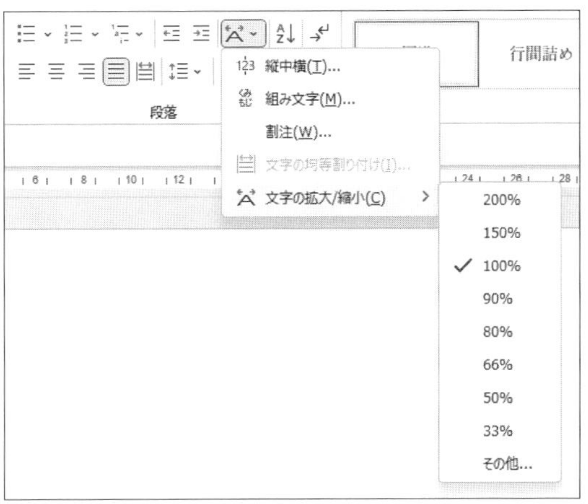

図 3.21　文字の拡大/縮小

数式のべき乗や変数の添え字，また参考文献の番号などで用いる「上付き」，「下付き」文字の設定も可能である。

例題 3-7

次の数式と化学式を入力しなさい。

$x^2 + y^2$　　　H_2O

上付き／下付き文字の入力

1. 「x2＋y2」を半角サイズで入力する。ここではフォントとしては Century を用いた。通常，文章の中に現れる数式や変数名などは半角サイズのフォントで入力するとよい。
2. 指数の部分「2」をドラッグして，**[ホーム]** タブの **[フォント]** グループにある x² **(上付き)** をクリックする。また，指数部分の入力前に **[上付き]** を選択してから入力することも可能である。この場合，上付き入力状態から通常の文字の状態に戻す操作が必要になる。
3. 「H２O」と入力し，「2」の部分をドラッグした後，x₂ **(下付き)** をクリックする。

補足：数か所の文字や文章を同時に選択するには，Ctrl キーを押しながら選択する文字や文章を順にドラッグしてゆけばよい。

[ホーム] タブの **[フォント]** グループ右下の ⇲ (図 3.22) をクリックすると **[フォント]** ダイアログボックスが表示される (図 3.23)。これを用いるとさまざまな文字飾りが作成可能になる。ここでは **「文字飾り」** の部分の例を表 3.1 に示すことにする。

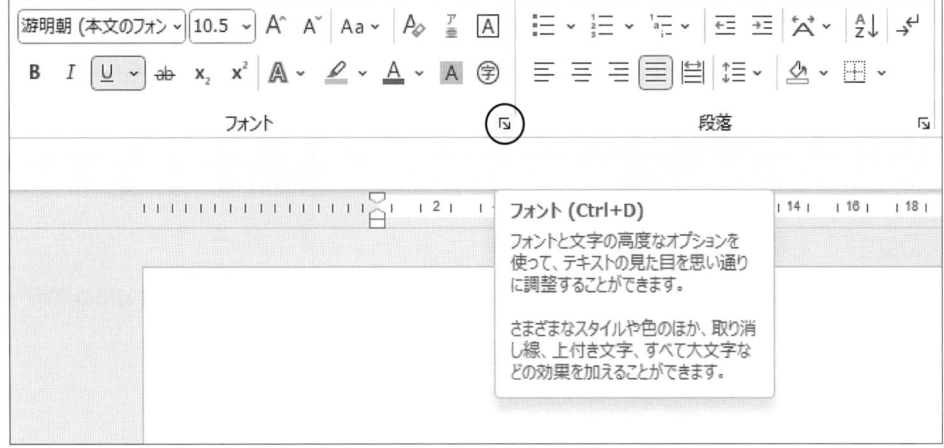

図 3.22　[フォント] ダイアログボックスの選択

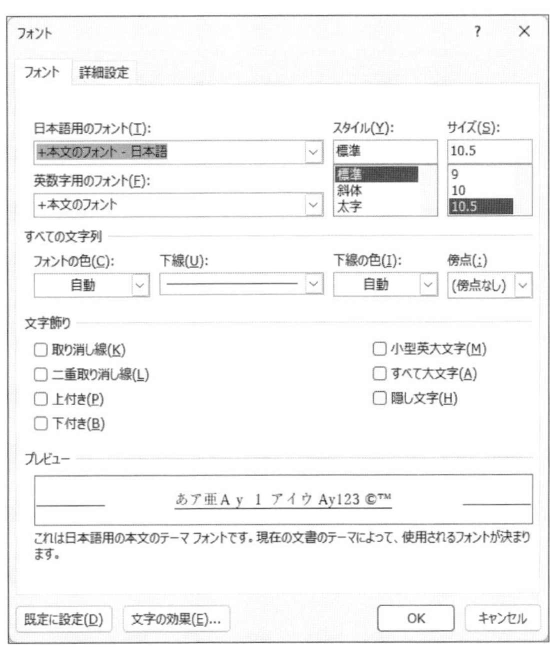

図 3.23 ［フォント］ダイアログボックス

表 3.1 文字飾りの実例

~~Computer~~	取り消し線
~~Computer~~	二重取り消し線
Com^{p}uter	p の文字だけ上付き
Com$_{p}$uter	p の文字だけ下付き
COMPUTER	小型英大文字
COMPUTER	すべて大文字
	隠し文字

住所や名前など読み方が難しいと思われる文字にルビをふることもできる。

例題 3-8

次のように氏名，住所にルビをふりなさい。

じっきょう　た ろう
氏　名：実教太郎

まち だ　し あいはらまち
住　所：町田市相原町 4342

ルビのつけ方

1 「実教太郎」の部分を入力してその部分をドラッグする。次に **[ホーム]** タブの **[フォント]** グループから (ルビ) を選択する。

2 **[ルビ]** ダイアログボックス内の **[文字単位]** を選択する。

3 **[対象文字列]** と **[ルビ]** の対応と読みが合っていることを確認する。違っていればカーソルを移動し，ルビの誤りを訂正する。

4 ルビの **[配置] [フォント] [サイズ]** を変更することができる。**[オフセット]** は文字とルビの間隔を調整するものである。文字の上に均等に読み仮名を振るときには，**[均等割り付け 1]** を選択するとよい。**[OK]** で設定を終わる（後の例題で利用するので，ファイル名を「例題 3-08 .docx」として保存する）。

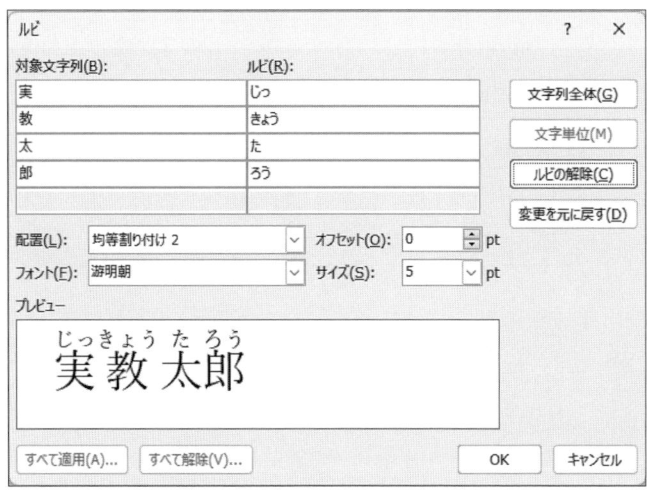

図 3.24　[ルビ] ダイアログボックス

3-7 数式の入力

フォントの文字飾りで表記できるような単純な数式だけでなく，積分記号や離散和の記号など，論文やレポートなどで用いる本格的な数式を専用のエディタを用いて記述することができる。

例題 3-9

次の数式を入力しなさい。

$$s^2=\frac{1}{n-1}\sum_{i=1}^{n}(x_i-\bar{x})^2$$

数式の入力

1 **[挿入]** タブの **[記号と特殊文字]** グループから **[数式]** を選択する。リボンの部分に数式用の編集ボタンが配置される（図 3.25）**[数式]** が見当たらない場合は **[記号と特殊文字]** を選択すると現れる。本文中には数式を入力するフィールド（**「ここに数式を入力します。」**）が表示される（図 3.25）。以下，**[数式]** タブの **[構造]** グループのボタンを使って数式の入力を行う。

2 **「上付き/下付き文字」** を選択し，現れるメニューの中から **「上付き文字」** を選択する（図 3.26）。編集画面上に数式の「s」と上付きの「^{2}」を入力するフィールドが現れるのでそれぞれ半角サイズで記入する。

3 カーソルを「^{2}」の右に移動し普通のサイズで「=」を入力する。

4 **「分数」** の **「分数（縦）」** を選択し，現れた入力フィールドに「$n-1$」と「1」をそれぞれ半角で入力する。

5 **「大型演算子」** の中から入力フィールドが 3 つある **「総和」** を選択する。Σ 記号の下と上にそれぞれ，「$i=1$」「n」を半角で入力する。

6 演算子Σの右の入力フィールドで **「上付き / 下付き文字」** の **「上付き文字」** を選択する。現れた 2 ヶ所の入力フィールドのうちの指数部分に「^{2}」を半角で入力する。次にもうひとつの入力フィールドに括弧内の数式を以下の方法で入力する。

7 左カッコを入力し，次に **「上付き / 下付き文字」** の **「下付き文字」** を選択する。現れた入力フィールドに半角でそれぞれ「x」「i」と入力する。カーソルを「i」の右に移動し，普通の半角サイズで「−」を入力する。**「アクセント」** の **「横線」** を選択し，入力フィールドに「x」を入力する。最後にカーソルを右に移動し，普通の半角サイズで右カッコを入力する。

マウスを数式以外のところでクリックすると確定し，数式入力モードが解除される。もう一度編集したいときには数式の部分をアクティブにすればよい。

図 3.25　数式入力用の編集ボタン

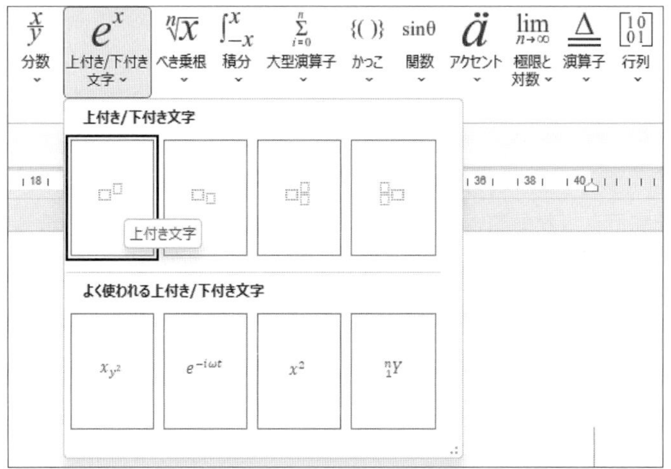

図 3.26　上付き/下付き文字

注　数式の機能は Word 2007 からの機能であるため Word 97-2003 互換モードのファイルでは利用することはできない。この場合，ファイルを Word 文書(*.docx)の形式で再保存してから利用すればよい。

演習問題

演習 3.1 次の数式を入力しなさい。

$$f(x)=\frac{1}{\sqrt{2\pi\sigma^2}}\,exp\left(-\frac{(x-\mu)^2}{2\sigma^2}\right)$$

演習 3.2 次の数式を入力しなさい。

$$P_r(X=k)=\frac{1}{n+1}\sum_{l=0}^{n}C^{lk}\prod_{m=1}^{n}(1+(C^l-1)\,p_m)$$

ただし，$C=exp\left(-\frac{2i\pi}{n+1}\right)$ である。

4章 Word によるさまざまな文書の作成

●――本章では Word を用いたさまざまな文書の作成を行う。文字飾りや表の作成，箇条書き，インデントなど Word の基本的な機能を理解して簡単な案内文の作成を行い，さらに報告書（論文）形式の文書の作成を行う。

4-1 文字列や文章の切り取り，コピー，貼り付け

編集中の文章内や他の文書ファイル間，さらに他のアプリ間でのデータの共有（データのリンク）が Windows システムの特徴である。このデータのやりとりはクリップボードという一時記憶領域を介して，カット（切り取り）&ペースト（貼り付け）またはコピー&ペーストという手法で行われる。ここでは，ひとつの文章内でのカット&ペーストの機能を紹介する。

例題 4-1

「インターネットや携帯電話の発展は情報通信技術の普及に大きな影響を及ぼした。」を「情報通信技術の発展はインターネットや携帯電話の普及に大きな影響を及ぼした。」に変えなさい。

カット&ペーストによる文章の校正

1. 文章を入力して「情報通信技術」の部分を選択する。**[ホーム]** タブの **[クリップボード]** グループの **[切り取り]** を選ぶ。「インターネットや携帯電話」の直後の部分にカーソルを移動し，**[貼り付け]** を選ぶ。
2. 次に「インターネットや携帯電話」の部分を選択し，**[切り取り]** を選ぶ。「情報通信技術の発展は」の直後の部分にカーソルを移動し，**[貼り付け]** を選ぶ。

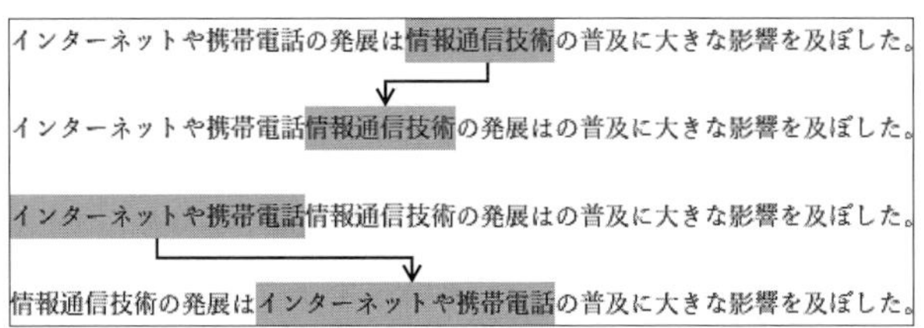

図 4.1　カット&ペーストによる文章の校正

補足：最も実践的な手法としては，マウスを右クリックして表示されるショートカットメニューから **[切り取り]** **[コピー]** **[貼り付けのオプション]** の **[元の書式を保持]** を利用するとよい。なお，**[貼り付けのオプション]** は用いる場面によって変わるので注意が必要である。

また，以下の方法も便利である。

1. 「情報通信技術」の部分を選択し，選択した部分にマウスポインタを置いてドラッグしながら「インターネットや携帯電話」の直後の部分に移動してドロップする。
2. 次に「インターネットや携帯電話」を選択する。選択した部分にマウスポインタを置いてドラッグしながら「情報通信技術の発展は」の直後の部分に移動してドロップする。

4-2 表の作成と罫線の利用

表やグラフの作成は6章以降で述べるExcelを使うのが一般的である。しかし，Wordでもある程度の簡単な作表機能とグラフの作図機能が用意されている。本格的なグラフの作図は6章以降に譲り，ここでは作表機能のみを紹介する。

例題 4-2

表機能を利用して以下のような住所氏名欄を作成しなさい。

フリガナ	
お名前	
ご住所	〒 TEL　　—　　—

表の作成

1. **[挿入]** タブを選択し，**[表]** をクリックすると図4.2のようなメニューが現れるので，ここでマウスポインタを移動させながら3行×2列の表となるよう，マウスで選択する。
2. 現れた表(図4.3)の線上にマウスポインタを合わせる。ポインタが⇹や÷に変わったら線をドラッグして移動させながら，表の列幅や行の高さを調節する。1行目をそのまま，2行目は1行目よりやや広く，3行目は文字が3行分入るようにする。
3. 1行1列目に「フリガナ」，2行1列目に「お名前」，3行1列目に「ご住所」，3行2列目のセルの1行目に「〒」，3行目に「TEL　　—　　—」を入力する。
4. 「フリガナ」の部分をドラッグして選択し，マウスポインタをその部分に合わせて右クリックする。現れたメニュー(図4.4)の中から **[表のプロパティ]** を選択し，**[表のプロパティ]** ダイアログボックス(図4.5)の **[セル]** タブを選択し，**[中央揃え]** を選ぶ。「お名前」「ご住所」の部分もセルの同様の位置に配置する。

図4.2　表の挿入

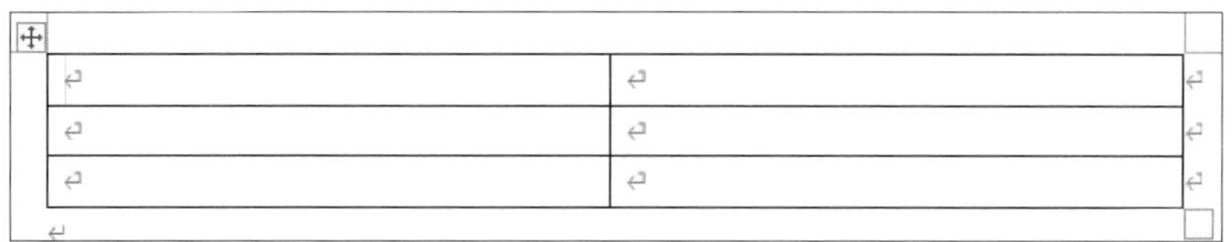

図 4.3　3 行×2 列の表

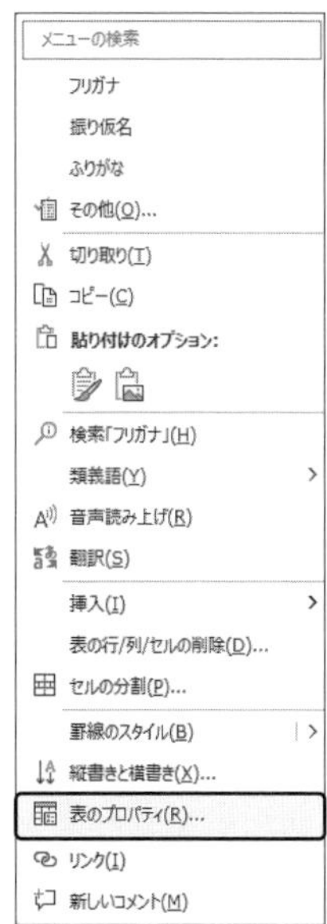

図 4.4　セルの中で右クリックしたときに現れるメニュー

図 4.5　［表のプロパティ］ダイアログボックス

5 表の 1 列目の 1 番上の罫線の上にマウスポインタを持っていき，ポインタが⬇に変わったらクリックして 1 列すべてを選択する。**［ホーム］**タブの**［段落］**グループの**［中央揃え］**を選ぶ。

表の作成とは別に，文章を段落単位で網かけしたり罫線で囲んだりする機能もある。

例題 4-3

例題 3-8 で作成した，ルビ付きの氏名，住所を以下のように罫線で囲み，網かけしなさい。

氏　名：実教太郎（じっきょうたろう）
住　所：町田市相原町（まちだしあいはらまち） 4342

罫線と網かけの設定

1 例題 3-8 で保存したファイル「例題 3-08 .docx」を開く。

2 **[挿入]** タブの **[表]** をクリックし，現れるプルダウンメニューから **[罫線を引く]** を選択する。

3 マウスポインタが鉛筆マークに変わるので，ドラッグしながら氏名，住所の 2 行を罫線で囲み確定する。

4 罫線で囲んだ部分にマウスポインタを移動させると，罫線の部分の左上に⊞が現われ編集可能となる（図 4.6）。

5 ⊞にマウスポインタを合わせ，右クリックして現れるショートカットメニューから **[表のプロパティ]** を選択し，現れた **[表のプロパティ]** ダイアログボックスの **[表]** タブを選択し，**[線種/網かけの変更…]** を選択する。**[線種とページ罫線と網かけの設定]** ダイアログボックスが現れたら，**[罫線]** タブをクリックする。

6 **[種類]** は「囲む」，**[種類]** は———の直線，**[色]** は■の黒を，**[線の太さ]** は「0.5 pt」としておく。**[設定対象]** は「表」とする。

7 次に，**[網かけ]** タブを選択する。**[背景の色]** は「白，背景 1，黒＋基本色 25%」を選ぶ（図 4.7）。**[網かけ]** の **[種類]** は「□なし」，**[設定対象]** は「表」として，**[OK]** を押す。さらに **[表のプロパティ]** も **[OK]** で閉じる。

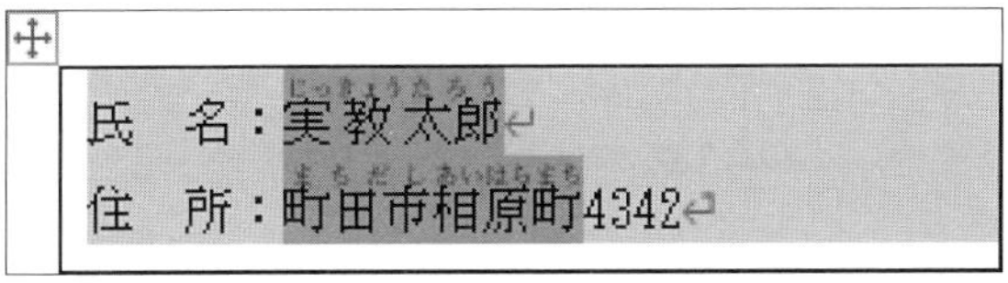

氏　名：実教太郎
住　所：町田市相原町4342

図 4.6　罫線部分を選択

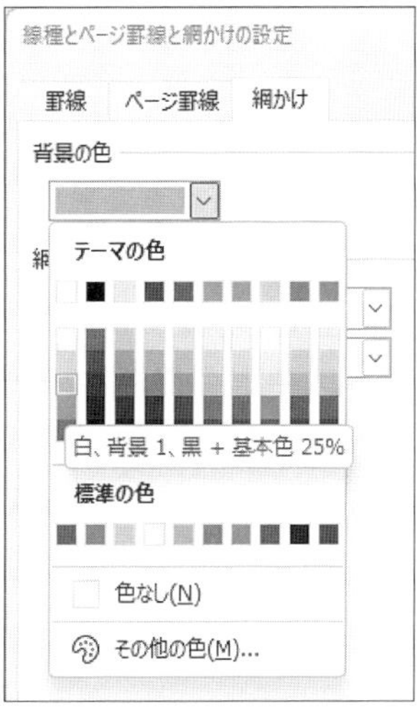

図 4.7　[線種とページ罫線と網かけの設定] ダイアログボックス

4-3 アウトライン機能を利用した資料の作成

論文やレポートを作成するとき，全体の構成を考えて章立てを先に記述することはよくある。また，プレゼンテーション資料では説明や解説の流れに沿ったアウトラインがあるとより効果的である。Wordにはアウトラインを作成する際に便利な段落の箇条書きと番号付けの機能がある。

例題 4-4

箇条書きの機能やアウトライン機能を用いて以下の例のようなプレゼンテーション用の資料(図4.8)を作成しなさい。

(a)段落番号と箇条書き	(b)段落番号の階層化
情報通信ネットワークとは↵	情報通信ネットワークとは↵
1.　情報通信ネットワーク発展の歴史としくみ↵	1 情報通信ネットワーク発展の歴史としくみ↵
●　インターネット発展の歴史↵	1-1 インターネット発展の歴史↵
●　情報通信ネットワークの最新動向↵	1-2 情報通信ネットワークの最新動向↵
2.　インターネットへの接続手順↵	2 インターネットへの接続手順↵
●　ネットワークとプロトコル↵	2-1 ネットワークとプロトコル↵
●　ネットワークを構成するハードウエア↵	2-2 ネットワークを構成するハードウエア↵
●　イーサネットと TCP/IP↵	2-3 イーサネットと TCP/IP↵
●　ネットワークとイーサネット↵	2-4 ネットワークとイーサネット↵
3.　イーサネットによるデータの伝送方法↵	3 イーサネットによるデータの伝送方法↵
●　TCP/IP↵	3-1 TCP/IP↵
●　トランスポート層のプロトコルと経路制御↵	3-2 トランスポート層のプロトコルと経路制御↵
4.　情報通信ネットワークの運用・保守と構成法↵	4 情報通信ネットワークの運用・保守と構成法↵
●　LAN のトラフィック分析↵	4-1 LAN のトラフィック分析↵
●　通信回路・伝送・交換機器↵	4-2 通信回路・伝送・交換機器↵
●　ネットワークの運用・保守↵	4-3 ネットワークの運用・保守↵

(a)段落番号と箇条書き　(b)段落番号の階層化

図 4.8　プレゼンテーション用資料の例

箇条書きの設定

1. 図4.8(a)の各行先頭の数字と記号「・」の部分を除き，左端を揃えて文章の部分のみを入力する。
2. 1行目の表題を除いた文章すべてをドラッグして選択し，**[ホーム]**タブの**[段落]**グループの**[箇条書き]**を選ぶ(図4.9)。

図 4.9　左から「箇条書き」「段落番号」「アウトライン」「インデントを減らす」「インデントを増やす」の各ボタン

3. 現れた**[箇条書き]**のプルダウンメニューから**[●]**を選ぶ。

以上で1行目以降が箇条書きのスタイルとなる。**[箇条書き]**のプルダウンメニューでは別の図や記号への変更も可能である。

段落番号の設定

1 表題を除いた文章すべてをドラッグして選択し，**[ホーム]** タブの **[段落]** グループの **[段落番号]** を選択する（図 4.9）。

2 現れたプルダウンメニューから，番号書式「1． 2． 3．」を選ぶ。

箇条書きや段落番号の設定は指定範囲をドラッグして選択した後，図 4.9 に示した **[段落番号]** **[箇条書き]** を用いるとよい。番号書式を変更したいときには，**[段落番号]** のプルダウンメニューから設定を変更すればよい。番号書式は「1． 2． 3．」の他に「A） B） C）」などの書式から選択可能である。

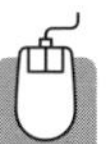

アウトラインの設定

1 表題を除いた文章すべてをドラッグして選択し，**[ホーム]** タブの **[段落]** グループの **[アウトライン]** を選択する（図 4.9）。

2 現れたプルダウンメニューから，リスト「1― 1-1― 1-1-1―」を選ぶと，各行に第 1 レベルの通し番号（1 ～ 15）が付けられる。

3 通し番号の 2，3，を選択し Ctrl キーを押しながら 5，6，7 をドラッグし，Ctrl キーを押しながら 10，11，さらに Ctrl キーを押しながら 13，14，15 をドラッグし，離れた 4 か所の行のまとまりを選択する。

4 **[ホーム]** タブの **[段落]** グループの **[アウトライン]** のプルダウンメニューから **[リストのレベルの変更]** をクリックし，**[レベル 2]** を選択すると，図 4.8(b) のように表示される。

5 選択した状態のままルーラーの左インデントを章見出しの下位置まで図 4.8(b) のようにインデントする。

ここでは文章を入力した後に箇条書きや段落番号を設定する方法を紹介した。これは文章作成時に記述内容がある程度決まっている場合を想定したものである。しかし，実際にはディスプレイに向かいながらプレゼンテーションの構想を練ることはよくあることである。その場合には以下の方法で文章を入力していく。

文章を入力しながらアウトラインを作成する

1 はじめに，本文の 1 行目「情報通信ネットワークとは」を入力して改行する。

2 **[段落番号]** を押す。「1 .」と表示されたらその後に「情報通信ネットワーク発展の歴史としくみ」と入力する。

3 次に Enter キーを押し改行すると，「2 .」という段落番号が現れるので，ここで，Tab キーを押す（もう一度 Tab キーを押すと，さらに 1 段下がった項目の番号が現れる）。（ア）または①などの小項目の段落番号が表示されたら，小項目の文章「インターネット発展の歴史」と「情報通信ネットワークの最新動向」を入力する。

4 改行したら，Shift キーを押しながら Tab キーを押し，1 段上の項目に戻る。

5 上記の要領でアウトラインを作成していく。

4-4　文字の効果と体裁を利用した文書の作成

Word で作成する文書はレポート，会報，報告書等さまざまな文書がある。それぞれ文書の目的や場面が異なっても必要な事柄を正しく記載し，わかりやすく作成することは重要である。

文書に画像，表，グラフなどを利用することで，より視覚に訴え，直観的に理解できるようになる大きな利点がある。ここでは画像の挿入，画像と文字列との調整方法，実際の文書作成時における文書の作成・保存・印刷までの一連の機能と操作を説明する。

例題 4-5

テニスサークルの部員募集のチラシを作成しなさい。
ラケットとテニスボールの画像はダウンロードデータを利用しなさい。

AHTテニスサークル

テニスサークル

部員募集！

AHTテニスサークルは、全学部のテニス好きの学生と教職員が集うテニスクラブです。
夏の合宿、年２回のテニス大会を通して腕を磨きゲームを楽しんでいます。一緒に楽しむ仲間を募集します。
是非テニスコートにいらして下さい。

◆ 練 習 日 ：毎週水曜日　17：00〜19：30

◆ 練習場所：八王子キャンパス　体育館隣接インドアテニスコート

◆ 連 絡 先 ：AHT@netweb.ne.jp

4-4-1 レイアウトのページ設定

文書を作成する前に，用紙サイズ，行数，余白などの設定を行う。このようなページの設定はページ設定の各種メニューを用いて設定することができる。文書作成後にページのレイアウトを設定し直すと，文字や画像などの配置が変わり，再配置に手間どるため，文書を新たに作成するときにページ設定をある程度決めておくとよい。例題 4-5 のページ設定は次のように設定する。

ページ設定

1 **[レイアウト]** タブの **[ページ設定]** グループから **[ページ設定]** ダイアログボックス (**図 4.10**) を表示する。

2 **[用紙]** の設定は「A 4」とする。

3 **[余白]** は上下左右「15 mm」，印刷の向きは「縦」とする。

4 **[文字数と行数]** は，文字方向は「横書き」，段数は「1」，文字数と行数の指定は「行数だけを指定する」，行数は「47」，行送りは「16 pt」と設定する。

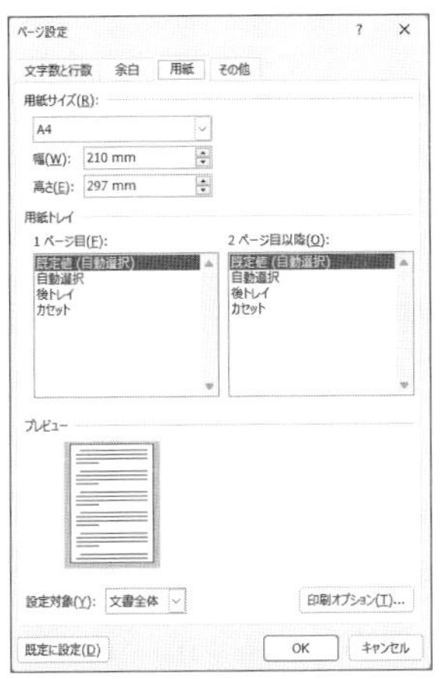

(用紙)

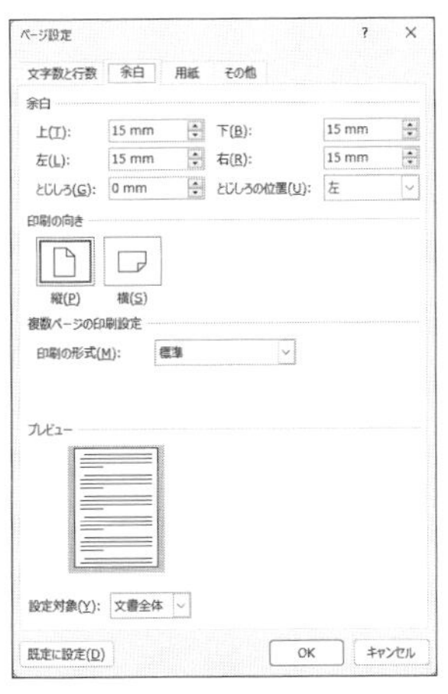

(余白)

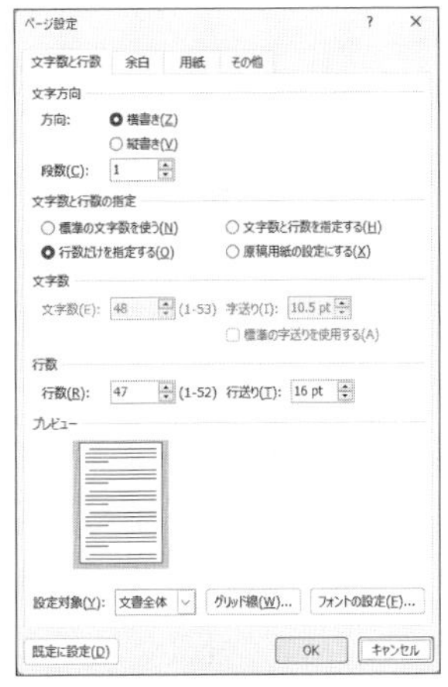

(文字数と行数)

図 4.10 ［ページ設定］ダイアログボックス

5 **[文字数と行数]** タブの右下にある **[フォントの設定]** をクリックする (**例題 3-7 参照**)。**[フォント]** ダイアログボックスで日本語用フォント：「HG 丸ゴシック M － PRO」，英数字用フォント：「日本語用と同じフォント」，スタイルは「標準」，サイズは「10.5」を選び，**[OK]** をクリックする。

4-4-2 文章の入力

例題 4-5 の文章を入力する (**図 4.11**)。作成する文書の全体像がある程度決まっている場合には，必要な文章のみを先に入力し，その後に全体の構成を考えて編集していくと作業効率が上がる。

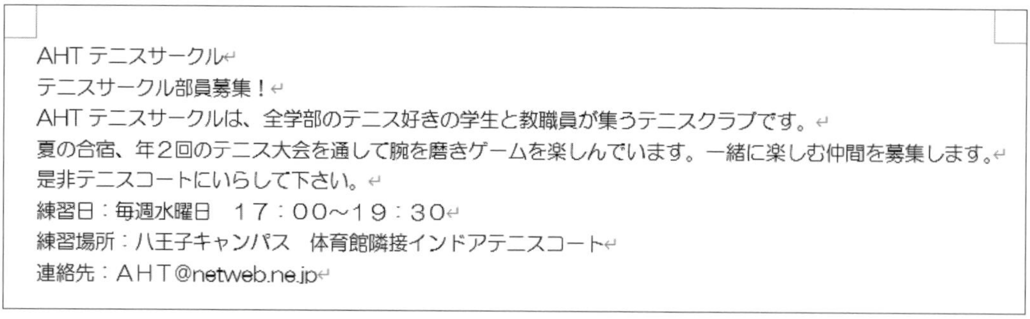

AHT テニスサークル↵
テニスサークル部員募集！↵
AHT テニスサークルは、全学部のテニス好きの学生と教職員が集うテニスクラブです。↵
夏の合宿、年２回のテニス大会を通して腕を磨きゲームを楽しんでいます。一緒に楽しむ仲間を募集します。↵
是非テニスコートにいらして下さい。↵
練習日：毎週水曜日　１７：００〜１９：３０↵
練習場所：八王子キャンパス　体育館隣接インドアテニスコート↵
連絡先：ＡＨＴ@netweb.ne.jp↵

図 4.11　文章を入力したところ

ここからは入力した文章を例題 4-5 の例示にならって編集する。編集の際には，目的に合わせたわかりやすく読みやすい文書になるよう心がける。

4-4-3　文字の修飾

フォントサイズと太字の設定

1. １行目の「AHT テニスサークル」をドラッグして選択する。
2. **[ホーム]** タブの **[フォント]** グループの **[フォントサイズ]** から「36 pt」を選ぶ（例題 3-3 参照）。
3. 同様に２行目の「テニスサークル部員募集！」を選択し「72 pt」にする。
   さらに，**[ホーム]** タブの **[フォント]** グループの **B**（太字）をクリックする。
4. 「AHT テニスサークルは…コートにいらして下さい。」の３行を選択し，フォントサイズを「12 pt」にする。
5. 同様に「練習日…netweb.ne.jp」の３行を選択し「14 pt」にする。
6. 「練習日：」「練習場所：」「連絡先：」の３ヶ所の文字列を選択し，**[ホーム]** タブの **[フォント]** グループの **B**（太字）を選択する。３ヶ所の文字列を選択するには以下の①〜③の操作を行う。
   ① はじめに，「練習日：」の文字列を選択する。
   ② 次に，Ctrl キーを押したまま「練習場所：」と「連絡先：」の文字列を選択する（図 4.12）。
   ③ ３か所の文字列が選択された状態で **B**（太字）をクリックする。

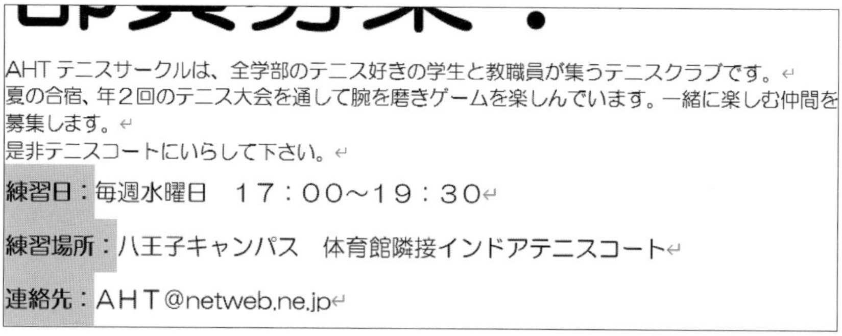

AHT テニスサークルは、全学部のテニス好きの学生と教職員が集うテニスクラブです。↵
夏の合宿、年２回のテニス大会を通して腕を磨きゲームを楽しんでいます。一緒に楽しむ仲間を募集します。↵
是非テニスコートにいらして下さい。↵
練習日：毎週水曜日　１７：００〜１９：３０↵
練習場所：八王子キャンパス　体育館隣接インドアテニスコート↵
連絡先：ＡＨＴ@netweb.ne.jp↵

図 4.12　太字の設定

フォントの色の設定

1 1行目の「AHT」と3行目の「！」を，Ctrl キーを押しながら順に選択する。

2 ［ホーム］タブの［フォント］グループの［フォントの色］から赤色を選択する（図4.13）。

図4.13　フォントの色の変更

補足：色の選択
色の選択は［**その他の色**］を選択すると［**標準**］と［**ユーザー設定**］で好みの色を選択できる。

下線を引く

1 1行目の「AHT テニスサークル」を選択する。

2 ［ホーム］タブの［フォント］グループの［下線］から［太線の下線］を選択する（例題3-6参照）。

3 さらに，［フォント］グループの［下線］の［下線の色］でリストから赤色を選択する。

文字に影をつける

1 2～3行目の「テニスサークル部員募集！」を選択する。

2 ［ホーム］タブの［フォント］グループの［文字の効果と体裁］から［影］-［外側］の［オフセット：右］を選択する（図4.14）。

図4.14　文字の効果と影の種類

4 章 Wordによるさまざまな文書の作成

文書中に項目名とその内容を記載することは多々ある。それぞれの項目名の文字数が異なると，その内容を説明する文の文頭を揃えることが難しい。このような場合には「文字の均等割り付け」が便利である。

文字の均等割り付け

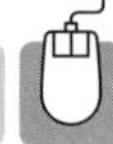

1 「練習日：」「練習場所：」「連絡先：」の3ヶ所の文字列を，Ctrl キーを押しながら順に選択する。

2 **[ホーム]** タブの **[段落]** グループの **[拡張書式]** ボタン(図4.15)をクリックし，現れるプルダウンメニューから **[文字の均等割り付け]** を選択し，**[文字の均等割り付け]** ダイアログボックスで「6字」に設定する(図4.15)。均等割り付けされた箇所をクリックすると水色の下線が表示される。文字の均等割り付けを解除するには，均等割り付けされた文字列を選択し，**[文字の均等割り付け]** ダイアログボックスの **[解除]** を選択する。

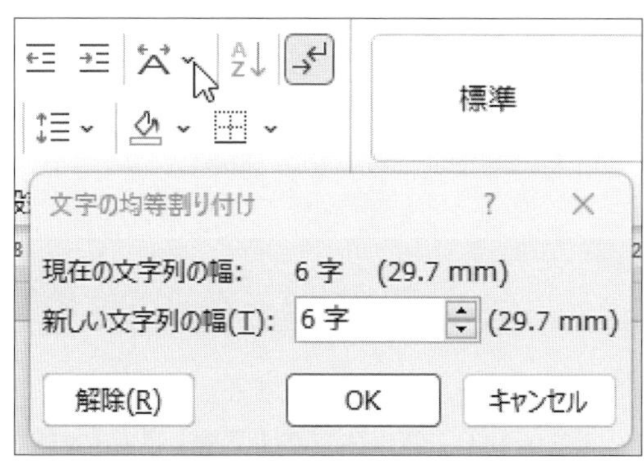

図4.15　文字の均等割り付けの設定と解除

補足：文字の均等割り付けで設定する文字数

文字数の異なる文字列の文字数を一致させたり，文字を等間隔に配置させたりするときに文字の均等割り付けの機能を使う。文字の均等割り付け時の文字数は特に規定はないが，一致させたい文字列の最大文字数に設定することが多い。これも読み手にわかりやすくする工夫のひとつである。

4-4-4　文字列の配置

「テニスサークル部員募集！」の前後の行間隔を2行に設定する。

行間隔の設定

1 「テニスサークル部員募集！」の行頭にカーソルを置き，**[ホーム]** タブの **[段落]** グループの ⧉ をクリックし，**[インデントと行間隔]** タブで **[間隔]** の **[段落前]** と **[段落後]** を「2行」に設定する(図4.16)。

2 同様に「練習日：…」～「連絡先：AHT@netweb.ne.jp」の3行を選択し，**[段落前]** を「1.5行」に設定する。

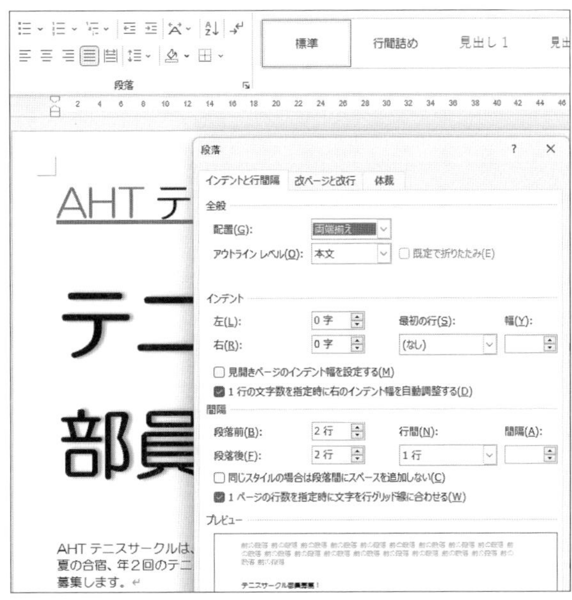

図 4.16　行間隔の設定

インデントの設定とルーラーの表示

1 インデントマーカーのルーラーを表示する（p. 28 図 3.4）。
[表示] タブの **[表示]** グループの **[ルーラー]** のチェックボックス（□）にチェックマーク（✓）を入れるとインデントマーカーが表示される。

2 8 行目から 10 行目を選択し，ルーラーの左インデントを選択して右へ 2 文字分移動する。

3 2～3 行目の「テニスサークル部員募集！」を選択し，**[ホーム]** タブの **[段落]** グループの **[中央揃え]** を選択する。

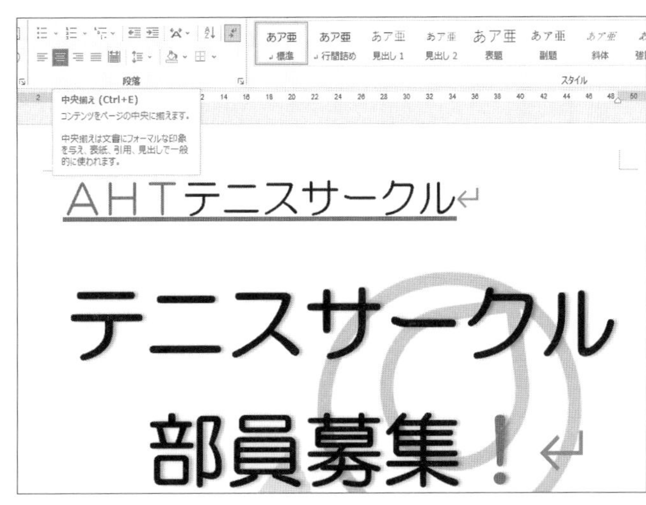

図 4.17　インデントの設定と中央揃え

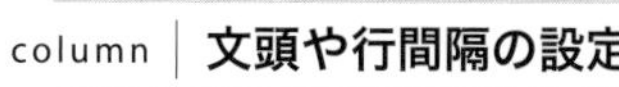

column　文頭や行間隔の設定

横書きの文章の行頭や行末の位置は 4 つのルーラー（図 3.4）を使い分けて設定する。日本語の文章では縦書き，横書きのいずれの場合も段落の 1 行目は 1 文字分字下げをするが，1 文字分のスペースを入れながら入力せずに，まず必要な文章をベタですべて入力する。その後，文書を範囲指定し，［1 行目のインデント］ルーラーを右へ 1 文字分ドラッグして移動すると，範囲指定した文書中の全段落の先頭行を 1 文字分字下げすることができる。Word では，↵の改行までを 1 段落とし，1 行目のインデントは段落の 1 行目を意味する。

また，任意に行間隔を設定したい場合，文書範囲を選択し，**［ホーム］**タブの**［段落］**グループの⧉を選択し，**［段落］**ダイアログボックスから**［インデントと行間隔］**タブの**［間隔］**に行間隔の値を指定することで任意の行間隔を設定することができる。

箇条書き

1 「練習日…」から「連絡先」を選択する。

2 **［ホーム］**タブの**［段落］**グループの**［箇条書き］**（図 4.9）をクリックし，リストから「◆」を選択する。

4-4-5　画像の挿入

Word にはあらかじめ用意されているアイコンやストック画像がある。これらの画像やオリジナルの画像，またはインターネットを介して利用できる画像は，文書中では**オブジェクト**と呼ばれ，文章とは区別されて扱われる。インターネットを介してダウンロードして利用する画像は必ず利用規約を守って利用しなければならない。これらの豊富な画像をビジネス文書などに利用すると便利である。

オリジナル画像の挿入（画像はダウンロードデータを利用）

1 「…いらして下さい。」の末尾にカーソルを移動する（カーソルは任意の位置でよい）。

2 **［挿入］**タブの**［図］**グループの**［画像］**を選択し，**［このデバイス］**をクリックすると，**［図の挿入］**ダイアログボックスが表示される。テニスボール画像が保存されているフォルダーを選択し，「テニスボール.png」を選択し，**［挿入］**をクリックする。

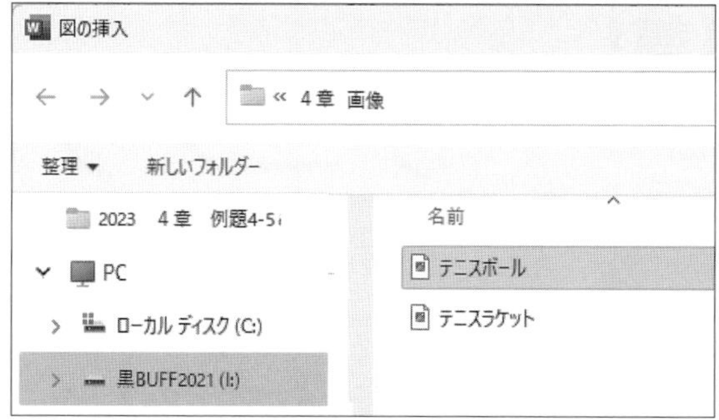

図 4.18　［図の挿入］ダイアログボックスでテニスボール画像を選択

3 ［挿入］をクリックするとテニスボール画像が文書中に挿入される。

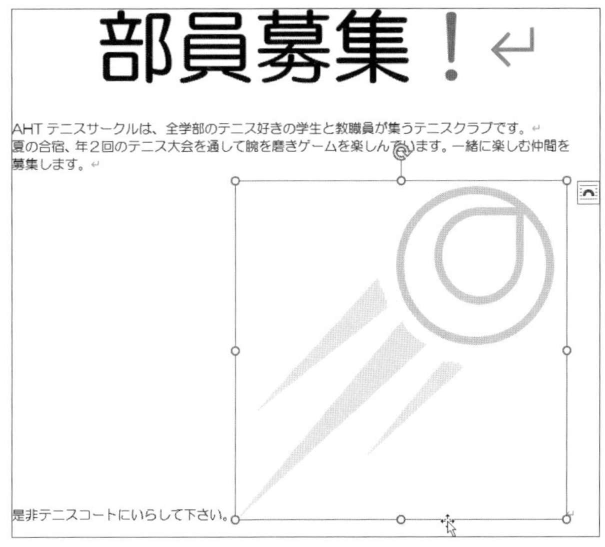

図 4.19　テニスボール画像の挿入

オリジナルの写真やアイコン，SmartArt などは文字列とは区別されるオブジェクトである。これらオブジェクトをクリックするとその周囲を囲む線が現れる（図 4.19）。これをハンドルという。ハンドルにマウスを近づけるとマウスポインタは 2 種類の形状に変化する。1 つは双方向矢印の形状（⤡）である。もう 1 つは図 4.19 に表示された形状（✥）で，この形状のマウスポインタはドラッグ&ドロップで任意の位置に移動させることができる。

文書中にオブジェクトを上手く配置するには，［図の形式］タブの［文字列の折り返し］（図 4.20）で文字列とオブジェクトとの配置関係を「四角形」「上下」などを選択した後にマウスポインタの 2 つの形状を使い分けてオブジェクトの大きさや配置を調整する。

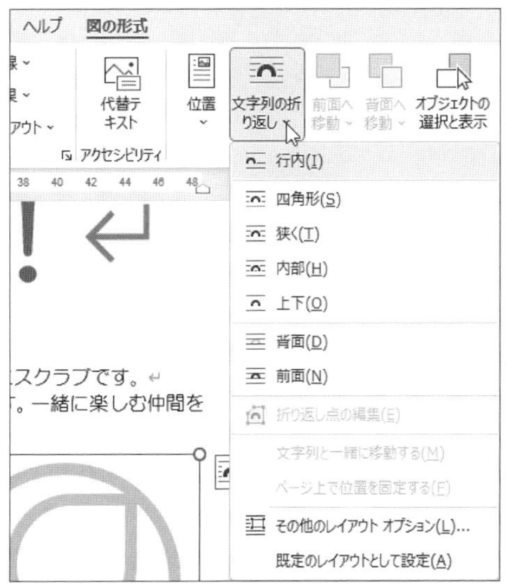

図 4.20　［文字列の折り返し］

オブジェクトのサイズ変更と配置の設定

1 挿入したオブジェクトを選択し，ハンドルが表示されたことを確認する（図 4.21）。
2 リボンに現れた **[図の形式]** タブの **[配置]** グループの **[文字列の折り返し]** をクリックし，現れるリストから **[背面]** を選択する。
3 ハンドルにマウスポインタを近づけ⤡の形状に変わった状態でハンドルをドラッグ＆ドロップしてサイズを大きく引き伸ばす（図 4.21）。
4 画像の上部中央の⟳をドラッグして画像の角度を調整する（図 4.21 上）。
5 マウスポインタを✥の状態にして，オブジェクトをドラッグ＆ドロップして移動し，完成例に倣って配置する。同様にもう 1 つのテニスラケット画像のオブジェクト（「テニスラケット .png」）も挿入後に **[文字列の折り返し]** から **[背面]** を設定する。ハンドルを表示し，オブジェクトの位置と角度を調整する（図 4.21 下）。
6 ファイル名を「例題 4-05 .docx」と入力して保存する（3 章 3-3 参照）。

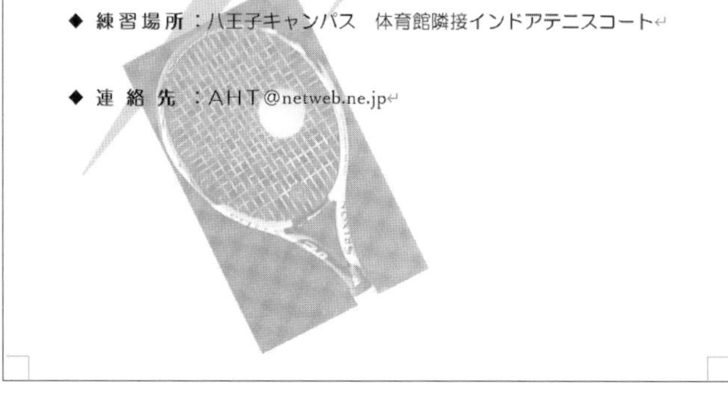

図 4.21　オブジェクトのサイズと配置の調整

column　配置ガイドとライブレイアウト

Word には文章中にオブジェクトを配置するのに便利な「ライブレイアウト」と「配置ガイド」の機能がある。オブジェクトを移動しているとき，左右の中央位置や両サイドの境目などに近づくと緑色の線が表示される。これを配置ガイドという。また，**[文字列の折り返し]** で「四角形」や「上下」などを設定し，オブジェクトをドラッグして移動させると，オブジェクトの移動に伴って文字列も移動する。これをライブレイアウト機能という。

4-4-6 文書と印刷プレビューの表示

印刷プレビューの表示

1 **[ファイル]** タブを選択して現れるメニューから **[印刷]** をクリックする。右側に印刷プレビューが表示される(図4.23)。複数ページの文書で各ページのプレビューを表示するには，プレビュー下のページ矢印をクリックする(図4.22(左))。

2 プレビューを拡大/縮小表示するにはプレビュー右下のズームスライダーで調整する(図4.22(右))。

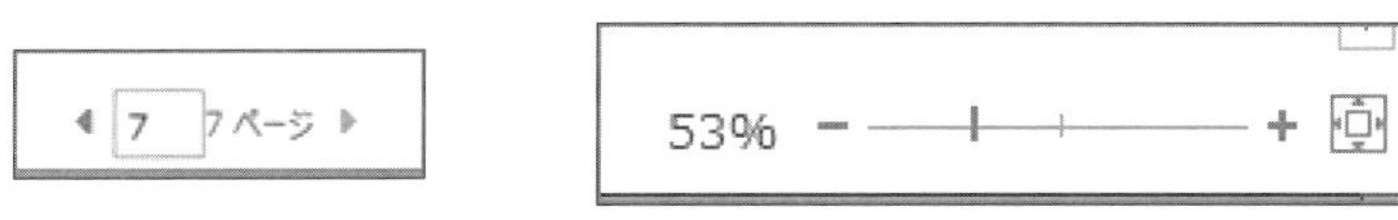

図 4.22　ページプレビュー(左)とズームスライダー(右)

文書の印刷(詳細は 3 章 3-5 参照)

1 **[印刷]** の **[部数]** のボックスに印刷部数を入力する。

2 **[プリンター]** で使用するプリンターの設定を確認する。

3 **[設定]** は使用するプリンターの既定値が選択されている。変更はクリックして設定する。

4 **[印刷]** をクリックする。

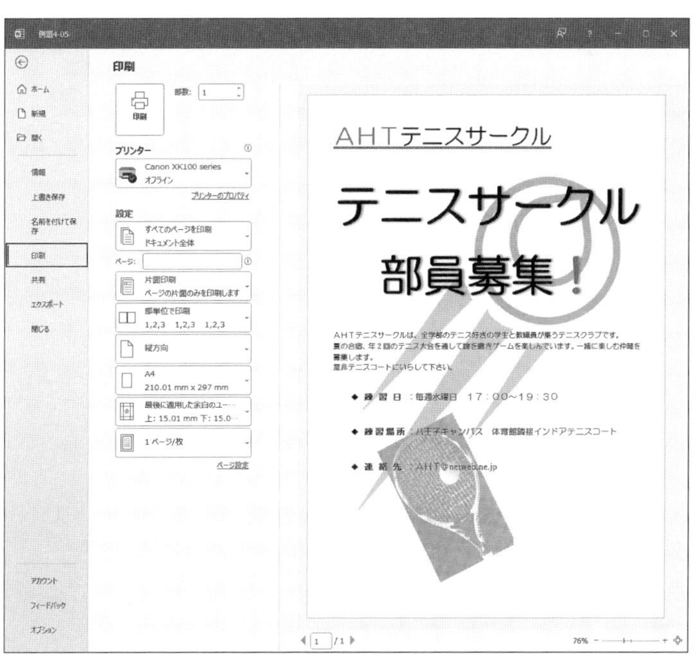

図 4.23　文書の印刷プレビューと印刷

4-5 ビジネス文書の作成

一般的に商用文書や公用文書などは用いる用紙サイズが決められている。日本ではＡ４やＢ５サイズ，欧米ではLetterサイズが用いられ，どちらも１ページに必要な事柄をまとめて作成することが多い。文章表現のコツは，読み手を意識し，伝えたいことをわかりやすくシンプルに表現することである。最も注意することは，誤った情報を記載しないようにすることである。さらに，読み手の解釈に委ねるような表現は用いず，こちらの意図が正しく理解されるように明快で簡潔な表現を心がけないといけない。

例題 4-6

社外文書として展示会ご案内のビジネス文書を作成しなさい。
画像ファイルはダウンロードデータを用いてもよい。

2023年4月18日

お客様各位

株式会社HOJITU

新製品発表展示会のご案内

拝啓　陽春の候、貴社ますますご盛栄のこととお慶び申し上げます。平素は格別のご高配を賜り、厚く御礼申し上げます。

さて、このたび弊社では高機能を備えた新製品を開発いたしました。
つきましては、お得意様方に是非ともご高覧いただきたく、下記のとおり新製品発表展示会を開催するはこびとなりました。

発表会当日は、開発担当者によるセミナーも開催いたします。ご多用中恐縮ではございますが、何卒ご来場賜りたくご案内申し上げます。

敬具

記

日 時　2023年5月27日（土）午後1時より

会 場　多摩キャンパス内ショールーム

住 所　東京都町田市123
TEL　012-4567-8901
メール　hojitu@hojitu.co.jp

以上

会場へのアクセス

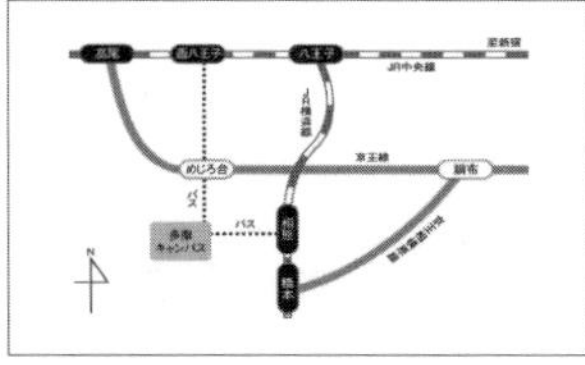

- **京王線**：新宿駅から特急で50分、めじろ台駅下車、バスで約10分
- **【JR線】中央線**：新宿駅から快速で50分（特別快速で41分）、西八王子駅下車、バスで約22分
- **【JR線】横浜線**：新横浜駅から快速で30分、相原駅下車、バスで約13分

4-5-1　ページ設定と文章の入力

ビジネス文書は必要な情報をなるべく一枚にコンパクトにまとめたほうがよい。このため，文章を入力する前に用紙サイズや文字方向などを暫定的に設定しても，文章入力後の編集過程において，ページがかさまないように，余白や文字数，行数などについてページ設定を変更するのはやむを得ないことである。

ページ設定

1 Word を起動し，**[新規]-[白紙の文書]** を開く。**[レイアウト]** タブの **[ページ設定]** ダイアログボックスを開く（図 4.10）。

2 ページ設定は，**[用紙]** は「A 4」，**[余白]** は「上下左右 30 mm」，**[文字数と行数の指定]** は「標準の文字数」を使う。**[フォントの設定]** は「日本語用のフォント」は「游明朝」で「11 pt」，「英数字用フォント」は「本文のフォント」とする。

2 下記の文章を入力する。
入力オートフォーマットでは「拝啓」を入力し，スペースまたは改行すると「敬具」は右揃えで表示される。**[挿入]** タブの **[あいさつ文]** から **[あいさつ文の挿入]** を選択すると，定型文書を選択して入力することができる。入力オートフォーマットは，「記」と入力すると，「以上」は右揃えで自動表示される。

2023 年 4 月 18 日↵
お客様各位↵
株式会社 HOJITU↵
新製品発表展示会のご案内↵
拝啓　陽春の候、貴社ますますご盛栄のこととお慶び申し上げます。平素は格別のご高配を賜り、厚く御礼申し上げます。↵
さて、このたび弊社では高機能を備えた新製品を開発いたしました。↵
つきましては、お得意様方に是非ともご高覧いただきたく、下記のとおり新製品発表展示会を開催するはこびとなりました。↵
発表会当日は、開発担当者によるセミナーも開催いたします。ご多用中恐縮ではございますが、何卒ご来場賜りたくご案内申し上げます。↵

敬具↵

記↵

日時　2023 年 5 月 27 日（土）午後 1 時より↵
会場　多摩キャンパス内ショールーム↵
住所　東京都町田市 123↵
TEL　012-4567-8901↵
メール　hojitu@hojitu.co.jp↵

以上↵

図 4.24　文章を入力したところ

4-5-2　文字の位置設定

インデントマーカーによる文字列の配置は 4-4-4 で説明した。ここでは，**[ホーム]** タブの **[段落]** グループにある **[右揃え]**，**[中央揃え]** について説明する。

右揃え，中央揃え

1 1 行目の「2023 年 4 月 18 日」を選択し，Ctrl キーを押しながら 3 行目の「株式会社 HOJITU」を選択する。**[ホーム]** タブの **[段落]** グループの **[右揃え]** をクリックすると，右端に移動する（図 4.25）。

2 1 行目と 3 行目を選択した状態でフォントを「游ゴシック」に設定する。

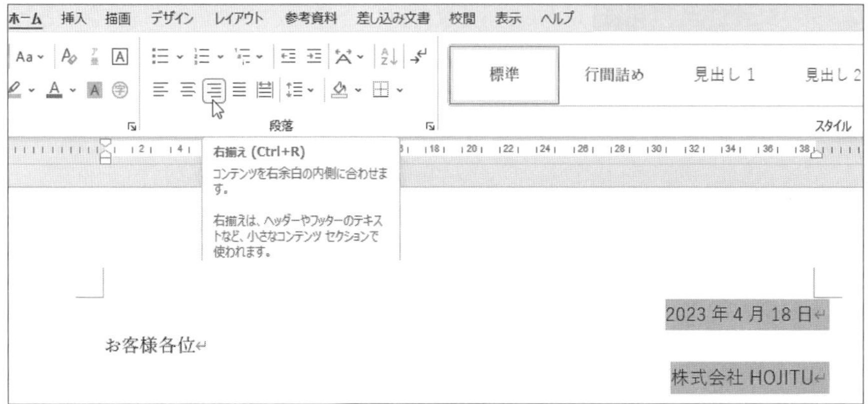

図 4.25　右揃えの設定

3 4 行目の「新製品発表展示会のご案内」を選択し，フォントサイズ「20 pt」，**B**（太字）をクリックし，太字に設定する。**[ホーム]** タブの **[段落]** グループの **[中央揃え]** をクリックし，中央位置とする。

4 5 行目から 11 行目の本文「拝啓…申し上げます。」を選択し，「ルーラー」の 1 行目のインデントをドラッグして段落の 1 行目を右へ 1 文字分インデントする（図 4.26）。

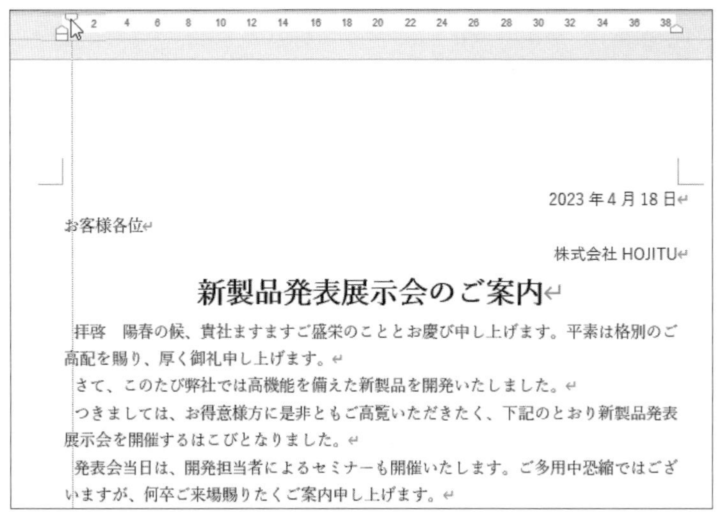

図 4.26　本文の 1 行目のインデントの設定

行間隔の設定（図 4.16 参照）

1 4 行目「新製品…ご案内」の行にカーソルを置く。**[ホーム]** タブの **[段落]** ダイアログボックスを表示して **[間隔]** の **[段落前]** を「3 行」，**[段落後]** を「2 行」に設定する。

2 7 行目「さて，」を選択し，Ctrl キーを押しながら 10 行目「発表会当日」を選択し，**[段落]** ダイアログボックスの **[間隔]** の **[段落前]** を「0.5 行」に設定する。

3 13 行目「記」から 15 行目の「会場」の行までの 4 行の範囲を選択し，**[段落]** ダイアログボックスの **[間隔]** の **[行間]** を「1.5 行」に設定する。

4 17 行目「TEL」と 18 行目の「メール」の 2 行を選択し，**[段落]** ダイアログボックスの **[間隔]** の [行間] を「固定値」「12 pt」に設定する。

記書きのインデントの設定と文字の均等割り付け

1 14 行目「日時」，15 行目「会場」，16 行目「住所」の 3 行を選択し，ルーラーの左インデントを右にドラッグして文頭を目盛り 9 の位置までインデントする。

2 17 行目「TEL」，18 行目「メール」の 2 行を選択し，ルーラーの左インデントを右にドラッグして文頭を目盛り 13 の位置までインデントする。

3 Ctrl キーを押しながら「日時」，「会場」，「住所」の 3 つの文字列を選択し，B **(太字)** をクリックし太字に設定する。選択したまま，**[文字の均等割り付け]** を「2.5 字」に設定する（図 4.15）。

4 「メール」の文字列を選択し，**[文字の均等割り付け]** を「2 字」に設定する。

これまでの文字列の編集により図 4.27 の文章が作成される。

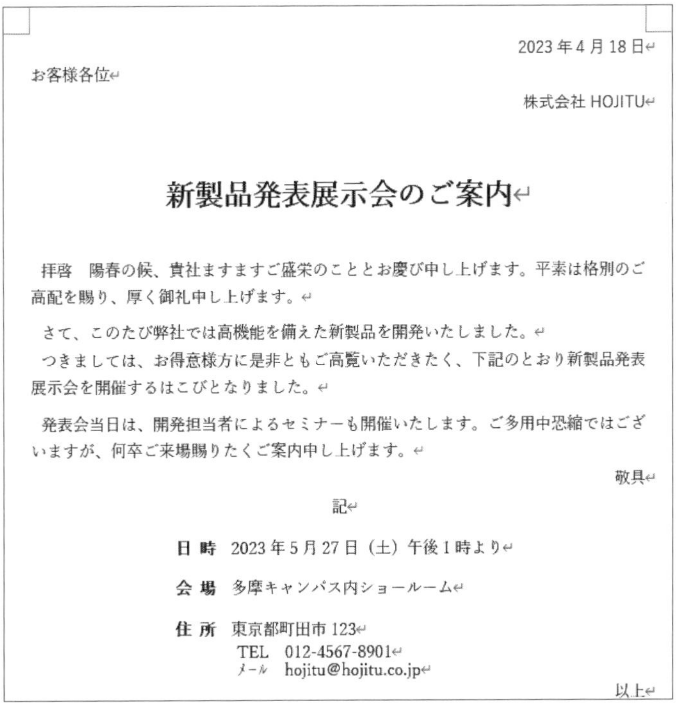

2023 年 4 月 18 日

お客様各位

株式会社 HOJITU

新製品発表展示会のご案内

拝啓　陽春の候、貴社ますますご盛栄のこととお慶び申し上げます。平素は格別のご高配を賜り、厚く御礼申し上げます。

さて、このたび弊社では高機能を備えた新製品を開発いたしました。

つきましては、お得意様方に是非ともご高覧いただきたく、下記のとおり新製品発表展示会を開催するはこびとなりました。

発表会当日は、開発担当者によるセミナーも開催いたします。ご多用中恐縮ではございますが、何卒ご来場賜りたくご案内申し上げます。

敬具

記

日　時　2023 年 5 月 27 日（土）午後 1 時より

会　場　多摩キャンパス内ショールーム

住　所　東京都町田市 123

TEL　012-4567-8901

メール　hojitu@hojitu.co.jp

以上

図 4.27　文字列の編集

4 章 Word によるさまざまな文書の作成

4-5-3 画像の挿入

ここでは，4章ダウンロードデータの3つの画像を利用する。一般的にWebサイト上に掲載されている画像のオブジェクト（写真や地図，デザイン画など）には**著作権**があり，著作権者に無断で利用することは禁止されている場合が多い。利用する際には必ず利用規約の確認が必要である。

画像をダウンロードし保存する（4章ダウンロードデータ）

1 本テキストの4章ダウンロードデータから，「ブランドマーク.png」「アクセスマップ.png」「最寄り駅からのアクセス.png」の3つの画像データをダウンロードし，任意のフォルダーに保存して利用する。

(a)ブランドマーク.png

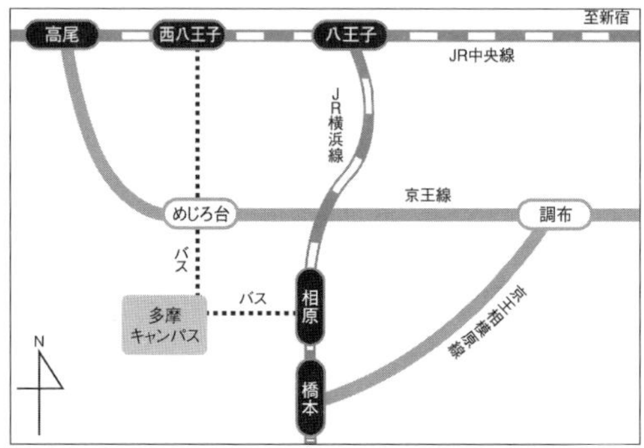

(b)アクセスマップ.png

- **京王線：**新宿駅から特急で50分、めじろ台駅下車、バスで約10分
- **【JR線】 中央線：**新宿駅から快速で50分（特別快速で41分）、西八王子駅下車、バスで約22分
- **【JR線】 横浜線：**新横浜駅から快速で30分、相原駅下車、バスで約13分

(c)最寄り駅からのアクセス.png

図4.28 挿入する画像

画像の挿入と書式の設定

1 「ブランドマーク」を挿入したい位置にカーソルを置く。**[挿入]** タブの **[画像]** をクリックし，画像の挿入元から **[このデバイス]** をクリックする。挿入する画像の保存場所とファイル名を選択し，**[挿入]** をクリックする。画像が挿入されると図 4.29 左のように文字列の配置が変わる。文字列と画像の関係を設定するには，ハンドルを表示する。**[図の形式]** タブの **[文字列の折り返し]** をクリックし，リストから **[背面]** を選択する。画像のハンドルをドラッグして画像の大きさと位置を調整する（図 4.29 右）。

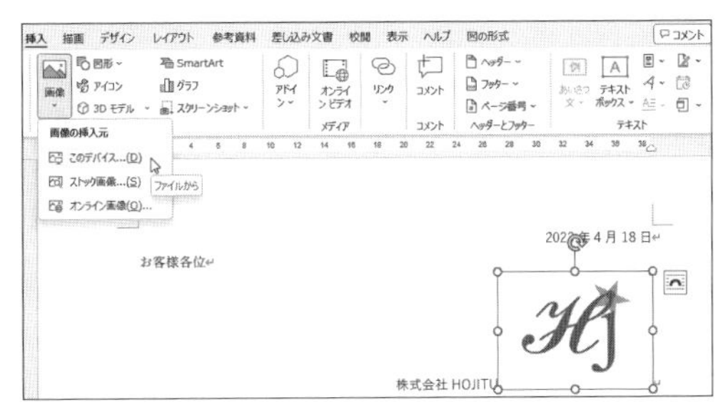

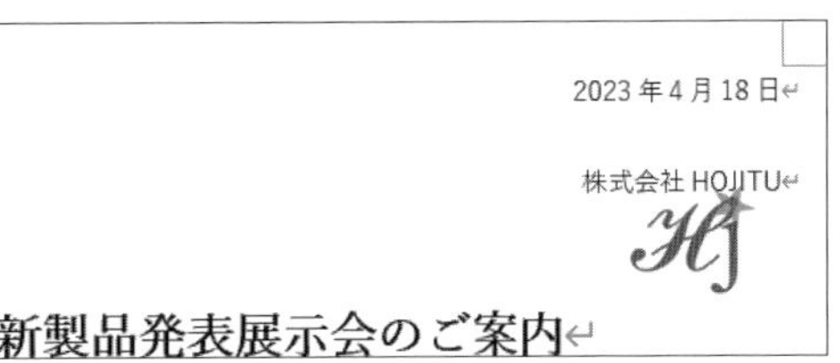

図 4.29 「ブランドマーク」の挿入と調整

2 「以上」の下の範囲に「アクセスマップ」と「最寄り駅からのアクセス」を順に挿入する。**[挿入]** タブの **[画像]** をクリックし，画像の挿入元から **[このデバイス]** を選択する。挿入する画像の保存場所とファイル名を選択し，**[挿入]** をクリックすると図 4.30 左のようにカーソルの位置によっては画像が 2 ページ目に挿入されてしまう。
画像を選択し，ハンドルを表示する。**[図の形式]** タブの **[文字列の折り返し]** をクリックし，リストから **[前面]** を選択する。ハンドルをドラッグして画像の配置や大きさを調整する。
[図の形式] タブの **「図のスタイル」** から **[図の枠線]** をクリックし任意の色の枠線を表示する。図 4.30 右のように記書きの下位置に調整し配置する。

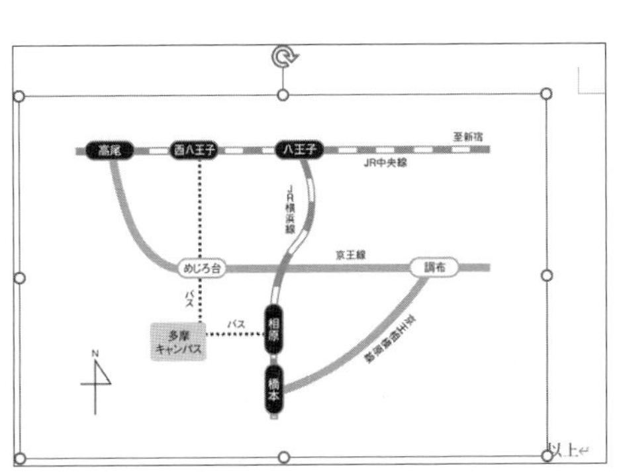

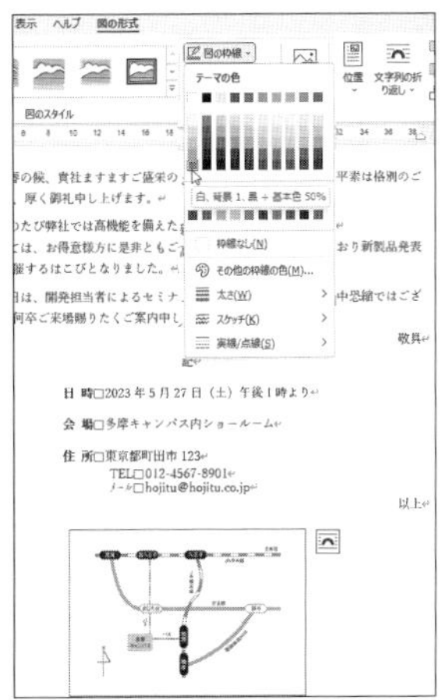

図 4.30 「アクセスマップ」の挿入と調整

3 「最寄り駅からのアクセス」の画像を「アクセスマップ」の下位置に挿入する。

[挿入] タブの **[画像]** をクリックし，画像の挿入元から **[このデバイス]** を選択する。挿入する画像の保存場所とファイル名を選択し，**[挿入]** をクリックすると図 4.31 のようにカーソルの位置によっては画像がアクセスマップの上に挿入される場合がある。

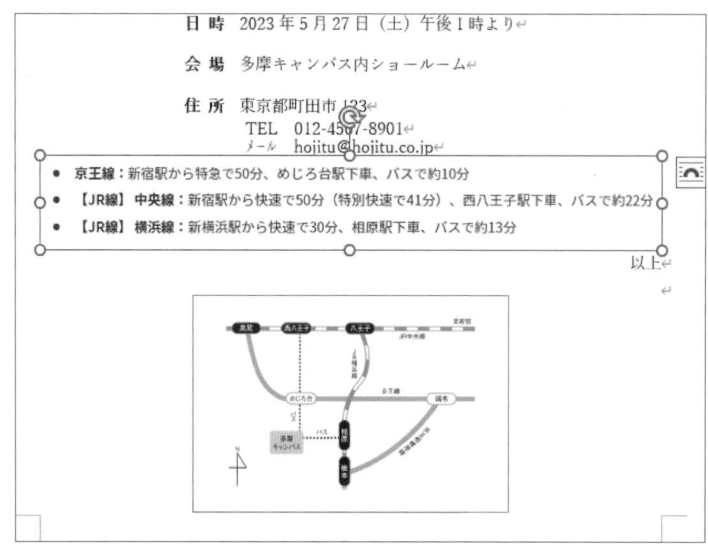

図 4.31 「最寄り駅からのアクセス」の挿入

画像を選択しハンドルを表示する。**[図の形式]** タブの **[文字列の折り返し]** をクリックし，リストから **[前面]** を選択する。図と図との配置は **[背面へ移動]** をクリックし，アクセスマップとの配置関係はアクセスマップが前位置となる。

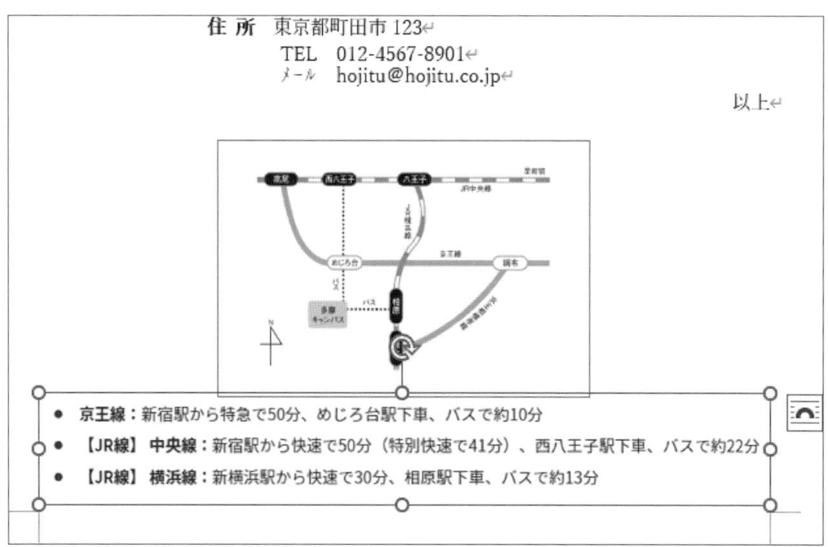

図 4.32 「最寄り駅からのアクセス」の調整

補足：画像を挿入すると文字列がずれて焦ってしまう！

画像を挿入した直後は文字列が大きくずれるが，焦ることはない。挿入した画像を選択し，**[文字列の折り返し]** で文字列と画像との配置を **[上下]** や **[四角形]** などに設定すると，画像の大きさや配置の調整が可能となり配置のずれは解消される。

4-5-4 テキストボックスの挿入と編集

テキストボックスは画像と同様にオブジェクトとして扱われるため，サイズの調整が可能である。またテキストボックス内での体裁を整えるため，文字列の行間や配置の設定が必要となる。ここでは，アクセスマップのタイトル「会場へのアクセス」をテキストボックスで作成し配置することにした。

アクセスマップのタイトルをテキストボックスで作成する

1 カーソルをアクセスマップの近くに置き，**[挿入]** タブの **[テキスト]** グループの **[テキストボックス]** を選択し，**[横書きテキストボックスの描画]** をクリックする。

2 マウスポインタが十字形になるので，アクセスマップの近くでドラッグして対角方向にテキストボックスを開く。

3 テキストボックス内にカーソルを移動し，「会場へのアクセス」と入力する。テキストボックスの枠線上でクリックし，実線の枠線の状態でフォントを「游ゴシック」「10 pt」「太字」に設定する。**[文字列の折り返し]** は **[背面]** と設定し，図と図との配置は **[背面へ移動]** とし，図形の枠線は **[枠線なし]** とする。図 4．33 のようにアクセスマップ図の画像の上部に配置する。

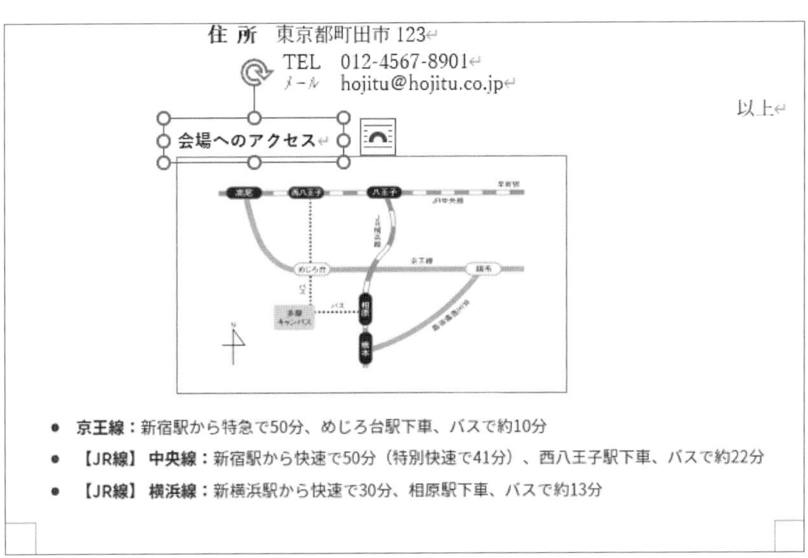

図 4.33　テキストボックスの挿入

4-5-5　オブジェクトのグループ化

画像や図，表，テキストボックスなどの複数のオブジェクトをグループ化することで一つのオブジェクトとして扱うことができる。ここでは，2つの画像「アクセスマップ」と「最寄り駅からのアクセス」と表題のテキストボックス「会場へのアクセス」の3つのオブジェクトをグループ化する。

複数のオブジェクトをグループ化する

1 テキストボックス「会場へのアクセス」を選択する。Ctrl キーを押しながら画像「アクセスマップ」にマウスを近づけ，マウスポインタの矢印の脇に小さな＋が表示された時にクリックして選択する。さらに Ctrl キーを押しながら画像「最寄り駅からのアクセス」をマウスポインタの形状に注意し選択する。図 4.34 のように 3 つのオブジェクトがハンドルで囲まれていることを確認する。

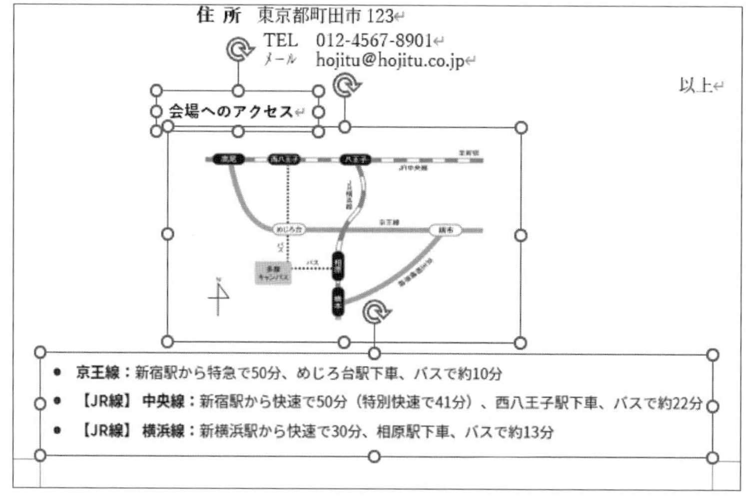

図 4.34　オブジェクトの選択

2 図 4.34 の 3 つの選択状態で **[図形の書式]** タブまたは **[図の形式]** タブの **[配置]** のグループの中の **[グループ化]** から **[グループ化]** を選択すると図 4.35 のように 3 つのオブジェクトがグループ化される。

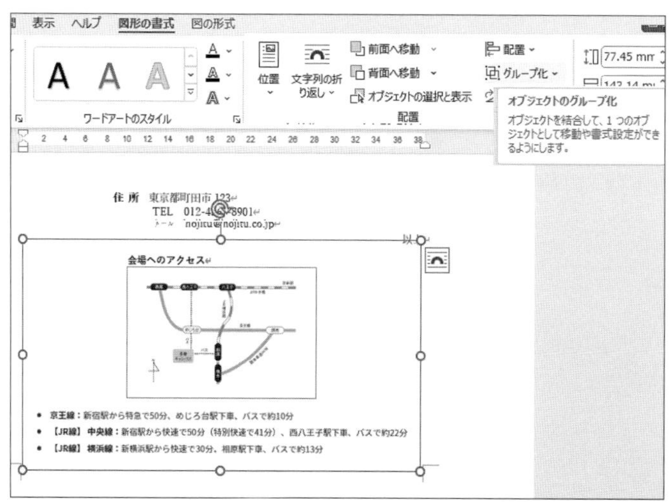

図 4.35　複数のオブジェクトのグループ化

4-6 英文の入力と修正方法

Word にはいくつかの英文作成支援機能が備えられている。スペルチェック機能と文法チェック機能，文字数カウントなどの機能がその代表的なものである。また，よく使われる英字のフォントには Times New Roman，Century，Arial，Symbol などがある。

例題 4-7

以下の英文を入力してスペルチェック機能と文法チェック機能を確認しなさい。

The internet is a international compiter network linking computers from educational institutions, goverment agency, industry, etc.

1 英文を直接入力（半角）で入力する。例題 4-7 の英文はスペルや文法に誤りがある。入力すると以下のように部分的に赤の波線と青の二重線が表示される。赤の波線はスペルチェック機能で，青の二重線は文法チェック機能により誤りが指摘されたことを表している。

The internet is a international compiter network linking computers from educational institutions, government agency, industry, etc.↵
（a ← 青，compiter ← 赤）

●**文法チェック機能**

「a」に青の波線が表示されている。これは「an」と入力すべきところを「a」と入力したことにより文法的な誤りとして指摘されたことを示す。マウスポインタを「a」に合わせ右クリックすると修正リストが表示されるので，修正案の「an」を選択すると「a」から「an」に自動修正される。

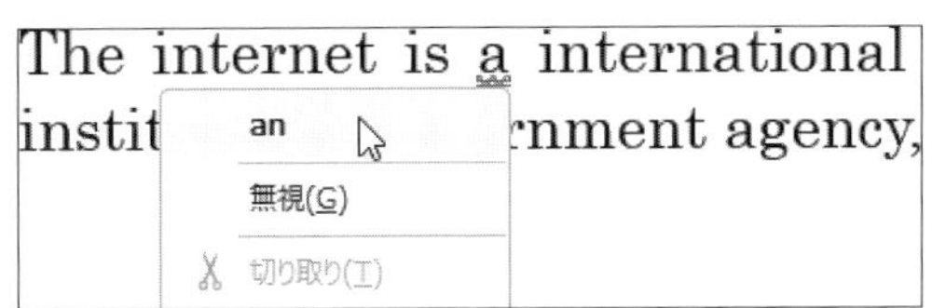

図 4.36　文法チェック機能

●**スペルチェック機能**

スペルチェック機能を確認するために，「computer」を「compiter」，「government」を「goverment」と入力している。「compiter」は赤の波線表示となりスペル誤りが指摘された。

マウスポインタを「compiter」に合わせ，右クリックすると修正リストが表示される。修正リストの「computer」を選択すると自動的に修正される。しかし，「goverment」は入力直後にスペースを入力すると同時に自動的に「government」と修正されており，赤の波線の表示はされていない。これは，入力した単語のスペル誤りが明らかで，他に候補とする単語もない場合で，スペルの誤りを指摘することなく自動的に修正する。

固有名詞などはスペルの誤りと判断されることが多いため，修正リストの「すべて無視」または「辞書に追加」を選択すると以降では誤りと表示されない。辞書に追加する際には，その単語のスペルが本当に正しいか注意が必要である。

図 4.37　スペルチェック機能

●**オートコレクト機能**

英文入力の際に，文章の最初の文字を自動的に大文字にしたり，曜日などの固有名詞の頭文字を自動的に大文字に変換する機能が**オートコレクト**である。オートコレクトは英文入力時には便利な機能であるが，日本語の文書中に英語の単語などを挿入する場合などは，先頭文字が自動的に変換されるので注意が必要である。

オートコレクトオプション

1 **[ファイル]** タブを選択し，メニューの **[オプション]** から **[文章校正]** - **[オートコレクトのオプション]** と進み，**[オートコレクト]** ダイアログボックスで **「2 文字目を小文字にする」**，**「文の先頭文字を大文字にする」** にチェックマーク (✓) を入れる。

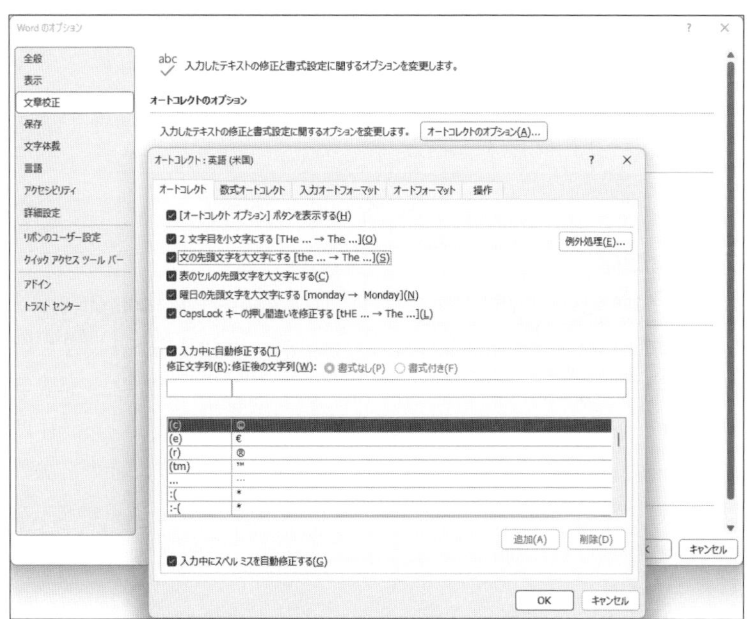

図 4.38　オートコレクトオプション

4-7 論文形式の文書の作成

インデント，画像，段落番号や箇条書き，段組み等を用い，論文形式の文書を作成する。

例題 4-8

次のような日本語と英語で構成された論文形式の文書を作成しなさい。
本文（ベタ）とグラフは４章ダウンロードデータを利用する。

データマイニング手法による地方再生のための国土政策への一提案

Proposal to the National Land Policy for Rural Policy using Data Mining Techniques

新妻巧朗	松田修三	小沢和浩
Takurou Niitsuma	Shuzo Matsuda	Kazuhiro Ozawa
法政大学	法政大学	法政大学
Hosei Univ.	Hosei Univ.	Hosei Univ.

Abstract: This paper presents a data mining approach to classify the region and to find the characteristics of the region, taking into account of the decrease in rural population, based on the number of industry workers. Further, it is intended to make suggestions for the future and national land policy of a provincial city, from the point of view of the industrial structure.

Keywords: data mining, decrease in rural population, provincial city

1. はじめに

現代の日本は大きな社会の変化の波にさらされている。その中でも非常に大きいのは、人口減少である。人口減少は長らく警鐘が鳴らされ続けていたが、実際に減り始めたことが知られたのは 2005 年の国勢調査によってである。これには、多くの要因が存在すると考えられるが、その一つに東京一極集中による地方の衰退(人口減少)が考えられる。

<中略>

本論文は、このように地方の人口減少を前提に、産業別従業者数をもとに、データマイニング手法を用いて地方の分類とその特徴を明らかにする、さらに産業構造の視点から、これからの地方の都市の方向性や国土政策への提言を行うためのものである。

2. 産業構造からの地域の分類とその基準の特定

産業構造から地域の特徴を抽出するために、「平成 26 年経済センサス - 基礎調査」[1]の「事業所に関する集計」から第 12 回改訂産業分類（総務省統計局）に基づいて集計された都道府県の産業別従業者数の構成比率を利用する。

はじめに、このデータをもとに都道府県の「産業別従業者数の構成比率」を作り、クラスター分析を用いて、類似している地域を分類した。

<中略>

3. 産業と労働生産性

図 5 は、日本全体の産業ごとの労働生産性と就業者数の関係を示している。また、産業分類は内閣府による経済活動別分類（SNA 分類）[2]を使用している。

<中略>

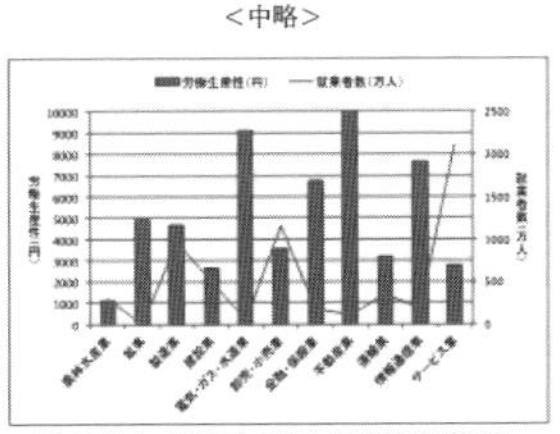

図 1 日本の労働生産性と就業者数(2013)

4. 主成分の原因の特定

ここで最も生産性の低いとされる地域密着型サービス業を多く有する地域の産業基盤を強くするためには、三つの対策が考えられる。

① 大量の雇用者を抱えることができる製造業の大規模な工場や企業を誘致し城下町を作ること。
② 地域密着型サービス業の生産性を向上させる。
③ 都市型サービス業が立地できるような条件を整える。

<中略>

5. GIS（地理情報システム）による主成分の解釈

これまではデータマイニング的手法を用いてきたが、ここからは地理的な特徴を検討するために GIS による分析を行う。図 6 第一主成分を都道府県の産業別従業者数の構成比率から主成分得点を出して、それを地図[5]上に表示したものである。

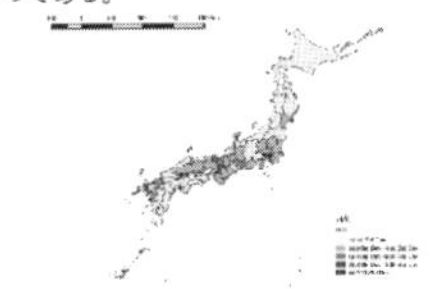

図 2 第一主成分をプロットした地図

6. おわりに

これまでの分析の結果、首都圏から遠く離れ人口が希薄な地域ほど、比較的労働生産性の低い地域密着型のサービス業に従事している割合が多くなることがわかる。

<中略>

つまり、これからの地方は人口が希薄な地域ほど人口を集約することが重要になる。

参考文献

[1] 総務省統計局（2015）『平成 26 年経済センサス - 基礎調査』http://www.stat.go.jp/data/e-census/2014/（2015 年 12 月ダウンロード）

[2] 内閣府（2014）『2013 年度国民経済計算（2005 年基準・93SNA)』

<中略>

[3] 国土地理院（2015）『平成 26 年全国都道府県市区町村別面積調』http://www.gsi.go.jp/KOKUJYOHO/MEN-CHO/201410/opening.htm（2015 年 12 月ダウンロード）

図 4.39 論文形式の文書の例

出典：新妻，松田，小沢，データマイニング手法による地方再生のための国土政策への一提案，日本知能情報ファジィ学会第 26 回ソフトサイエンス・ワークショップ講演論文集，36-39，2016

1 ページ設定をする。例題 4-8 のページ設定は，**[レイアウト]** タブの **[ページ設定]** により用紙サイズ「A 4」，余白は上下左右「20 mm」，ヘッダーとフッターは「15 mm」，フォントは日本語「游明朝」，英数字用「Times New Roman」，フォントサイズを「10 pt」と設定する。文字数と行数は **[行数だけを指定する]** を選択し，行数「45」と設定する。

2 文章を入力する。ここではダウンロードデータを利用する。ダウンロードデータを開くと図 4.40 の文書 2 枚が開かれる。**1** のフォント設定に従い日本語は游明朝，英語は Times New Roman の 10 pt で入力される。Word では改行までが 1 段落となる。

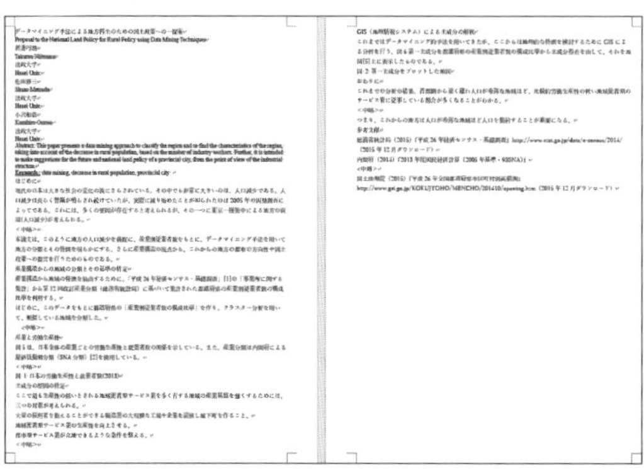

図 4.40　例題 4-8 本文

3 レポート形式に編集する。編集箇所をわかりやすくするため行番号を表示する。**[レイアウト]** タブの **[行番号]** を **[連続番号]** で表示する。行番号が 1 ～ 64 と表示される。

4 行 1 のテーマを編集する（以降，行番号 1 は行 1 のように記載する）。
行 1 をドラッグして範囲指定し，「游ゴシック」「14 pt」「太字」「中央揃え」に設定する。

5 行 2 の英文を編集する。行 2 を範囲指定して「12 pt」「中央揃え」とし，**[ホーム]** タブの **[段落]** のメニューを開き，**[間隔]** の **[段落後]** を 1 行に設定する。

6 行 3 ～ 14 の研究者名を編集する。
行 3 ～ 14 を範囲指定する。フォントサイズを「11 pt」，選択した状態で **[レイアウト]** タブの **[ページ設定]** グループの **[段組み]** のプルダウンメニューを開き，**[段組みの詳細設定]** をクリックする。**[段組み]** ダイアログボックスで **[3 段]** を選択し，段の幅を「15 字」とし「OK」をクリックする（図 4.41 左）。選択したまま **[ホーム]** タブの **[中央揃え]** をクリックする。

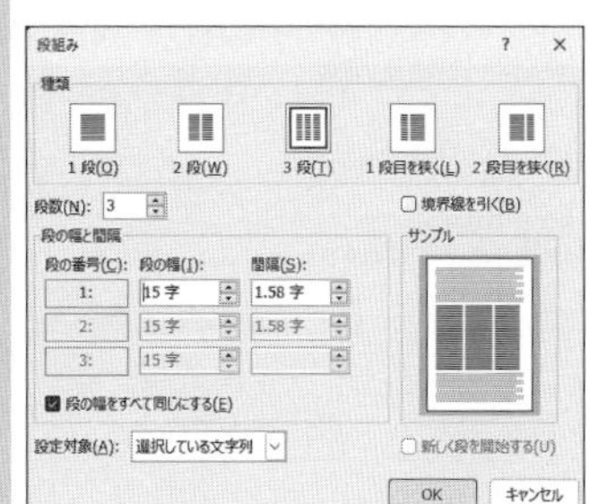

1 **データマイニング手法による地方再生のための国土政策への一提案**
2 Proposal to the National Land Policy for Rural Policy using Data Mining Techniques

3	新妻巧朗	松田修三	小沢和浩
4	Takurou Niitsuma	Shuzo Matsuda	Kazuhiro Ozawa
5	法政大学	法政大学	法政大学
6	Hosei Univ.	Hosei Univ.	Hosei Univ.

図 4.41　3 段組みの設定

7 行 3 ～ 6 の研究者名をインデントする。左側研究者の「新妻」の行 3 ～ 6 を選択し，ルーラーの左インデントをドラッグして目盛り 6 の位置にインデントする。同様に右側研究者の「小沢」の行 3 ～ 6 を選択し，ルーラーの右インデントをドラッグし目盛り 10 の位置へインデントする(**図 4.42**)。さらに，Ctrl キーを押した状態で 3 名の漢字の氏名の部分のみを順に選択し **[太字]** をクリックする。

1 データマイニング手法による地方再生のための国土政策への一提案
2 Proposal to the National Land Policy for Rural Policy using Data Mining Techniques
3 新妻巧朗 松田修三 小沢和浩
4 Takurou Niitsuma Shuzo Matsuda Kazuhiro Ozawa
5 法政大学 法政大学 法政大学
6 Hosei Univ. Hosei Univ. Hosei Univ.

図 4.42　左インデントと右インデント

8 行 15～19 の英文を編集する。

行 15～19 を選択し，ルーラーの 1 行目のインデントを右へ 1 文字インデントする。選択した状態で **[ホーム]** タブの **[段落]** の **[両端揃え]** をクリックし，**[レイアウト]** タブの **[ハイフネーション]** のプルダウンメニューを開き，**[自動]** をクリックする。

9 行 15 の単語「Abstract」を選択し，**[ホーム]** タブの **[太字]** と **[斜体]** をクリックする。選択したまま **[段落]** のメニューを開き，**[間隔]** の **[段落前]** を「0.5 行」に設定する。

行 19 の単語「Keywords」を選択し，**[ホーム]** タブの **[太字]** と **[斜体]** をクリックする。選択したまま **[段落]** のメニューを開き，**[間隔]** の **[段落後]** を「0.5 行」に設定する。

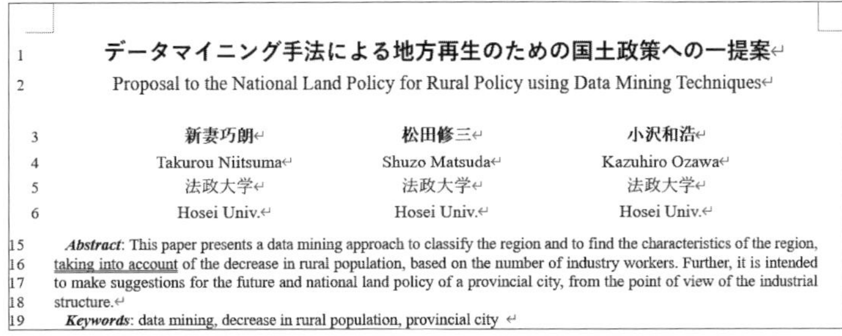
1 データマイニング手法による地方再生のための国土政策への一提案
2 Proposal to the National Land Policy for Rural Policy using Data Mining Techniques
3 新妻巧朗 松田修三 小沢和浩
4 Takurou Niitsuma Shuzo Matsuda Kazuhiro Ozawa
5 法政大学 法政大学 法政大学
6 Hosei Univ. Hosei Univ. Hosei Univ.
15 ***Abstract***: This paper presents a data mining approach to classify the region and to find the characteristics of the region,
16 taking into account of the decrease in rural population, based on the number of industry workers. Further, it is intended
17 to make suggestions for the future and national land policy of a provincial city, from the point of view of the industrial
18 structure.
19 ***Keywords***: data mining, decrease in rural population, provincial city

図 4.43　英文の編集

10 行 20 ～ 64 のフォントサイズ・行間・配置を設定する。

行 20 ～ 64 の日本語の本文を選択し，フォントサイズ「9 pt」とする。選択したまま **[段落]** のメニューを開き，**[行間]** **[間隔]** を **[固定値]** の「12 pt」に設定する。

行 20，28，34，39，46，51 の 6 行以外の行 20 ～ 55 を Ctrl キー押しながら選択してルーラーの 1 行目のインデントを 1 文字分右へ移動し，**[段落]** の **[両端揃え]** をクリックする。

20 はじめに
21 　現代の日本は大きな社会の変化の波にさらされている。その中でも非常に大きいのは，人口減少である。人口減少は長
22 らく警鐘が鳴らされ続けていたが，実際に減り始めたことが知られたのは 2005 年の国勢調査によってである。これには，
23 多くの要因が存在すると考えられるが，その一つに東京一極集中による地方の衰退(人口減少)が考えられる。
24 　＜中略＞
25 　本論文は，このように地方の人口減少を前提に，産業別従業者数をもとに，データマイニング手法を用いて地方の分類
26 とその特徴を明らかにする，さらに産業構造の視点から，これからの地方の都市の方向性や国土政策への提言を行うため
27 のものである。
28 産業構造からの地域の分類とその基準の特定
29 　産業構造から地域の特徴を抽出するために，「平成 26 年経済センサス - 基礎調査」[1]の「事業所に関する集計」から

図 4.44　1 行目のインデントと両端揃え

11 章見出しに段落番号を設定する。

Ctrl キーを押しながら行 20，28，34，39，46，51 の 6 行を選択する。**[ホーム]** タブの **[段落番号]** のプルダウンメニューを開き，**[番号ライブラリ]** から 1．2．の番号書式をクリックすると，各行頭に段落番号が表示される。「ぶら下げインデント」を左へ少し移動する (**図 4.45**)。

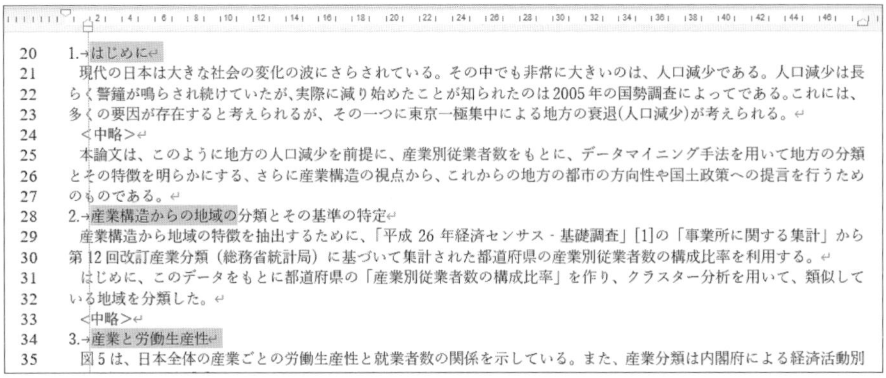

20 1.→はじめに↵
21 現代の日本は大きな社会の変化の波にさらされている。その中でも非常に大きいのは、人口減少である。人口減少は長
22 らく警鐘が鳴らされ続けていたが、実際に減り始めたことが知られたのは2005年の国勢調査によってである。これには、
23 多くの要因が存在すると考えられるが、その一つに東京一極集中による地方の衰退(人口減少)が考えられる。↵
24 ＜中略＞↵
25 本論文は、このように地方の人口減少を前提に、産業別従業者数をもとに、データマイニング手法を用いて地方の分類
26 とその特徴を明らかにする、さらに産業構造の視点から、これからの地方の都市の方向性や国土政策への提言を行うため
27 のものである。↵
28 2.→産業構造からの地域の分類とその基準の特定↵
29 産業構造から地域の特徴を抽出するために、「平成 26 年経済センサス - 基礎調査」[1]の「事業所に関する集計」から
30 第 12 回改訂産業分類（総務省統計局）に基づいて集計された都道府県の産業別従業者数の構成比率を利用する。↵
31 はじめに、このデータをもとに都道府県の「産業別従業者数の構成比率」を作り、クラスター分析を用いて、類似して
32 いる地域を分類した。↵
33 ＜中略＞↵
34 3.→産業と労働生産性↵
35 図 5 は、日本全体の産業ごとの労働生産性と就業者数の関係を示している。また、産業分類は内閣府による経済活動別

図 4.45　章見出しの段落番号

12 本文中に「段落番号」を利用し項目番号を設定する (**図 4.46**)。

行 42，43，44 の 3 行を選択する。**[ホーム]** タブの **[段落番号]** のプルダウンメニューを開き，**[番号ライブラリ]** から①，②，③の番号書式をクリックすると，各行頭に段落番号が表示される。選択した状態でルーラーの「ぶら下げインデント」を左へ 1 目盛り移動する (**図 4.46**)。

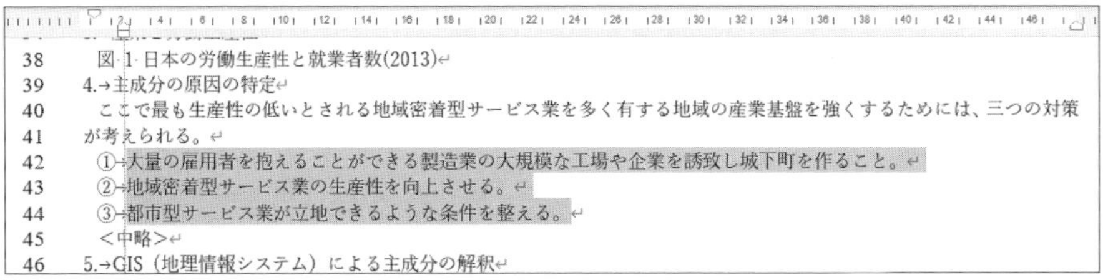

38 図 1 日本の労働生産性と就業者数(2013)↵
39 4.→主成分の原因の特定↵
40 ここで最も生産性の低いとされる地域密着型サービス業を多く有する地域の産業基盤を強くするためには、三つの対策
41 が考えられる。↵
42 ①→大量の雇用者を抱えることができる製造業の大規模な工場や企業を誘致し城下町を作ること。↵
43 ②→地域密着型サービス業の生産性を向上させる。↵
44 ③→都市型サービス業が立地できるような条件を整える。↵
45 ＜中略＞↵
46 5.→GIS（地理情報システム）による主成分の解釈↵

図 4.46　本文中の段落番号

13 「参考文献」の文中に「段落番号」を利用し，項目番号を設定する (**図 4.47**)。

Ctrl キーを押しながら行 57，59，61 の 3 行を選択する。**[ホーム]** タブの **[段落番号]** のプルダウンメニューを開き，**[新しい番号書式の定義]** をクリックし，**[番号書式]** に [1] を設定し **[OK]** をクリックすると，図 4.47 に示す段落番号が表示される。3 行が選択された状態のままルーラーの「ぶら下げインデント」を左へ 1 目盛り移動する (**図 4.47**)。

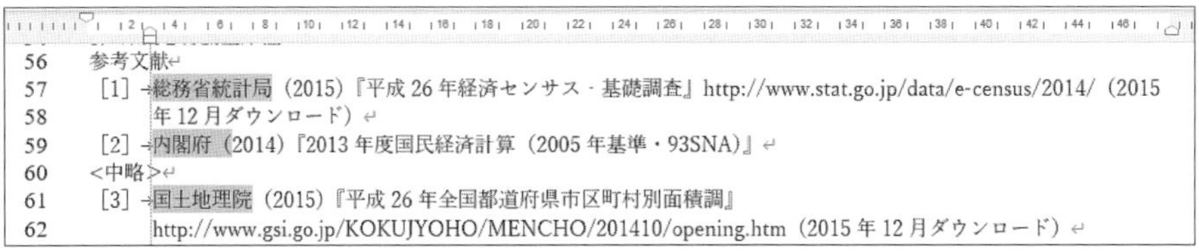

56 参考文献↵
57 [1] →総務省統計局（2015）『平成 26 年経済センサス - 基礎調査』http://www.stat.go.jp/data/e-census/2014/（2015
58 年 12 月ダウンロード）↵
59 [2] →内閣府（2014）『2013 年度国民経済計算（2005 年基準・93SNA）』↵
60 ＜中略＞↵
61 [3] →国土地理院（2015）『平成 26 年全国都道府県市区町村別面積調』
62 http://www.gsi.go.jp/KOKUJYOHO/MENCHO/201410/opening.htm（2015 年 12 月ダウンロード）↵

図 4.47　参考文献文中の段落番号

14 行 20 〜 62 の日本語本文を 2 段組みに編集する。

行 20 〜 62 を範囲指定する。**[レイアウト]** タブの **[段組み]** のプルダウンメニューを開き，**[段組みの詳細設定]** をクリックする。**[段組み]** ダイアログボックスで「2 段」を選択し，**[段の幅]** を「23 字」とし，OK をクリックする。選択範囲が 2 段に編集される。ここで 4 章見出しを右 2 段の先頭位置に変更する。行 50 の 4 章の見出し行頭「主」の前にカーソルを置き，**[レイアウト]** タブの **[区切り]** のプルダウンメニューから **[段区切り]** をクリックすると，4 章の見出し行は右側 2 段の先頭に移動する（図 4.48）。

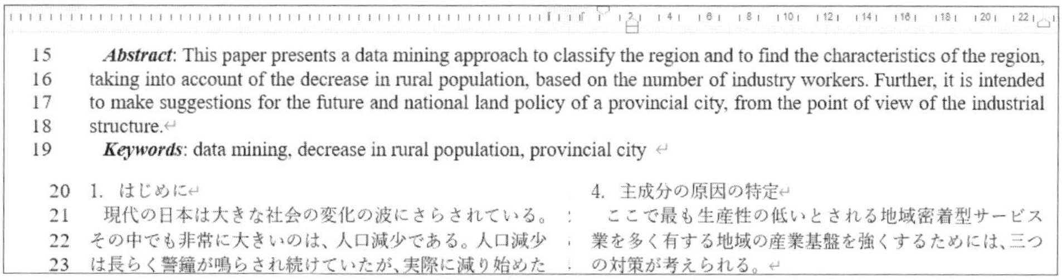

15 ***Abstract***: This paper presents a data mining approach to classify the region and to find the characteristics of the region,
16 taking into account of the decrease in rural population, based on the number of industry workers. Further, it is intended
17 to make suggestions for the future and national land policy of a provincial city, from the point of view of the industrial
18 structure.↵
19 ***Keywords***: data mining, decrease in rural population, provincial city ↵

20 1. はじめに↵
21 現代の日本は大きな社会の変化の波にさらされている。
22 その中でも非常に大きいのは、人口減少である。人口減少
23 は長らく警鐘が鳴らされ続けていたが、実際に減り始めた

4. 主成分の原因の特定↵
ここで最も生産性の低いとされる地域密着型サービス業を多く有する地域の産業基盤を強くするためには、三つの対策が考えられる。↵

図 4.48　2 段組と段区切り

15 章見出し（2 章・3 章・5 章・6 章）の行間を設定する。

Ctrl キーを押しながら左側 1 段の行 34，行 44，右側 2 段の「5．GIS…」，「6．おわりに」の計 4 行を選択する。**[ホーム]** タブの **[段落]** のメニューを開き，**[間隔]** の **[段落前]** を「0．5 行」に設定する。これにより 1 章と 4 章以外の章見出しの行の前が 0．5 行空く。

16 文中の「<中略>」の配置を編集する。

Ctrl キーを押しながら 1 章，2 章，3 章，4 章，6 章の<中略>を選択する。選択した状態で **[ホーム]** タブの **[中央揃え]** をクリックすると，各段の中央位置に配置される。別の位置でクリックし，選択を解除する。Ctrl キーを押しながら行 43 と行 48 の<中略>を選択する。**[ホーム]** タブの **[段落]** のメニュー **[間隔]** の **[段落前]** を「0．5 行」に設定する。

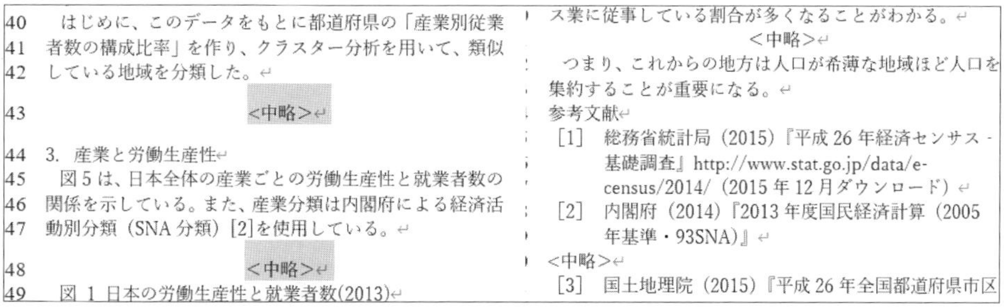

40 はじめに、このデータをもとに都道府県の「産業別従業
41 者数の構成比率」を作り、クラスター分析を用いて、類似
42 している地域を分類した。↵
43 <中略>↵
44 3. 産業と労働生産性↵
45 図 5 は、日本全体の産業ごとの労働生産性と就業者数の
46 関係を示している。また、産業分類は内閣府による経済活
47 動別分類（SNA 分類）[2]を使用している。↵
48 <中略>↵
49 図 1 日本の労働生産性と就業者数(2013)↵

ス業に従事している割合が多くなることがわかる。↵
<中略>↵
つまり、これからの地方は人口が希薄な地域ほど人口を集約することが重要になる。↵
参考文献↵
[1] 総務省統計局（2015）『平成 26 年経済センサス - 基礎調査』http://www.stat.go.jp/data/e-census/2014/（2015 年 12 月ダウンロード）↵
[2] 内閣府（2014）『2013 年度国民経済計算（2005 年基準・93SNA）』↵
<中略>↵
[3] 国土地理院（2015）『平成 26 年全国都道府県市区

図 4.49　2 章 3 章の〈中略〉の段落前

17 文全体の行番号を非表示とする。右側 2 段の行番号は段の間隔が狭く欠けて見えないため文書全体を範囲指定し，**[レイアウト]** タブの **[行番号]** の **[なし]** をクリックし，行番号を非表示とする。

18 3 章に縦棒グラフを挿入する（縦棒グラフの画像はダウンロードデータを用いる）。

3 章の「図 1 日本の労働…」の行頭にカーソルを置き，**［挿入］**タブの**［画像］**をクリックする。保存先のフォルダーを選択し，「縦棒グラフ .png」を選択して**［挿入］**をクリックする。挿入されると画像の枠にハンドルが表示されている（**図 4.50 左**）。

ハンドルの表示状態で**［レイアウトオプション］**から**［文字列の折り返し］**を**［上下］**とする。

「図 1 日本の労働生産性と就業者数」の行にカーソルをセットし，**［中央揃え］**をクリックする。グラフタイトルの配置に合わせて縦棒グラフの大きさと配置を整える（**図 4.50 右**）。

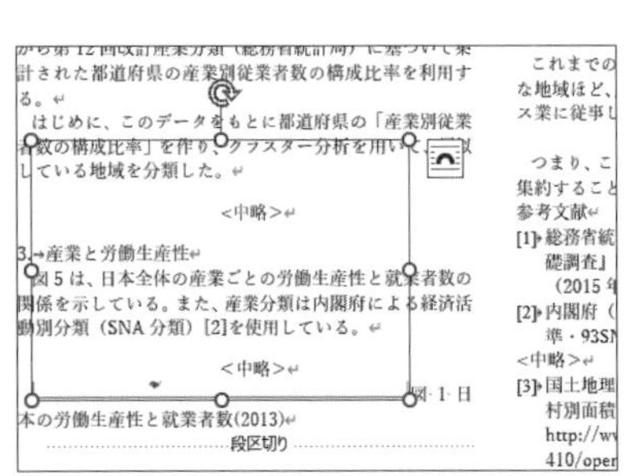
計された都道府県の産業別従業者数の構成比率を利用する。
はじめに，このデータをもとに都道府県の「産業別従業者数の構成比率」を作り，クラスター分析を用いて類似している地域を分類した。
<中略>
3. 産業と労働生産性
図 5 は，日本全体の産業ごとの労働生産性と就業者数の関係を示している。また，産業分類は内閣府による経済活動別分類（SNA 分類）[2]を使用している。
<中略>
図 1 日本の労働生産性と就業者数(2013)
段区切り

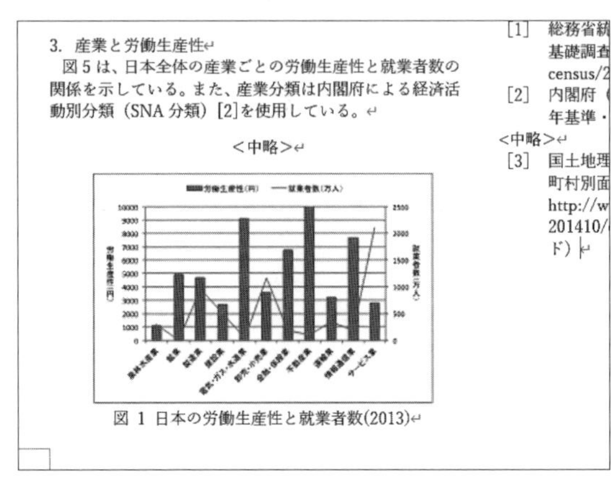
3. 産業と労働生産性
図 5 は，日本全体の産業ごとの労働生産性と就業者数の関係を示している。また，産業分類は内閣府による経済活動別分類（SNA 分類）[2]を使用している。
<中略>
図 1 日本の労働生産性と就業者数(2013)

図 4.50　縦棒グラフの挿入

19 5 章に日本地図グラフを挿入する。

5 章の「図 2 第一主成分をプロットした地図」の行頭にカーソルを置き，**［挿入］**タブの**［画像］**をクリックする。保存先のデバイスを選択し，「日本地図 .png」を選択して**［挿入］**をクリックする。縦棒グラフの挿入と同様に，挿入直後は画像の枠にハンドルが表示されている（**図 4.51 左**）。この状態で**［レイアウトオプション］**から**［文字列の折り返し］**を**［上下］**とする。

「図 2 第一主成分…」の行にカーソルをセットし，**［中央揃え］**をクリックする。グラフタイトルの配置に合わせて地図グラフの大きさと配置を整える（**図 4.51 右**）。地図の大きさを調整し，A 4 の 1 枚に完成する（**図 4.39**）。

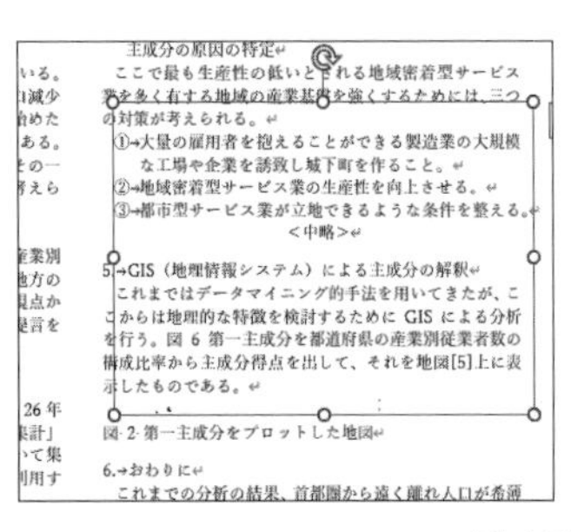
主成分の原因の特定
ここで最も生産性の低いとされる地域密着型サービス業を多く有する地域の産業基盤を強くするためには，三つの対策が考えられる。
①大量の雇用者を抱えることができる製造業の大規模な工場や企業を誘致し城下町を作ること。
②地域密着型サービス業の生産性を向上させる。
③都市型サービス業が立地できるような条件を整える。
<中略>
5. GIS（地理情報システム）による主成分の解釈
これまではデータマイニング的手法を用いてきたが，ここからは地理的な特徴を検討するために GIS による分析を行う。図 6 第一主成分を都道府県の産業別従業者数の構成比率から主成分得点を出して，それを地図[5]上に表示したものである。
図 2 第一主成分をプロットした地図
6. おわりに
これまでの分析の結果，首都圏から遠く離れ人口が希薄

5. GIS（地理情報システム）による主成分の解釈
これまではデータマイニング的手法を用いてきたが，ここからは地理的な特徴を検討するために GIS による分析を行う。図 6 第一主成分を都道府県の産業別従業者数の構成比率から主成分得点を出して，それを地図[5]上に表示したものである。
図 2 第一主成分をプロットした地図
6. おわりに

図 4.51　地図グラフの挿入

演習問題

演習 4.1

所属しているサークルやゼミ，あるいはアルバイト先などのチラシを作成しなさい。チラシの目的に応じた必要事項を明記し，サークルの写真，ワードアートなどを用いて読み手の気を引くようにデザインを工夫しなさい。

演習 4.2

用紙設定ではがきサイズを指定し，挨拶状を作成しなさい。

日本では年賀状から始まり，一年を通してさまざまな挨拶状を交わして人との交流をはかっている。年賀状，暑中見舞いなど，季節の挨拶状，結婚，入学などのお礼状がある。

演習 4.3

身近な話題を記事として構成し新聞紙面風に作成しなさい。

段組みやテキストボックス，表などを組み合わせて自由な発想で楽しい紙面を作成したい。作成例 (a) はページ全面に 8 行 5 列の表を作成し，セルの結合や分割などを利用して構成している。表は各セルが独立しているので記事が入りくみ，縦書きと横書きの混在するような紙面を作成するのに融通が利くので是非活用したい。

また，作成例 (b) は縦書きで，ページ全面を 6 段組み（1 段目の幅を狭く）に設定している。

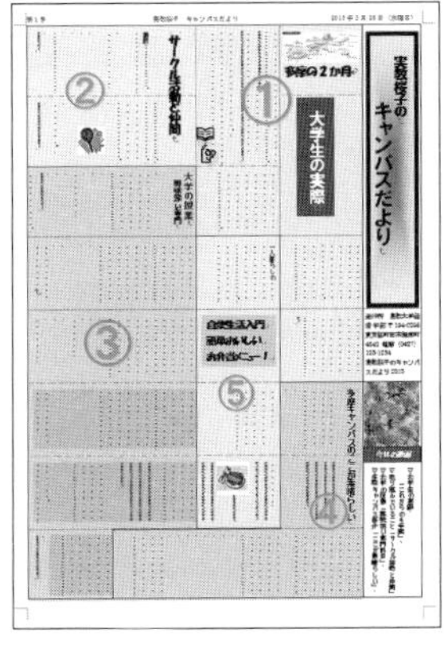

(a) 表の利用

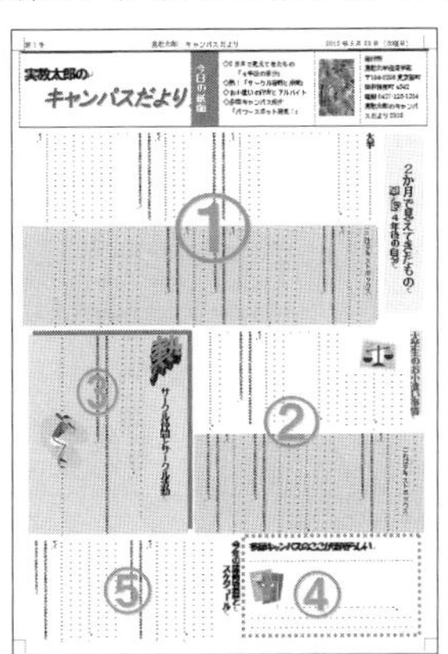

(b) 段組みの利用

演習 4.4

下記に示すテーマを選びレポートを作成しなさい。

レポートは 3 つの部分から構成する。まず序論（はじめに）では経緯と目的を述べる。次の本論では目的に沿い具体的事例やデータ分析結果を挙げながら持論を展開し，結論に向かう。最後は結論を述べる。結論は序論で述べた目的と対になるよう結論付ける。

レポートの書式は読み手を意識し，説明はグラフや図などを用いてわかりやすくするほか，読みやすい文体を用いて読む気にさせるように工夫する。

- テーマ 1：コンピューターの OS の役割とその将来について
- テーマ 2：ネット利用者の立場から健全なネット社会構築に向けた成熟したネット社会人のあり方への提言
- テーマ 3：インターネット普及の変遷とコンピューターやタブレット端末などの機器の発達との相関関係

5章 PowerPoint

PowerPoint はプレゼンテーション用ソフト（以下，プレゼンソフト）のひとつである。プレゼンテーションとは，話し手の情報を聞き手にプレゼントすることである。そのため，プレゼンソフトは，聞き手にわかりやすく視覚的に情報を伝達する手段として利用されている。セミナーや会議などの配布資料はプレゼンソフトのスライドを配布することが多い。PowerPoint のスライドショーなどの機能を活用すると，自分のプレゼンテーションを客観的に確認し本番に向けたリハーサルを行うこともできる。

本章ではPowerPointのスライドの作成方法やスライドショーなどの活用について学ぶ。

5-1 PowerPoint の起動

5-1-1 起動画面とスライドの編集画面

PowerPoint を起動して **[新規]** をクリックすると，図 5.1 のような画面が表示される。「検索の候補」から作成するプレゼンテーションの内容に応じたスライドのデザインを選択することができる。ここでは図 5.1 のように **[新規] - [新しいプレゼンテーション]** を選択して開始する。

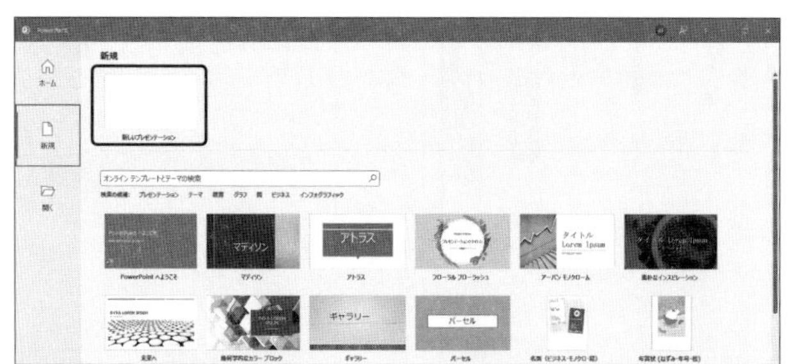

図 5.1　PowerPoint のスタート画面

[新規] - [新しいプレゼンテーション] を選択すると，図 5.2 のような 1 枚目のタイトルスライドの入力画面が表示される。

図 5.2　PowerPoint の新規作成画面

図5.2のタイトルスライドの編集画面の構成と主な名称，機能を紹介する。リボンの詳細は学習の進行とともに解説の中でふれることにする。

① タイトルバー

ファイル名とアプリ名（PowerPoint）が表示される。

② リボン

PowerPointの機能がタブごとに収められている。ボタンのレイアウトはウィンドウの大きさやコンテクストにより変化する。各タブのリボンの機能は例題作成の中で説明していく。

③ 編集画面

編集中のスライドが大きく表示される。新規作成時は1枚目のタイトルスライドが表示される。タイトルスライドには，文字を入力するための範囲を示す枠であるプレースホルダーが表示される。プレースホルダーとテキストボックスは，どちらも文字列を入力する枠であるが，構造的には異なる。

④ スライドの一覧

作成しているスライドのサムネイルが表示される。選択すると③の編集画面に表示される。各スライドは独立しており，説明順の変更によるスライド順の変更はスライドのドラッグ&ドロップで変更できる。

⑤ ステータスバー

スライドの拡大/縮小や画面モードが切り替えられる。

●ルーラーの表示

[表示] タブのルーラーにチェックを入れると，図5.3に示す目盛りが表示された画面となる。横の目盛りは水平ルーラー，縦の目盛りは垂直ルーラーと呼ぶ。水平ルーラーは，選択したプレースホルダー内の文字の水平位置を調整することができる。

●スライドの縦横比の選択

新しいプレゼンテーションを開いた画面の **[デザイン]** タブのリボンの右端に **[ユーザー設定]** がある。発表の機器に合わせてユーザー設定の **[スライドのサイズ]** で「標準」と「ワイド画面」を選択する。本章では，初期値の「ワイド画面」を選択している。

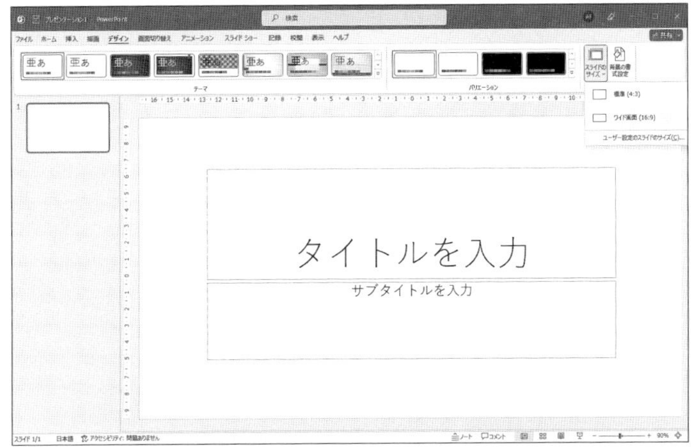

図5.3　ルーラー表示とスライドサイズの設定

5-1-2　8つのスライド編集画面

PowerPointには図5.4に示す8つの編集画面がある。起動時は「標準」画面である。

8つの表示画面の切り替えは**[表示]**タブにある**[プレゼンテーションの表示]**と**[マスター表示]**に区分された画面の種類からスライド編集の内容に合わせて画面モードを選択する。

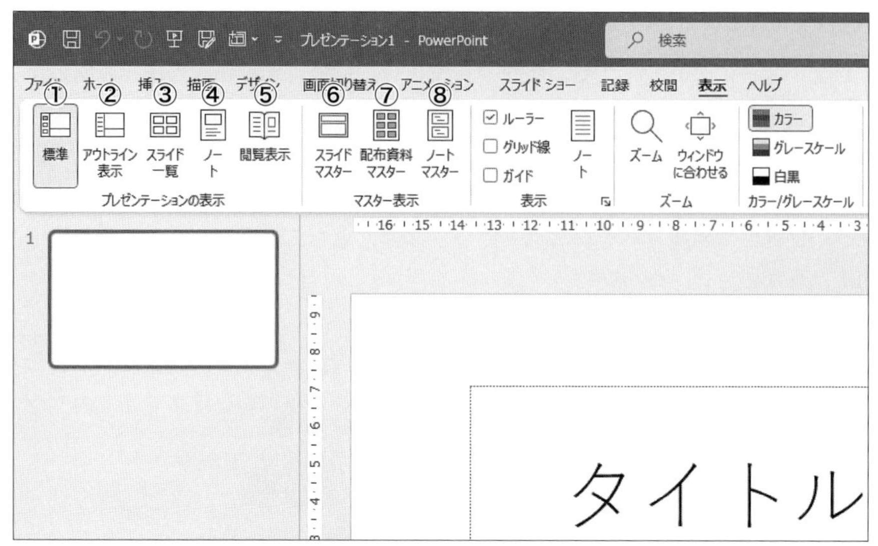

図5.4　8つのスライド編集画面

① 標準(起動時の初期画面)

新規作成時の画面表示。3つの作業領域を利用してスライドの編集をする。

② アウトライン表示

左側領域にアウトラインを入力する。アウトラインは文字列で入力する。

③ スライド一覧

スライド全体の構成やバランスを確認できる。

④ ノート

スライドとノートが表示される。ノートにはスライドで説明するポイントを記載する。

⑤ 閲覧表示

リボンは非表示となり，スライドショーが実行できる。クリックやEnterキー，または画面右下のステータスバーのボタンで次のスライドを表示する。

⑥ スライドマスター

階層構造でマスタータイトルの書式などを設定する。

⑦ 配布資料マスター

1枚あたりのスライドの枚数など，「印刷」でも可能な配布資料作成の確認ができる。

⑧ ノートマスター

スライドのノートの編集を一括で設定することができる。

5-2 スライド作成の手順と留意点

プレゼンテーションスキルは経験を積み重ねてスキルアップする。重要なことは，説明が一方通行にならないよう聞き手の反応を感じながら説明し，聞き手の満足度を得ることにある。

PowerPoint のスライドを利用して視覚的にわかりやすいゼンテーションに工夫する。

より良いプレゼンテーションのためには，プレゼンテーションの目的を明確にし，説明する順番をアウトラインに作成し明示しておくことが重要である。

●プレゼンテーションのポイント

・プレゼンテーションの目的を明確にする
　└伝えたいことは何か
・説明の順番をアウトラインで確認する
　└話が絡み合うのを避ける

● PowerPoint のスライドを作成するポイント

・1 枚のスライドに文字を多用しない
　└図やグラフなどを利用して説明をわかりやすくする
　└写真やデータなども本当に効果のあるものに絞り込む
・1 枚のスライドに多くの色を利用しない
　└落ち着きのないスライドになる

● PowerPoint でプレゼンテーションを作成する手順

① PowerPoint を起動し，**[新規] - [新しいプレゼンテーション]** を開く
② デザインを設定し，統一感のある背景と構成を設定する
③ アウトラインの作成（説明順を明確化する）
④ 各スライドを視覚的な構成とする（画像やグラフの挿入）
⑤ アニメーションの設定
⑥ スライドショーを実行し，全体の説明の流れを確認する

column | 文字列の入力方法

PowerPoint のスライド上では，画像，グラフ，文字列などのすべての情報は図として処理される。このため，スライド上に直接文字列を入力することはできない。文字列の入力はプレースホルダーまたはテキストボックスの枠内に入力する。新規作成の 1 枚目のタイトルスライドには文字列が入力できるプレースホルダーが表示されている。

プレースホルダーとテキストボックスの枠線は点線・実線・非表示の3つの状態がある。

①枠の内部でクリックすると，枠は点線となり，カーソルが表示され，文字列の入力や枠内の文字の水平位置をルーラーで調整することができる。
②枠線の上でクリックすると，枠は実線となり，カーソルは非表示となり，枠全体の書式設定や枠を移動して配置を設定することができる。
③枠の外側でクリックすると，枠線は非表示となり，確定となる。

5-3 プレゼンテーションの企画とスライドの作成

5-3-1 タイトルスライドの作成

例題 5-1

PowerPoint の基本操作について，新しいプレゼンテーションを作成する。

① タイトルは「実践コンピューターリテラシー入門」とする。
② サブタイトルは「PowerPoint の基本操作」とする。
③ 発表者として自分の「学部　学籍番号　氏名」を入力する。
④ 任意のデザインを設定する。
⑤ 表紙となるタイトルスライドを，ファイル名「例題5-01.pptx」として保存する。

タイトルの入力とデザインの設定

1 PowerPoint を起動し，**[新規]-[新しいプレゼンテーション]** を選択すると，図 5.2 の画面となる。「タイトルを入力」の枠の中でクリックすると枠は点線となり，カーソルが表示（図 5.5 (a)）される。「実践コンピューターリテラシー入門」と入力する。書式が設定されているが，ここでは書式変更せずに入力する。

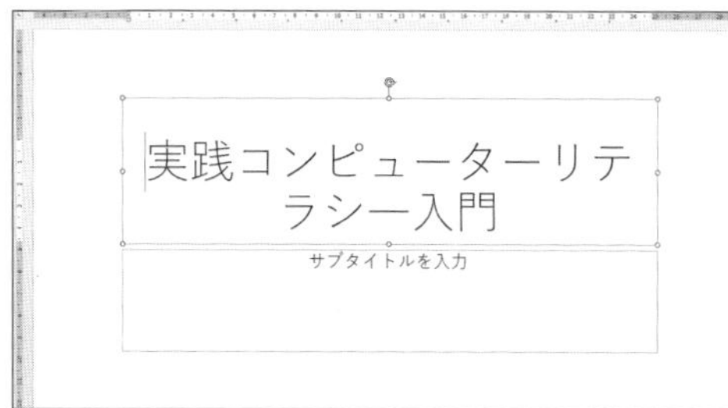

(a) 点線の枠（カーソル表示）

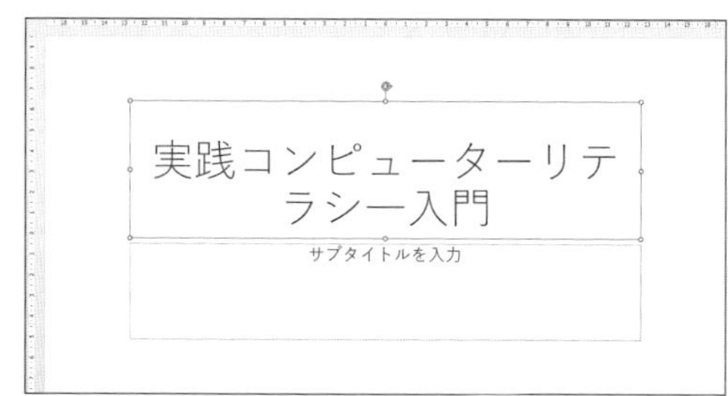

(b) 実線の枠（カーソル非表示）

図 5.5　タイトルの入力

2「サブタイトルを入力」の枠の中でクリックし，「PowerPoint の基本操作」と入力する。書式変更せずに入力する。文字列の入力後，枠の外側でクリックして確定する。

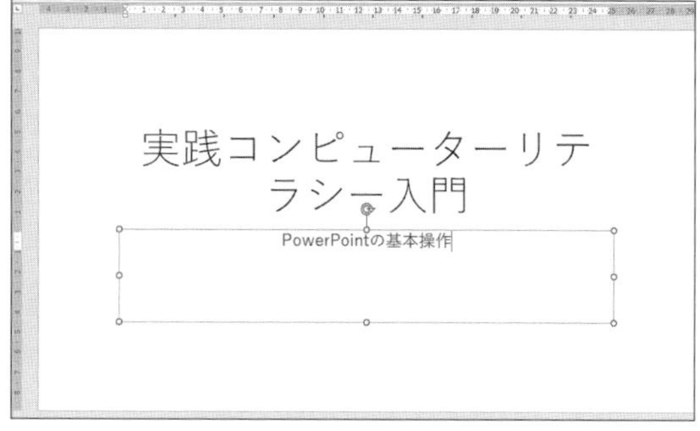

図 5.6　サブタイトルの入力

3 テキストボックスを挿入し，発表者情報を入力する。**[挿入]** タブをクリックし，**[テキスト]** グループの **[テキストボックス]** のプルダウンメニューから **[横書きテキストボックスの描画]** をクリックするとマウスポインタが ↓ に変わる。サブタイトルの下の位置にマウスポインタをドラッグ&ドロップしてテキストボックスを開く。テキストボックスの枠内でクリックし，自分の「学部　学籍番号　氏名」を入力する。

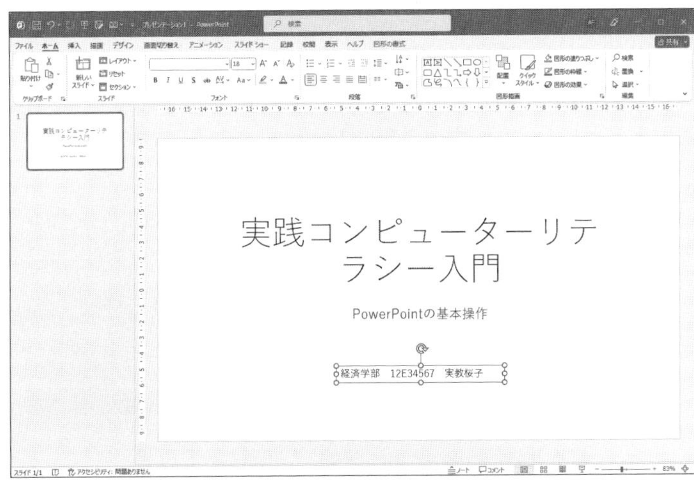

図 5.7　発表者氏名の入力

4 デザインを選択する。**[デザイン]** タブをクリックし，**[テーマ]** のプルダウンメニューをクリックすると複数のデザインが表示される。デザインを選択すると，文字列の配置がデザインに従って変更される。図 5.8 では「ウィスプ」を選択している。濃い背景色の場合には文字が読みづらいことがあるので，**[ユーザー設定]** の **[背景の書式設定」**で，グラデーションなどデザインを調整し，✕ **(閉じる)** をクリックして **[背景の書式設定]** を閉じる。

図 5.8　デザインの選択

デザインを設定すると，デザインに合うフォントやフォントサイズが設定されている。次に，デザインのフォントサイズと配置を調整し，タイトルスライドを完成する(図5.9)。

フォントサイズの変更と文字列の配置の調整

1 タイトルの文字列の位置でクリックし，枠線を表示すると，点線の枠線表示となる。枠線の上でクリックして枠線が実線に変わったことを確認し，**[ホーム]**タブの**[フォント]**グループの**[太字]**をクリックする。タイトルが1行となるようフォントサイズを変更する。図5.9はフォントサイズを40 ptとしている。

2 枠線をドラッグ&ドロップして任意の位置に配置する。サブタイトルの文字列の中でクリックし，サブタイトルの枠線が点線で現れたら，枠線の上でクリックする。実線の枠線に変わったことを確認し，**[太字]**をクリックする。フォントサイズを36 ptに設定する。ドラッグ&ドロップでタイトルの下の任意の位置に移動する。同様の操作で発表者氏名を28 ptに設定し，サブタイトルの下位置に配置する(図5.9)。

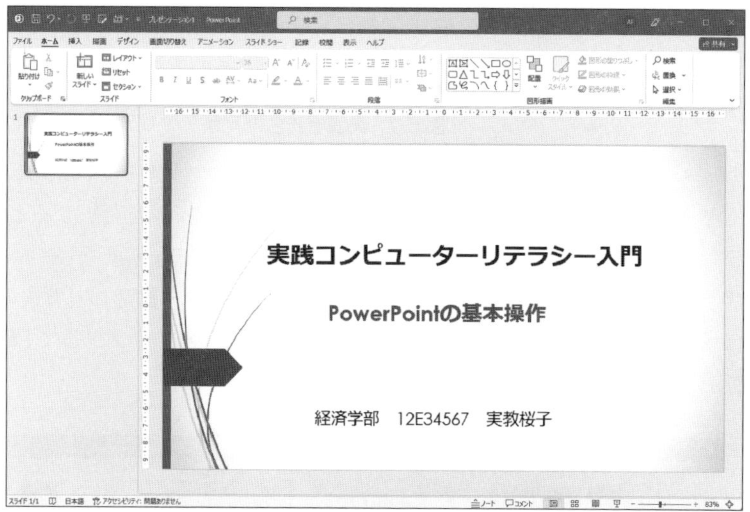

図5.9　デザインに合わせた文字列の書式

5-3-2 プレゼンテーションファイルの保存

PowerPoint に限らず，コンピューターを利用した作業ではどのような事態が生じるかわからないため，編集中のファイルはこまめに保存する。「例題 5-1」で編集したタイトルスライドを PowerPoint のプレゼンテーションファイルとして保存する手順を説明する。

プレゼンテーションファイルの保存

1. **[ファイル]** タブをクリックし，表示メニューの中から **[名前を付けて保存]** を選択する。
2. 次にファイルの保存先を指定する。**[参照]** をクリックすると保存できるデバイス一覧の画面 (**図 5.10**) が表示される。図 5.10 では作成済みフォルダー「5 章 PowerPoint」に保存している。保存先はドライブやネットワークフォルダーなど任意のデバイスを選択し，ファイルの保存場所を設定することができる。
3. 次にファイル名を入力する。ここではファイル名を「例題 5-01」とする。**[ファイルの種類]** が「PowerPoint プレゼンテーション」であることを確認し，**[保存]** を選択すると，「例題 5-01 .pptx」として保存される (**図 5.10**)。
4. PowerPoint に限らず，ファイルの保存後は必ずエクスプローラーで確認する。

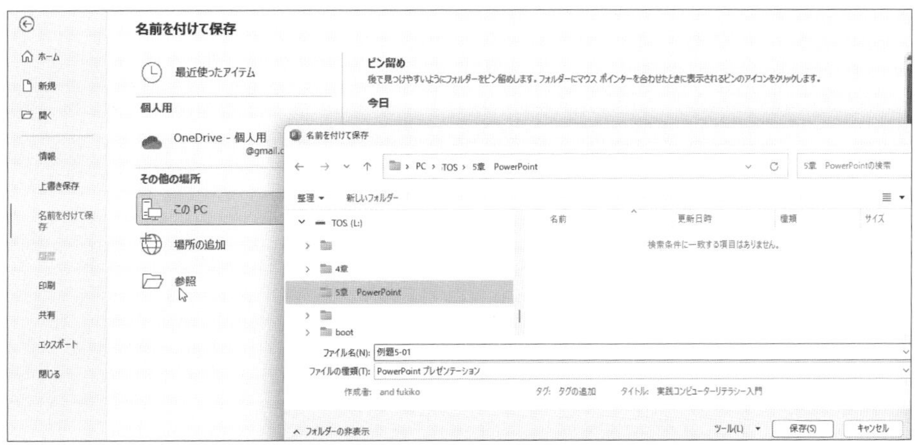

図 5.10　ファイルの保存（名前を付けて保存）

5-3-3　プレゼンテーションスライドの作成

例題 5-1 で作成したタイトルスライドを表紙とする「PowerPoint の基本操作」のプレゼンテーションを作成する。プレゼンテーションで重要なことは説明の順，ストーリーである。

例題 5-2

「例題 5-1」のタイトルスライドを表紙とするプレゼンテーション「PowerPoint の基本操作」の 6 枚のスライド（図 5.11）を作成しなさい。ファイル名は「例題 5-02.pptx」として保存しなさい。スライドの作成中はこまめに上書き保存し，スライドを作成しなさい。

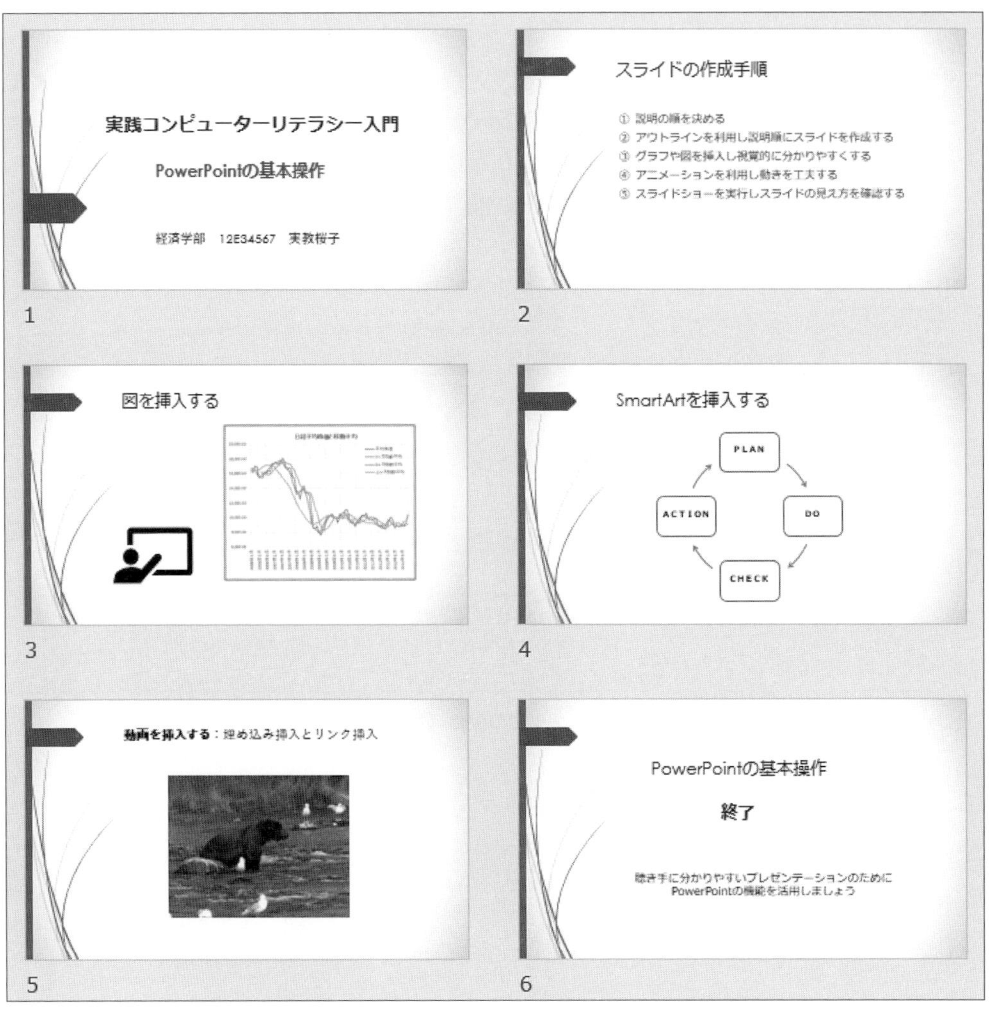

図 5.11　「PowerPoint の基本操作」のスライド

プレゼンテーションスライドの作成

1 プレゼンテーションファイル「例題 5-01 .pptx」を開く（**図 5.12**）。

PowerPoint を起動し，**[開く]**をクリックし，「その他の場所」の**[参照]**をクリックする。**[ファイルを開く]**からファイルを保存したフォルダーを選択し，「例題 5-01 .pptx」を選択し，**[開く]**をクリックすると，「例題 5-01 .pptx」が標準画面で表示される。

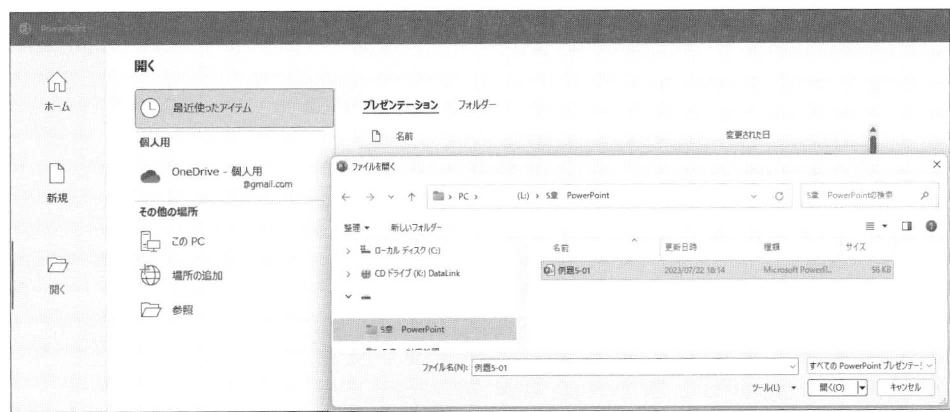

図 5.12　ファイルを開く

2 1 枚目のスライドのデザインを 2 枚目以降に適用する。

タイトルスライドの編集時に**[背景の書式設定]**でグラデーションなどを設定している。タイトルスライドのデザインを 2 枚目以降にも適用するには，**[デザイン]**タブの**[背景の書式設定]**で**[すべてに適用]**をクリックする（**図 5.13**）。これにより，以降挿入されたスライドのデザインは同じ書式となり，スライド全体に統一感を持たせることができる。

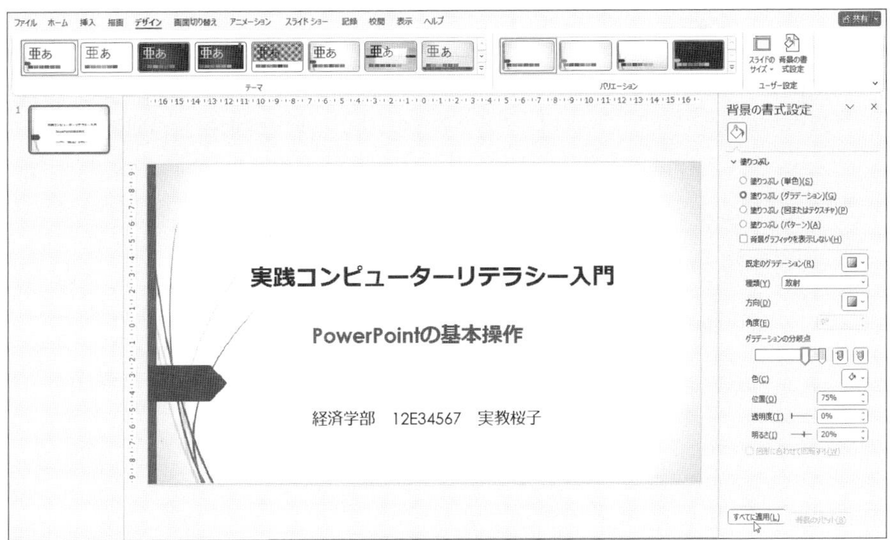

図 5.13　書式の適用

3 2枚目のスライドを挿入する。スライド一覧の1枚目を選択，または1枚目の下でクリックする。**[ホーム]**タブまたは**[挿入]**タブの**[新しいスライド]**（以下，**[挿入]-[新しいスライド]**）のプルダウンメニューを開き，表示されたスライド一覧の中の「タイトルとコンテンツ」のスライド(**図5.14左**)をクリックすると，2枚目のスライドが挿入(**図5.14右**)される。

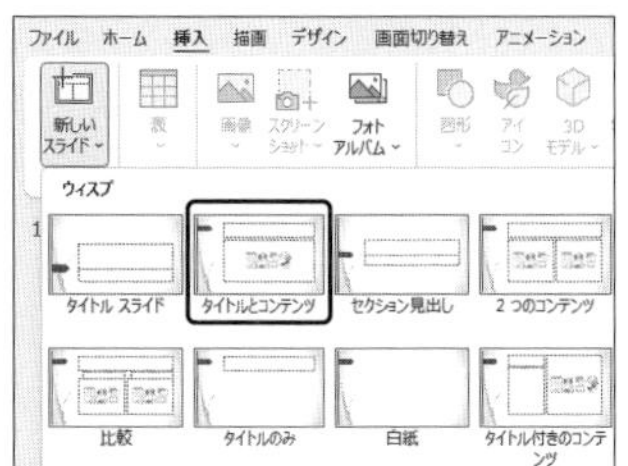

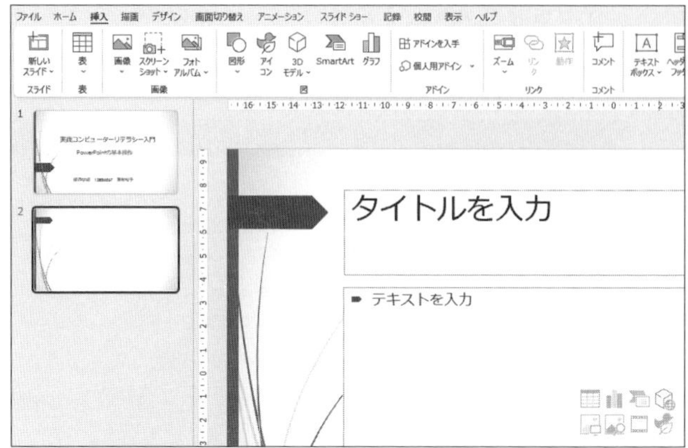

図5.14　新しいスライドの挿入

4 2枚目のスライドに文字を入力する。編集画面で「タイトルを入力」の表示位置に「スライドの作成手順」と入力する。箇条書きの設定がされている「テキストを入力」の位置に図5.15の文字列を入力する。

スライドの作成手順

- 説明の順を決める
- 説明順にスライドを作成する
- グラフや図を挿入し視覚的に分かりやすくする
- アニメーションを利用し動きを工夫する
- スライドショーを実行しスライドの見え方を確認する

図5.15　2枚目の文字列の入力（箇条書き）

5 2枚目のスライドの文字列を編集する。タイトルに合わせて箇条書きを段落番号の設定に変更する。5行の中でクリックすると枠線が表示される。枠線の上でクリックし，実線の枠に変わったことを確認する。実線の枠の状態で**[ホーム]-[段落番号]**のプルダウンメニューから「①②③」を選択する。文字のサイズやフォントの変更は**[ホーム]**タブで変更する。また，実線枠をドラッグ&ドロップして移動し配置を整える。枠線上のハンドル○をドラッグ&ドロップして枠線のサイズを調整し，スライドを完成する。

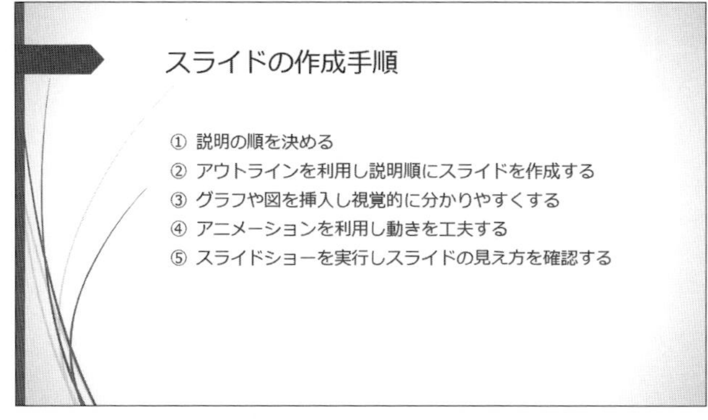

図5.16　2枚目のスライドの完成

6 名前を付けて保存する(**図 5.10**)。「例題 5-01 .pptx」と同じデバイスにファイル名「例題 5-02 .pptx」としてプレゼンテーションファイルを保存する。

7 3 枚目のスライドを挿入する。スライド一覧の 2 枚目を選択または2枚目の下でクリックする。**[挿入]-[新しいスライド]** のプルダウンメニューから「タイトルとコンテンツ」のスライドを選択すると 3 枚目のスライドとして挿入される。

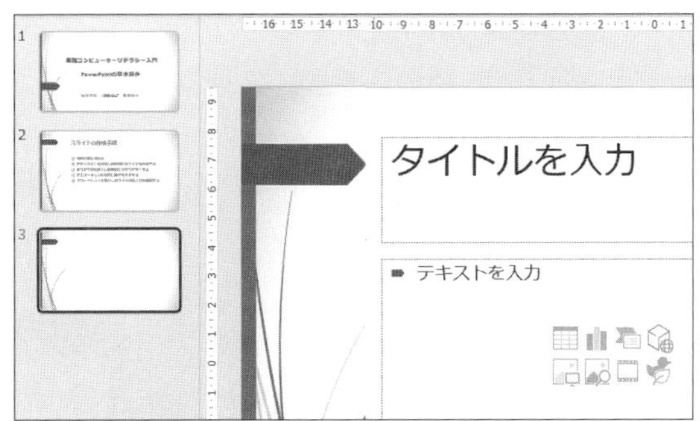

図 5.17　3 枚目のスライドの挿入

8 3 枚目のスライドにタイトルを入力し，アイコンを挿入する。「タイトルを入力」の位置に「図を挿入する」と入力する。表示されているコンテンツの中から鳥マークの **[アイコンの挿入]** をクリックし，検索ボックスに「人物」と入力すると人物一覧が表示される。プレゼンする人物(**図 5.18**)を選択し **[挿入]** をクリックする。アイコンの挿入後は図の枠線上のハンドル○をドラッグ&ドロップして大きさや配置を調整する。

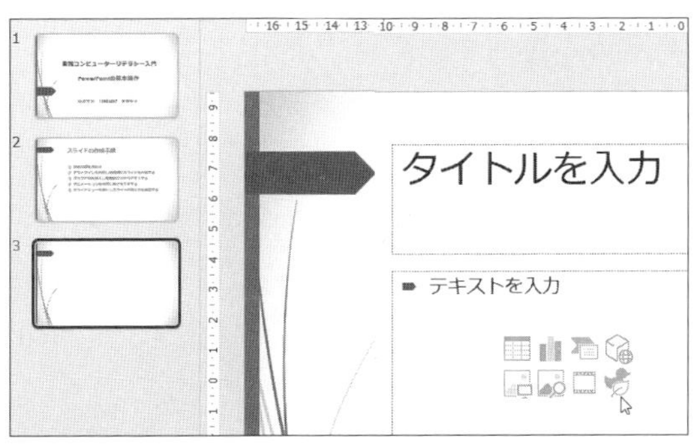

図 5.18　アイコンの挿入

9 3枚目のスライドにグラフ画像を挿入する(グラフ画像はダウンロードデータを用いる)。ここでは画像として保存されているグラフ(「グラフ画像 .png」)を **[挿入]-[画像]-[このデバイス]** と順に選択し，挿入する。ハンドルをドラッグ&ドロップして大きさと配置を調整する。

注　Excel グラフをコピーし，スライド上に「リンク貼り付け」や「画像」として貼り付けることもできる。貼り付けにはいくつか種類があることを確認しておく。

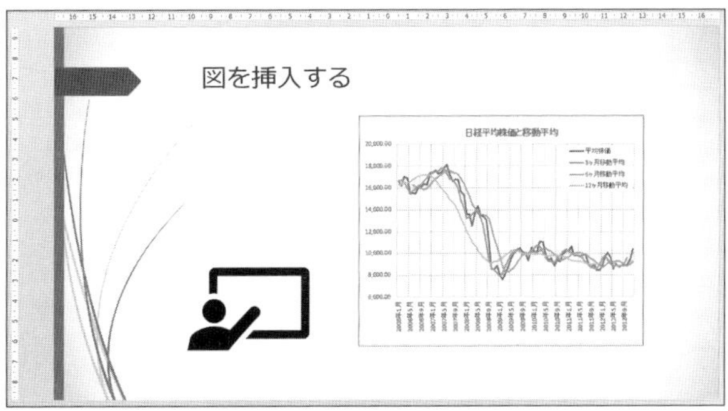

図 5.19　3 枚目のスライド

10 「例題 5-02 .pptx」を上書き保存する。スライド作成中はこまめに上書き保存する。

11 4 枚目のスライドを挿入する。スライド一覧の 3 枚目の下でクリックし，**[挿入]-[新しいスライド]** のプルダウンメニューから「タイトルとコンテンツ」のスライドを選択し，4 枚目のスライドを挿入する。「タイトルを入力」に「SmartArt を挿入する」と入力する。

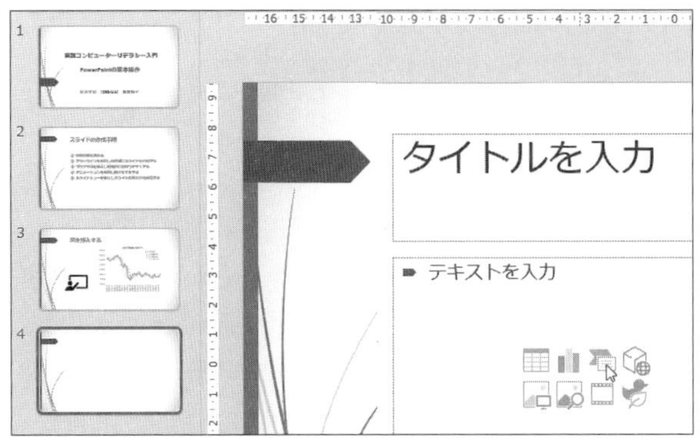

図 5.20　4 枚目のスライドの挿入

12 4 枚目のスライドに SmartArt を挿入する。SmartArt は図と同様に **[挿入]** または編集画面のコンテンツのアイコンからも挿入できる。ここではコンテンツの矢羽マーク（図 5.20）の **[SmartArt グラフィックの挿入]** をクリックし，**[SmartArt グラフィックの選択]** の「循環」から「ボックス循環」（**図 5.21 左**）を選択して PDCA サイクルの図を作成する。

SmartArt の編集は「ここに文字を入力してください」ウィンドウ（**図 5.21 右**），または図の中に直接文字列を入力してもよい。「ACTION」の次の行は不要のため Delete キーで削除する（行の追加は Enter キー）。デザインや色などの変更は **[SmartArt のデザイン]** から，どのタイミングでも変更できる。

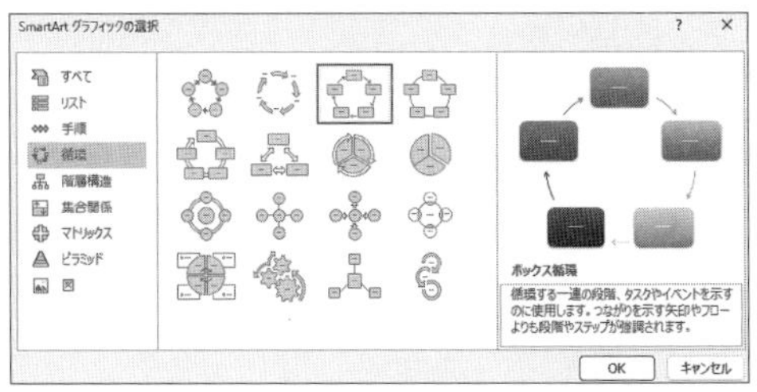

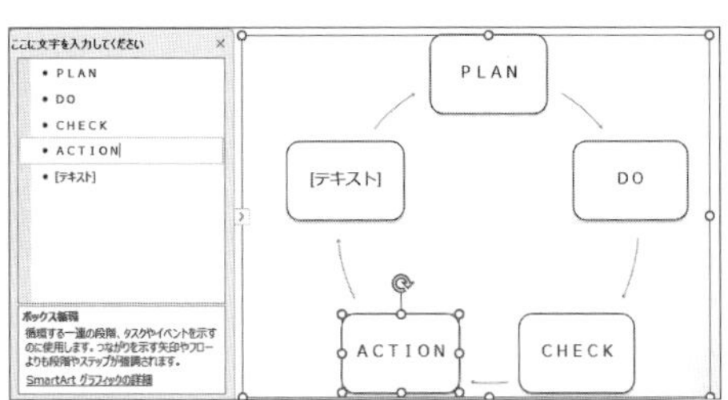

図 5.21　SmartArt の編集

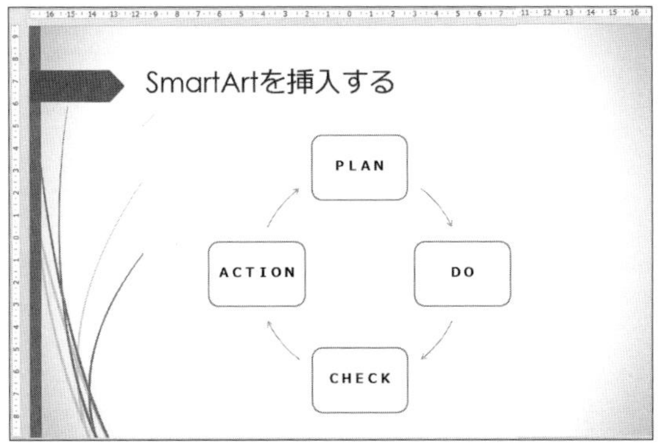

図 5.22　SmartArt で作成した PDCA サイクルの図

13「例題 5-02 .pptx」を上書き保存する。スライド作成中はこまめに上書き保存する。

14 5 枚目のスライドを挿入する。スライド一覧の 4 枚目の下でクリックし，**[挿入]-[新しいスライド]**のプルダウンメニューから「タイトルのみ」のスライドを選択し，5 枚目のスライドを挿入する。「タイトルを入力」の位置に「動画を挿入する：埋め込み挿入とリンク挿入」と入力する。

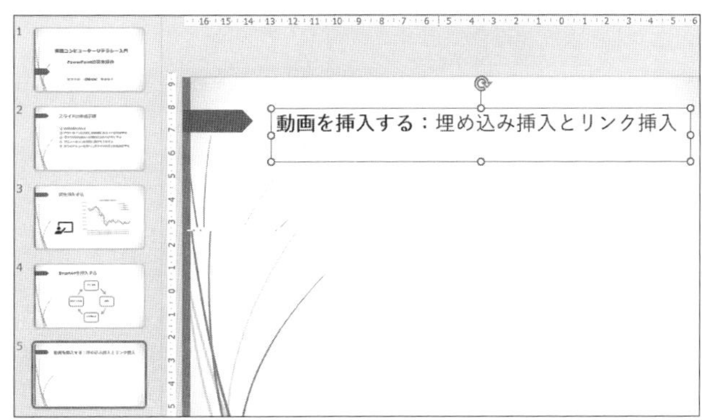

図 5.23　5 枚目のスライドの挿入

15 5 枚目のスライドに動画を挿入する(動画はダウンロードデータを用いる)。

[挿入]-[ビデオ]のプルダウンメニューの**[このデバイス]**をクリックし，表示される**[ビデオの挿入]**ダイアログボックスから挿入する動画ファイル(「bear.mp 4」)を選択する。さらに，**[挿入]**のプルダウン▼をクリックすると**[挿入]**と**[ファイルにリンク]**の 2 つの選択肢が表示される。ここでは**[挿入]**を選択して埋め込みで挿入する。

図と同様に動画画面のハンドル○をドラッグ&ドロップしてスライド上でのサイズや位置を調整する。

動画は**[再生]**▶をクリックすると再生できる。

図 5.24　動画の挿入

補足：動画の挿入には，埋め込み挿入とリンク挿入の 2 つの方法がある。動画の挿入時に**[挿入]**のプルダウン▼で表示される**[挿入]**を選択すると埋め込み挿入となり，**[ファイルにリンク]**を選択するとリンク挿入となる。動画の埋め込み挿入とリンク挿入では，動画ファイルとプレゼンテーションファイルとの関係が異なる。埋め込み挿入は動画ファイルがプレゼンテーションファイルに取り込まれるため，プレゼンテーションファイルは動画の容量分ファイルサイズが重くなるが動画の再生は容易である。リンク挿入は動画ファイルとプレゼンテーションファイルとが独立しており，プレゼンテーションファイルに動画ファイルの容量は加重されない。しかし，動画ファイルにリンクして再生するため，動画ファイルの保存場所が正しく設定されていない場合，再生されないので注意が必要である。

16 6 枚目のスライドを挿入する。スライド一覧の 5 枚目の下でクリックし，**[挿入]-[新しいスライド]** のプルダウンメニューから **[タイトルとキャプション]** のスライドを選択し，6 枚目のスライドを挿入する。

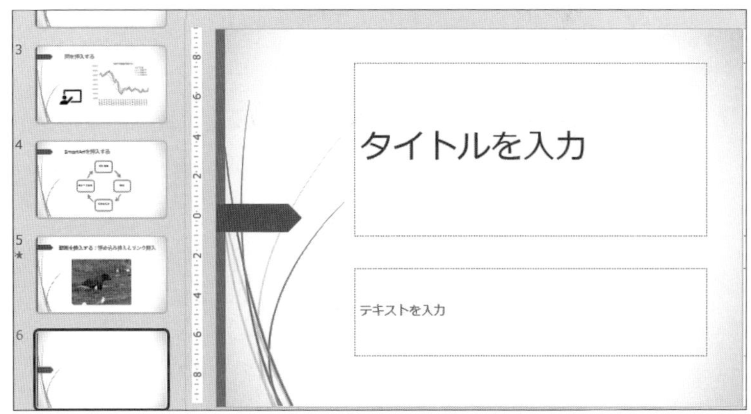

図 5.25　6 枚目のスライドの挿入

17 6 枚目のスライドのタイトルとテキストの編集をする。

「タイトルを入力」の位置に「PowerPoint の基本操作」と入力し，改行して「終了」と入力する。枠線の上でクリックすると枠が実線となる。**[ホーム]-[段落]-[中央揃え]** をクリックする。「テキストを入力」の位置に「聴き手に分かりやすいプレゼンテーションのために」と入力し，改行して 2 行目に「PowerPoint の機能を活用しましょう」と入力する。枠線の上でクリックすると枠線が実線になる。**[ホーム]-[段落]-[中央揃え]** をクリックし，文字サイズも聴き手に見やすく調整する。枠線が実線の表示でハンドルをドラッグ&ドロップし，配置を調整する。

図 5.26　終了スライド

18「例題 5-02 .pptx」を上書き保存する。

エクスプローラーで「例題 5-02 .pptx」のプレゼンテーションファイルの保存を確認する。

5-3-4 スライドショーの実行とアニメーションの設定

本番のプレゼンテーションでの PowerPoint の実行画面は「スライドショー」により確認することができる。説明の重要ポイントの強調や聞き手の視線を集める工夫として「アニメーション」機能を利用し，文字や図を動かすことができる。

例題 5-3

ファイル「例題 5-02.pptx」を開き，スライドショーを実行し，本番の画面イメージを確認しなさい。2 枚目と 4 枚目の 2 枚のスライドにアニメーションを設定し，スライドに動きを付けなさい。アニメーションを追加したプレゼンテーションのファイル名は「例題 5-03.pptx」として保存しなさい。

スライドショーの実行

1 スライドショーを実行し，どのスライドに効果的なアニメーションを設定するか検討する。ファイル「例題 5-02 .pptx」を開き，標準画面で表示されたことを確認後，**[スライドショー]** タブの **[最初から]** をクリックするとスライドショーの実行画面となる。スライドショーの実行中は画面左下の操作ボタン (図 5.27) でスライドを進めたり戻したり，ペンでマーキングするなど説明に合わせてスライドを操作することができる。Esc キーで操作ボタンの解除や実行中止ができる。

（戻る）　（進む）　（書込み）（スライド一覧）（拡大）　（メニュー）

図 5.27　スライドショーの操作ボタン

次に，2 枚目と 4 枚目のスライドにアニメーションを設定する。

アニメーションの設定

1 2 枚目のスライドを選択し，**[アニメーション]** タブの **[アニメーションウィンドウ]** をクリックすると，アニメーションウィンドウが開く。

2 段落番号①〜⑤の文字列に対しアニメーションを設定する。文字列の中でクリックして点線の枠を表示し，枠線の上でクリックすると実線の枠に変わる。これでアニメーションの対象として枠全体が選択された状態となる。**[アニメーションスタイル]** のプルダウンメニューをクリックし，**[その他の開始効果]** の「基本」から「ピークイン」をクリックするとプレビューで動きが確認できる。**[OK]** をクリックすると「アニメーションウィンドウ」に設定される。**[効果のオプション]** により動きの「方向」と「連続」を設定し，タイミングや速さは，アニメーションウィンドウのプルダウンメニューで設定する。ここでは動かすタイミングを「クリック時」とする (図 5.28)。

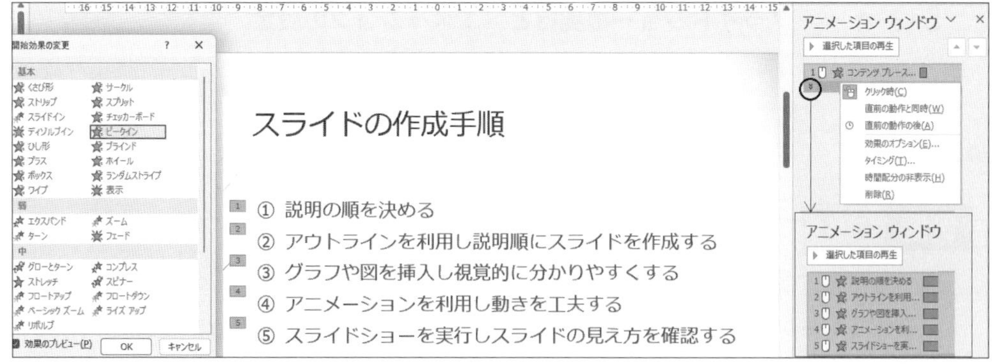

図 5.28　アニメーションの設定（2 枚目のスライド）

3 4 枚目の SmartArt にアニメーションを設定する。4 枚目のスライドを選択し，SmartArt を選択する。**[アニメーションスタイル]** のプルダウンメニューから「その他の開始効果」の「中」から「グローとターン」をクリックするとプレビューで動きが確認できる。**[OK]** をクリックし，「アニメーションウィンドウ」に設定する。動きのタイミングは [**アニメーション**] の [**タイミング**] で設定できる。ここでは「クリック時」とする。

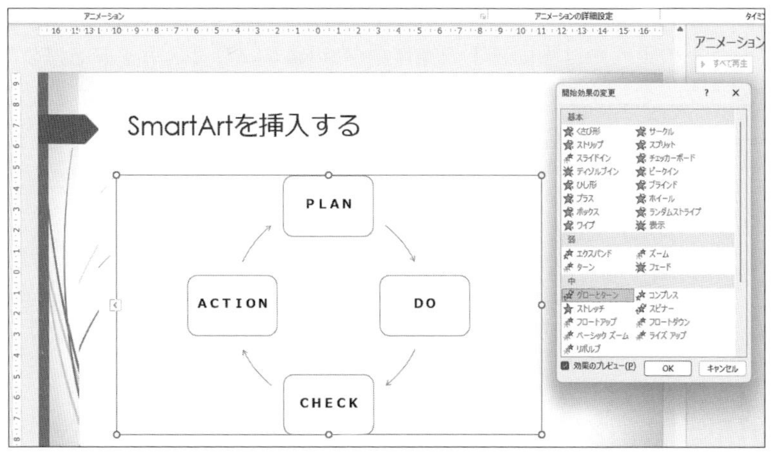

図 5.29　アニメーションの設定（4 枚目のスライド）

4 スライドショーを実行し，プレゼンテーション全体の流れを確認する。
アニメーションの設定後にスライド全体の動きを確認する。**[スライドショー] - [スライドショーの開始] - [最初から]** をクリックすると，1 枚目のタイトルスライドからスライドショーが実行される。アニメーションの動きやタイミング，全体の流れを確認する。

5 ファイルを保存する。**[ファイル] - [名前を付けて保存]** をクリックし，保存するデバイスを選択する。ファイル名を「例題 5-03 .pptx」と入力し，プレゼンテーションファイルとして保存する。

5-4 プレゼンテーション本番の準備

スライド作成の次はプレゼンテーション本番に向けた準備をする。最初の準備はスライドの「ノート」に説明する内容(台詞)と時間配分を入力することである。本番ではノートの棒読みは厳禁であるが，重要事項の強調や持ち時間内に説明を終えるよう，「ノート」を印刷して手元に置いたり，本番時にサブディスプレイに表示したりすると心強い資料となる。

5-4-1 ノートに説明を入力する

例題 5-4

ファイル「例題5-03.pptx」の各スライドの「ノート」に説明する内容を入力しなさい。

ノートを入力したファイルは「例題 5-04.pptx」と名前を付けて保存しなさい。

「ノート」の内容を暗記し，持ち時間内に説明し終えるよう本番に向けたリハーサルを行いなさい。

ノートの表示と入力

1 「ノート」の画面を表示する。

ファイル「例題 5-03 .pptx」を開くと標準画面で表示される。**[表示]** タブの「プレゼンテーションの表示」にある **[ノート]** をクリックすると図 5.30 のノートの画面に変わる。「テキストを入力」と表示された範囲がノートである。ノートに説明する内容(台詞)を入力し，重要な点は言い忘れのないよう強調する。自分の持ち時間に説明を終えるために時間を入力する。

2 ノートに説明を入力する。

1 枚目のタイトルスライドはプレゼンテーションの表紙であるため，タイトルとその目的を説明し発表者の自己紹介をする。タイトルスライドのノートの記載を図 5.31 に例示している。2 枚目以降のスライドのノートに，スライド作成時の操作やポイントを説明する内容として入力する。

図 5.30 ノートの画面図

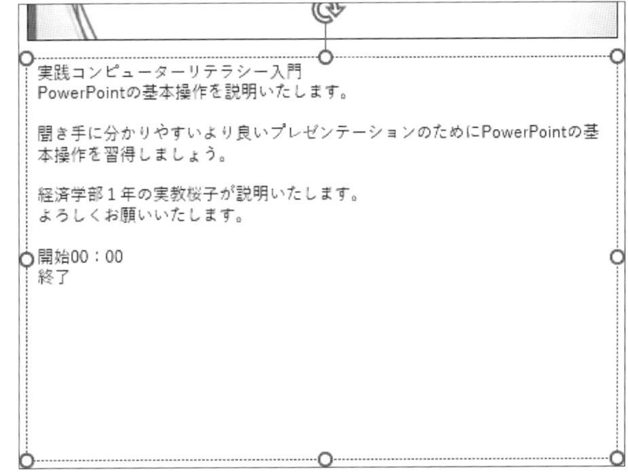

図 5.31 タイトルスライドのノートの入力

5-4-2　スライドショーの録画

例題 5-5

ファイル「例題 5-04.pptx」のスライドショーの録画を実行し，説明やタイミングを録画しなさい。録画情報を記録したファイルは「例題5-05.pptx」として保存しなさい。

録画を再生して説明の不備，説明順のわかりやすさ，時間内に説明を終えているかなど，自分のプレゼンテーションを客観的に確認し，本番に向けてプレゼンテーションを仕上げなさい。

スライドショーの録画

1 ファイル「例題 5-04 .pptx」を開く。**[スライドショー]-[録画]** のプルダウンメニューの **[先頭から]** をクリックすると録画実行の画面 (図 5 . 32 右) となる。

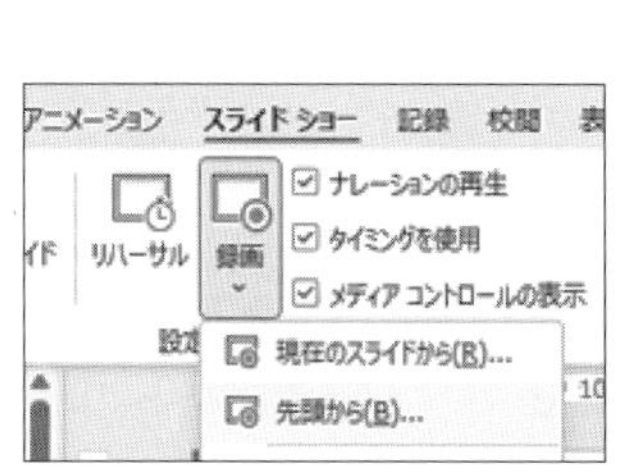

図 5.32　スライドショー録画の開始画面

2 スライドショーを録画する。**[記録]** ボタンは画面左上の赤丸である。赤丸をクリックすると，カウントダウン 3・2・1 と表示され録画が始まる。カメラ ON で自分の映像が表示される。説明しながらクリックまたは Enter キーでスライドを進める。**[一時停止]** で休止し，**[記録]** で再開する。**[停止]** により中断し，**[録画]-[現在のスライドから]** を選択すると途中から録画し直すことができる。最後まで記録すると黒い画面となり，クリックすると録画が終了する。

3 録画を再生する。**[スライドショー]-[スライドショーの開始]-[最初から]** をクリックし，録画したスライドショーを再生する。タイミングやペンの動きなど，全体の録画を確認することができる。図5 . 33のスライドの右下に音声やカメラ映像が表示されている。スライドごとに記録されているので「スライドショー」でスライド単位の再生もできる。

図 5.33　録画の再生

演習問題

演習 5.1

自分の「キャンパスだより」をプレゼンテーションしなさい。
ファイル名は「演習 5-01 .pptx」とし，①～⑦を満たすファイルを作成しなさい。

●プレゼンテーションの内容と作成条件

① 入学後の学生生活を振り返り，今後に向けた決意表明を内容とする。

② 発表時間は 5 分以内とする。

③ 1 枚目のタイトルスライドは「…のキャンパスだより」（…は自分の氏名），サブタイトルは任意に設定する。発表者は自分の所属と氏名を入力する。

④ 2 枚目のスライドには，説明の順をアウトラインで提示する。3 枚目以降が発表内容となる。

⑤ アニメーションを効果的に利用する（動かし過ぎに注意する）。

⑥ **[スライドショー]** の **[録画]** によりカメラ ON で録画する。

⑦ **[スライドショー]** の **[最初から]** を実行し，自分のプレゼンテーションを最初から最後まで視聴できるファイルを作成する。

●プレゼンテーション「…のキャンパスだより」作成へのアプローチ

[1] 説明順であるストーリーを決める。

[2] PowerPoint を **[新規]-[新しいプレゼンテーション]** で開く（図 5.2）。

[3] タイトルスライドにタイトルとサブタイトル，自分の所属と氏名を入力する。

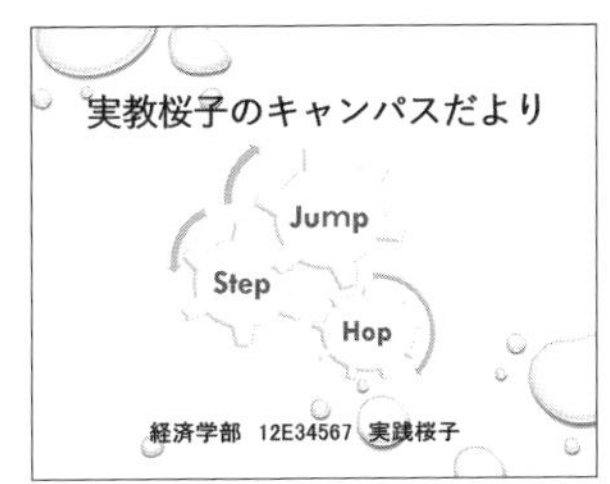

図 5.34 タイトルスライド（例示は SmartArt を利用）

[4] 2 枚目のスライドは説明順に段落番号を設定して入力する。

[5] 3 枚目から最後のスライドは 2 枚目の説明順を参考に見栄えよく作成する（5-2 参照）。

[6] **[スライドショー]** を実行し全体を確認する（図 5.27）。

[7] スライドの一部に **[アニメーション]** を設定する（5-3-4 参照）。

[8] **[ノート]** にスライドの説明と時間配分を入力し，説明内容は暗記する。

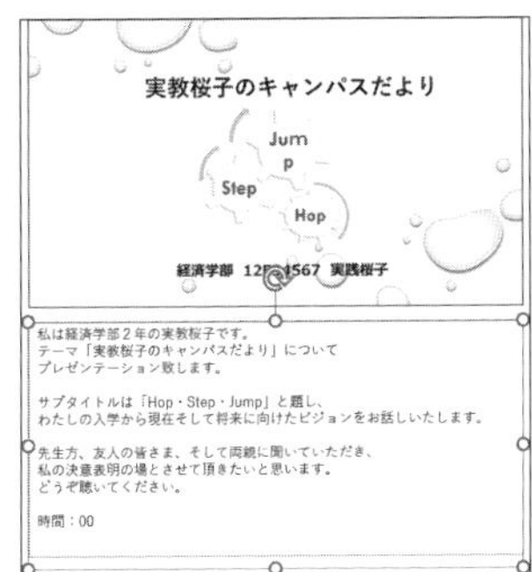

私は経済学部 2 年の実教桜子です。
テーマ「実教桜子のキャンパスだより」について
プレゼンテーション致します。

サブタイトルは「Hop・Step・Jump」と題し、
わたしの入学から現在そして将来に向けたビジョンをお話しいたします。

先生方、友人の皆さま、そして両親に聞いていただき、
私の決意表明の場とさせて頂きたいと思います。
どうぞ聴いてください。

時間：00

図 5.35 ノートの入力例

[9] **[スライドショー]** の **[録画]** を利用しプレゼンテーションを録画する。

[10] **[スライドショー]** の **[最初から]** を実行し自分のプレゼンテーションを視聴する。

6章 Excelの基本操作

Excelは，表計算ソフトと総称されるアプリのひとつである。縦横に罫線が入った集計表（ワークシート）を用いてデータの入力，集計や図表の作成を行うことができる。

データから平均値，標準偏差などの基本統計量を電卓を用いて求めたり，ヒストグラムや散布図などのグラフを手作業で作成するには，大変手間がかかる。少量のデータを扱う場合ならさほどではないかもしれないが，データの量が多くなり，あるいは変数の数が増えれば，とても電卓を用いて自分で計算したり，集計して作図をする気にはなれないだろう。Excelは，こうしたときに大変威力を発揮する。

Excelはコンピューターの技術革新とともに高機能化され，ビジネスの現場では見積書や請求書の作成，事業計画書，報告書や企画書の基礎資料の作成など，幅広い用途に用いられている。

6-1 Excelの起動とデータの入力

スタート画面から**[Excel]**をクリックすると，図6.1のようにExcelのスタート画面が表示される。

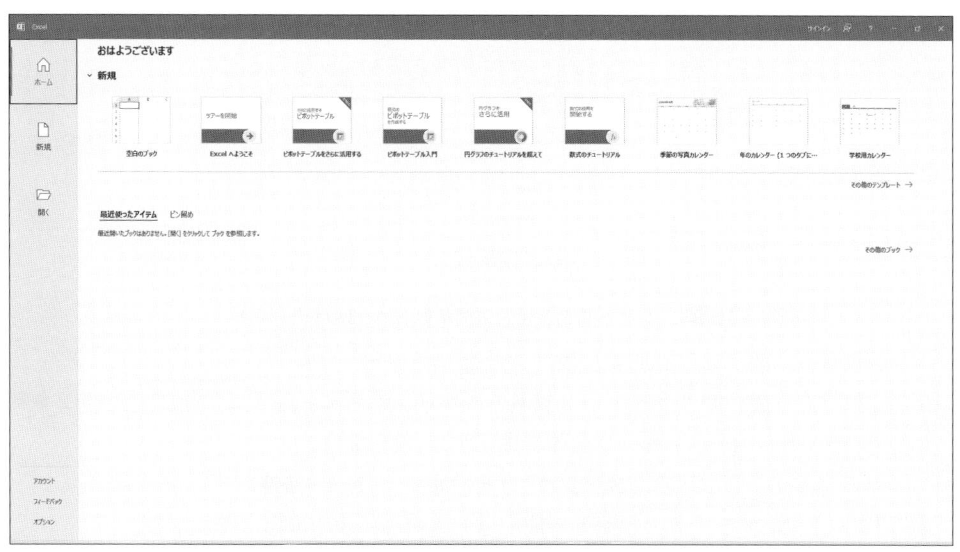

図6.1　Excelのスタート画面

スタート画面（**図6.1**）で**[空白のブック]**をクリックすると，Excelが起動して図6.2のように空白のシートが表示される。

図6.2の画面の各部の名称およびその働きを以下に示す。

① タイトルバーとクイックアクセスツールバー

右側に作業中のファイル名，左側にクイックアクセスツールバーが表示される。

② タブ

リボンを切り替えるために用いる。

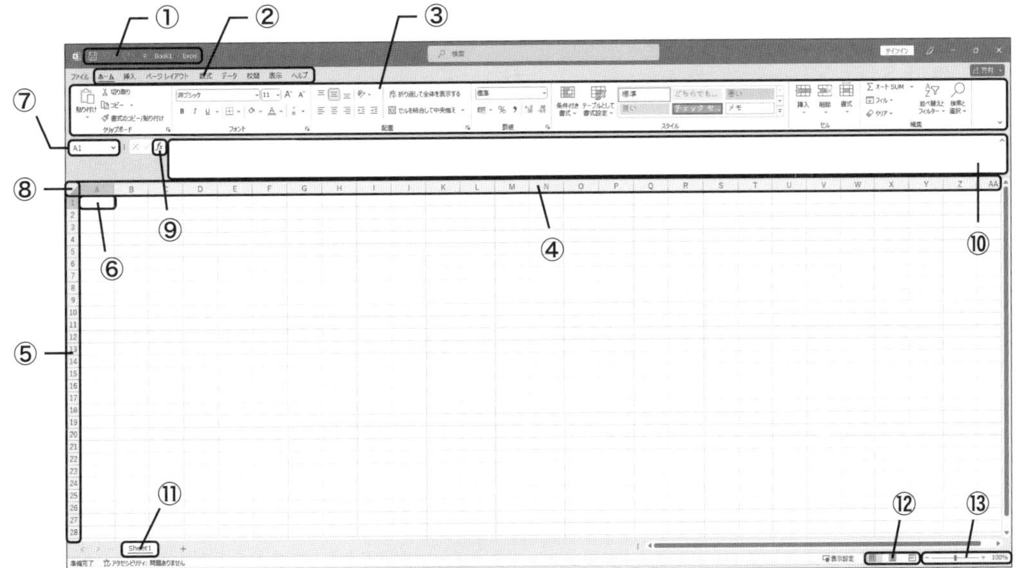

図 6.2　空白のシートが表示された画面

③ リボン

[ホーム]，**[表示]** などタブのいずれかをクリックすると，グループ別にメニューボタンが表示される。

④ 列番号

セルの列番号をアルファベットで表示。列番号をクリックすると，その列全体が選択される。

⑤ 行番号

セルの行番号を数字で表示。行番号をクリックすると，その行全体が選択される。

⑥ アクティブセル

セルをクリックすると，そのセルが現在選択されていることを示すため，周りの枠が太く表示される。

⑦ 名前ボックス

アクティブセルの位置を表すセル番地 (列番号と行番号) が表示される。また，関数のネスト (後述：例題 6-6 で解説) を行うときは，関数名が表示される。

⑧ [すべて選択] ボタン

このボタンをクリックすると，ワークシート全体が選択される。

⑨ [関数の挿入] ボタン

セルに関数を定義するときに用いる。

⑩ 数式バー

アクティブセルの値や数式が表示される。

⑪ [シート] タブ

シート名が表示されている。**[シート]** タブをクリックすると，そのワークシートが表示される。**＋ (新しいシート)** をクリックすると，新しいワークシートが挿入される。

⑫ ビュー

[標準]，**[ページレイアウト]**，**[改ページプレビュー]** の 3 種類の表示画面に切り替える。

⑬ ズームスライダー

ワークシートの表示倍率を変更する。

例題 6-1

図 6.3 は，A 大学の実教太郎君の一ヶ月の収支を表にしたものである。各項目名とその金額を入力しなさい。収入，支出の合計を計算し，表を見やすくするために，罫線を引きなさい。以上の結果を，USB メモリなどの補助記憶媒体に［Excel ブック形式］でファイル名「例題 6-01.xlsx」として保存しなさい。

実教太郎君の一ヶ月の収支	
収入	
アルバイト	65,000
仕送り	120,000
計	185,000
支出	
家賃	77,000
食費	50,000
光熱費	10,000
携帯電話代	8,000
交際費	20,000
雑費	15,000
計	180,000

図 6.3　収支をまとめた表

6-1-1　データのセルへの入力

Excel を起動し，**ワークシート**（集計表）の**セル**（各マス目）にそれぞれデータを入力していく。

セルの場所を特定するには，どの行のどの列かを明記すればよい。Excel では列をアルファベットで，行を数字で表現する。本書では，A 列の 1 行目にある左上隅のセルを，セル「A 1」と表すことにする。

はじめにセル「A 1」に「実教太郎君の一ヶ月の収支」という文字を入力する。

セルへの文字・数値の入力

1. マウスポインタを移動し，入力したいセル（ここではセル「A 1」）をクリックする。クリックして選択されたセルの枠が太い線になり，文字や数値を入力できるようになる。この状態のセルを**アクティブセル**という。
2. 「実教太郎君の一ヶ月の収支」と，キーボードから入力する。
3. 文字の入力が終わったら Enter キーを押すか，あるいは次に入力するセルへの移動のために矢印キーを押し，セルへの入力を終了する。
4. 各セルの文字の入力が終わった後に Enter キーを押すと，順次ひとつ下のセルにポインタが移動していく。A 列に文字を全角ですべて入力し終えた後にセル「B 4」をクリックし，B 列に数字を半角で入力していく。

図 6.4 を見ると，セル「A 1」に入力された文字は列の幅を超えてしまっているが，右側のセル「B 1」とセル「C 1」に何も入力されていないので，すべての文字が表示されている。後で修正するが，セル「A 4」とセル「A 12」は，右隣のセルにデータが入力されているため，右側の字が一部隠れてしまっている。

	A	B	C
1	実数太郎君の一ヶ月の収支		
2			
3	収入		
4	アルバイト	65000	
5	仕送り	120000	
6	計		
7			
8	支出		
9	家賃	77000	
10	食費	50000	
11	光熱費	10000	
12	携帯電話代	8000	
13	交際費	20000	
14	雑費	15000	
15	計		

図 6.4　すべてのセルの入力を終わったところ

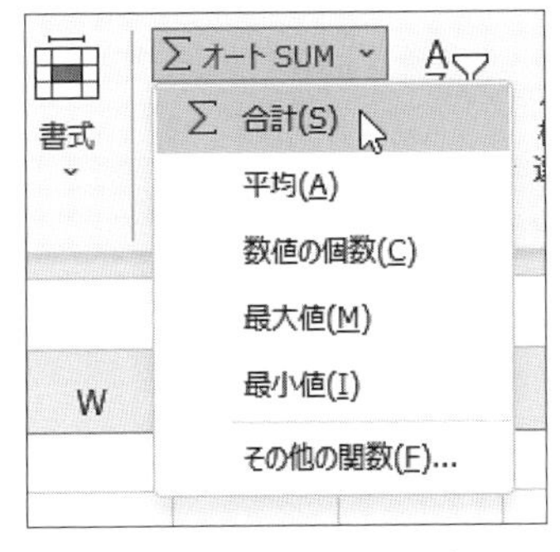

図 6.5　セル「B6」をアクティブにし，［合計］を指定する

6-1-2　合計の計算

図 6.4 では，収入と支出の合計をまだ求めていない。Excel では，他のセルに入力されている値の合計や平均などを計算する機能が豊富に用意されている。

データの合計

1. 収入を合計した結果を求めるセル（ここではセル「B 6」）をクリックし，アクティブな状態にしておく。
2. **［ホーム］**タブの右端の**［編集］**グループのΣ（**合計**）の右側にある⌄をクリックし，表示されるメニューから**［合計］**をクリックする**（図 6.5）**。
3. 合計を求めたい最初のセルをクリックしたまま移動（ドラッグ）し，最後のセルでクリックを解除（ドロップ）して範囲を指定する**（ドラッグ＆ドロップ）**。図 6.6 ではセル「B 4」からセル「B 5」までが選択されているので，範囲を指定し直す必要はない。
4. 最後に Enter キーを押せば，1で指定したセルに合計が計算される**（図 6.7）**。

［合計］の範囲を確定した後，図 6.7 のように合計を求めたセルをアクティブにすると，*fx*（**関数の挿入**）の右の数式バーにその定義が表示される。

「＝ SUM(B 4:B 5)」の意味を説明しよう。最初の「＝」は，セルに表示される値が「＝」の右側の式で定義されていることを表している。「SUM」は Excel に組み込まれた関数のひとつである（関数については**6 章 6-4-2 参照**）。その後に続く括弧の中に，合計を求めるセル範囲の始点と終点を：（コロン）で繋いで指定する。

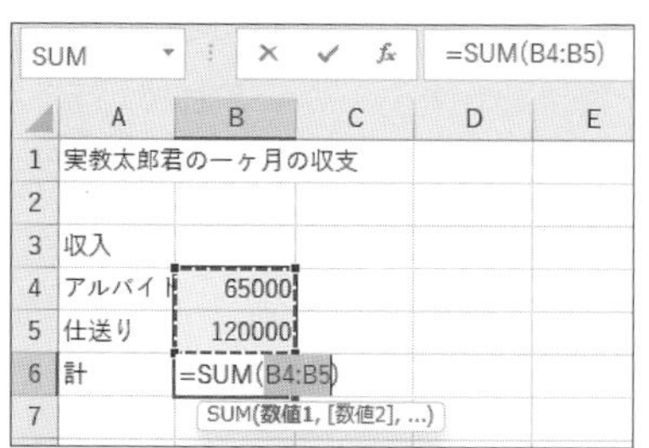

図 6.6　[合計] の範囲が表示されたところ

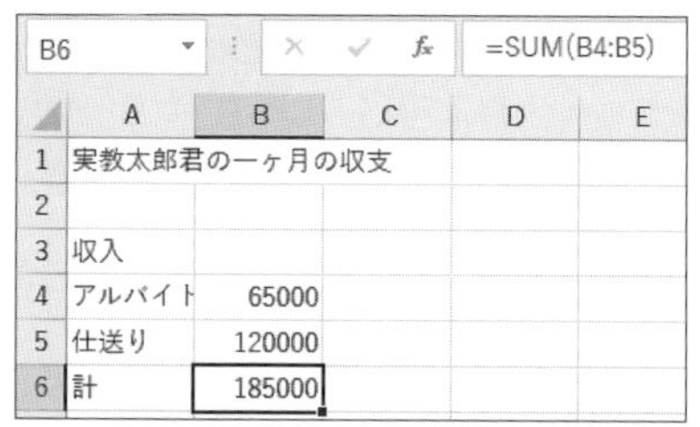

図 6.7　Enter キーで確定後，セル「B6」をアクティブにした状態

同様に合計の機能を用いて，支出の合計もセル「B 15」に求めておこう。

6-1-3　セルの書式設定

図 6.7 の B 列の収入金額の表示を見ると，カンマで桁が区切られていない。ここでは，それぞれのセルの表示方法を変えたり罫線を引くなど，書式を設定する方法を学んでいく。

桁区切り表示

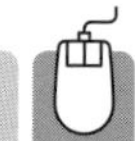

1. 桁を区切って表示させたいセルをアクティブにする（ここではセル「B 4」をクリックし，セル「B 6」までドラッグする）。
2. **[ホーム]** タブの **[数値]** グループの右下の をクリックする (図 6.8)。
3. **[セルの書式設定]** ダイアログボックスが表示されるので，**[表示形式]** タブをクリックし，**[分類]** から **[数値]** を選択し，**[桁区切り (,) を使用する]** にチェックマークを入れる (図 6.9)。
4. [OK] をクリックする。

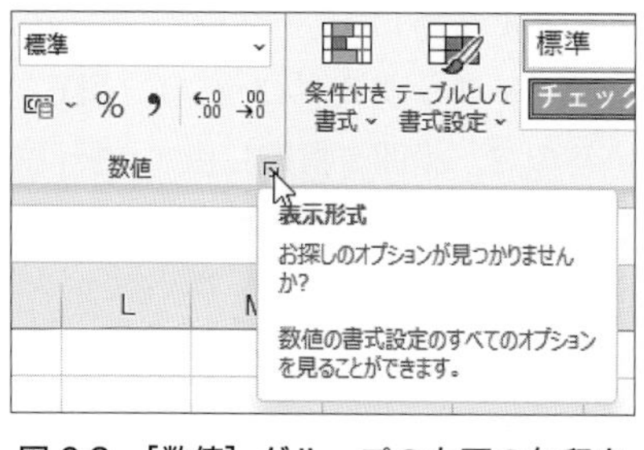

図 6.8　[数値] グループの右下の矢印をクリックしたところ

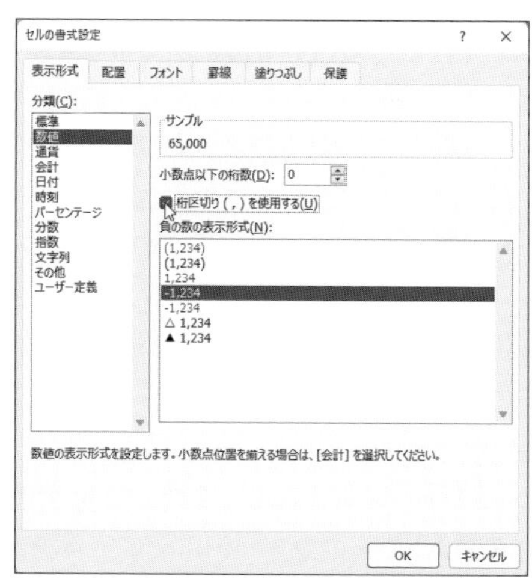

図 6.9　[セルの書式設定] ダイアログボックス

同様に，支出の欄のセル「B 9」からセル「B 15」も，桁区切りを入れた表示に変更しておこう（**[ホーム]** タブの **[数値]** グループの をクリックして桁区切りを入れることもできる）。

1行目の「実教太郎君の一ヶ月の収支」や3行目の「収入」，8行目の「支出」は，1列目と2列目の中央に表示させたい。そこでセル「A1」とセル「B1」をひとつに結合する。

セルの結合

1 結合させたいセルをアクティブにする（ここではセル「A1」をクリックし，セル「B1」までドラッグする）。
2 **[ホーム]** タブの **[配置]** グループの セルを結合して中央揃え の右側の⌄をクリックする。
3 現れたメニューの中から，**[セルの結合]** を選択する（図6.10）。

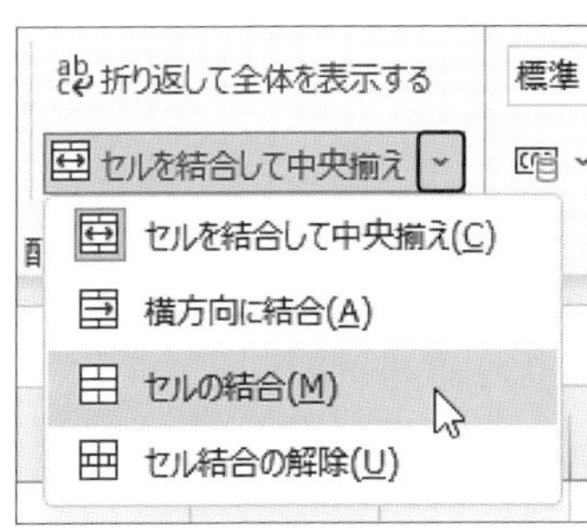

図6.10　[セルの結合] をクリックする

同様に，収入の欄のセル「A3」とセル「B3」，支出の欄のセル「A8」とセル「B8」を結合させておこう[注1]。

次に列幅を変更する方法を学ぶ。

列幅の変更

1 ポインタを，幅を広げたい列（ここではA列）とその右側の列（ここではB列）の間に移動させると，その形状が✛に変化する（図6.11）。
2 マウスをクリックした状態で左右へ移動（ドラッグ）すると，ポインタの左側の列幅を任意に変更できる（図6.12のように，列幅が「12.00」になるところまで広げる）。

補足：図6.11のように，隣り合う列の間にポインタを移動し，その形状が変わった状態でダブルクリックすると，左側の列の幅が自動的に調整される。便利な機能なので覚えておこう。

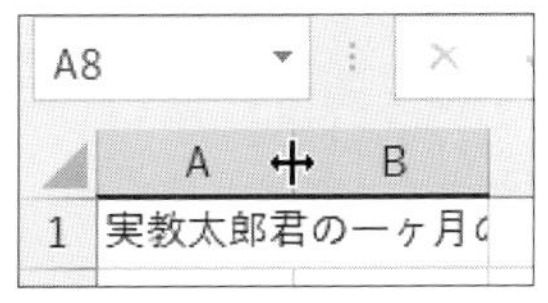

図6.11　ポインタの形状が変わった

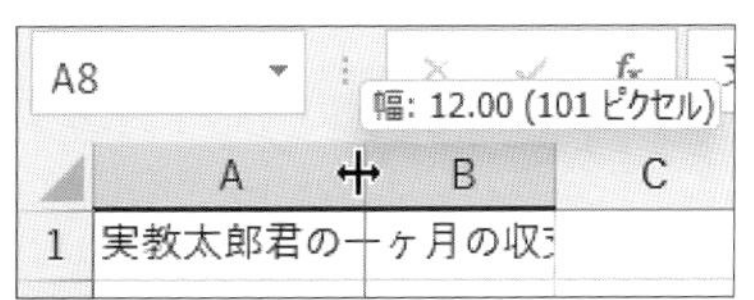

図6.12　列幅が12になった状態

同様にB列の幅も，「12.00」に調整しておこう。

注 [1] 図6.10のメニューの中から **[セルを結合して中央揃え]** を選択すると，セルを結合すると同時にセル内の文字の配置を中央揃えに変更することができる。

セルにデータを入力すると，デフォルト（初期設定された状態）では，文字は左揃え，数字は右揃えで表示される。**[ホーム]** タブの **[配置]** グループの左右の配置を変更する 3 つのボタンを使用すれば，簡単に配置を変更できる。

配置の変更

1 配置を変更するセル（ここでは結合されたセル「A 1」）をアクティブにする。
2 **[ホーム]** タブの **[配置]** グループの ☰ **(中央揃え)** をクリックする（図 6.13）。なお，その左側の ☰ **(左揃え)** をクリックすれば左揃えに，右側の ☰ **(右揃え)** をクリックすれば右揃えに変更できる。

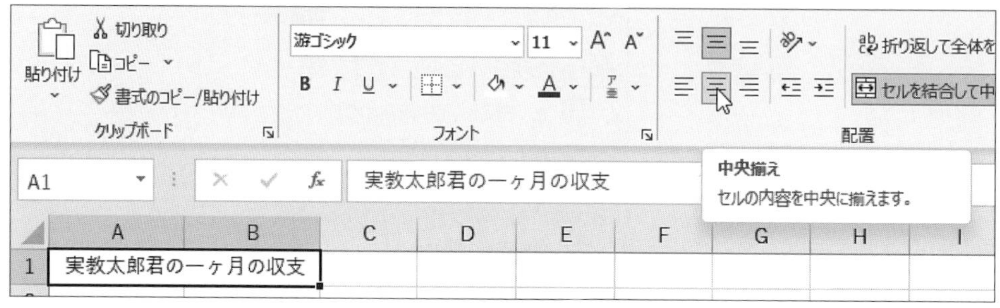

図 6.13　セル「A1」を中央揃えに変更している

セル「A 3」とセル「A 8」を同様に中央揃えに変更しておこう[注 2]。

セルに罫線を引く方法はいくつかあるが，ここではいくつかのセル全体の外枠と内側に罫線を引き，その後個々のセルの罫線を変更する方法を説明する。

罫線を引く（[セルの書式設定] ダイアログボックス）

1 罫線を引きたいセルをアクティブにする（ここではセル「A 3」をクリックし，セル「B 6」までドラッグする）。
2 **[ホーム]** タブの **[フォント]**，**[配置]** または **[数値]** グループの右下の ⧉ をクリックし，表示される **[セルの書式設定]** ダイアログボックスの **[罫線]** タブをクリックする（図 6.14）。
3 **[スタイル]** から罫線の種類（ここではやや太い実線）を選択し，**[外枠]** と表示されている図をクリックすると，中央のプレビューの外枠に罫線が引かれる。
4 同様に **[スタイル]** から細い実線を選択し，**[内側]** と表示されている図をクリックすると，中央のプレビューの内側に罫線が引かれる。
5 **[OK]** をクリックする（図 6.15）。

注 [2] セルの上下の配置を変更したいときは，☰ ☰ ☰ の上にある ☰ ☰ ☰（左から **[上揃え]** **[上下中央揃え]** **[下揃え]**）の 3 つのボタンを使おう。

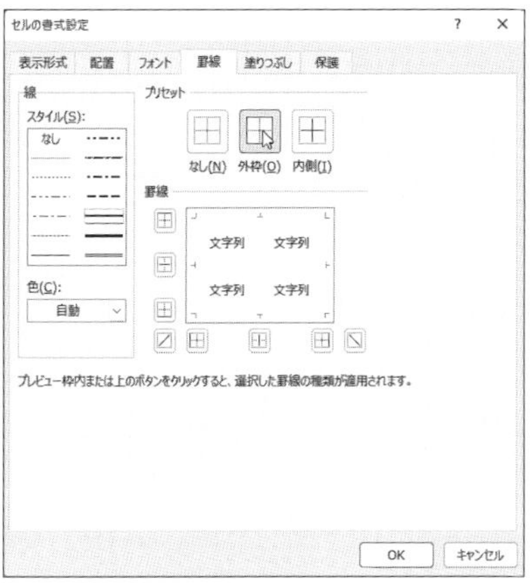

図 6.14 [セルの書式設定]ダイアログボックスで罫線を指定する

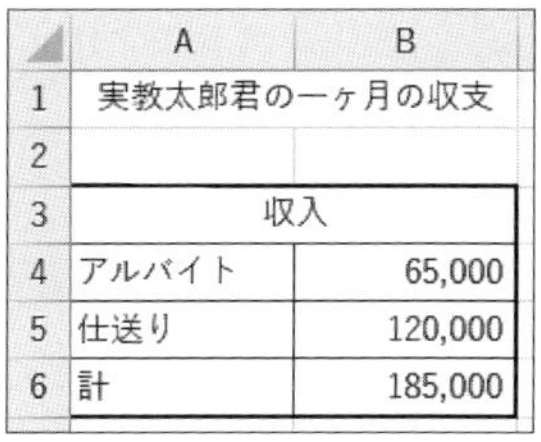

	A	B
1	実教太郎君の一ヶ月の収支	
2		
3	収入	
4	アルバイト	65,000
5	仕送り	120,000
6	計	185,000

図 6.15 外枠としてやや太い罫線，内側に細い罫線を引く

個々のセルの罫線変更は，**[セルの書式設定]** ダイアログボックスで行うことができる。例えば罫線を変更したいセルを指定し，図 6.14 で **[スタイル]** から罫線の種類を選択してプレビューの左側や下側に描かれた罫線の場所を示す小さな図のどれかをクリックするか，プレビューの中で変更したい罫線を直接クリックすると，指定通り罫線が変更される。

次に，**[ホーム]** タブの **[フォント]** グループの **(罫線)** を用いて罫線を変更する方法を説明する。

罫線を引く([罫線]ボタン)

1. 罫線を引きたい(変更したい)セル(ここではセル「A 3」)をアクティブにする。
2. 図 6.16 のように，**[ホーム]** タブの **[フォント]** グループの **(罫線)** の右側のをクリックする。
3. 変更したい罫線の種類と場所が示されているボタン(ここでは二重線が下側に書かれているボタン)をクリックする(この方法で罫線を引くと，**[ホーム]** タブには最後に選択した罫線の種類が表示される)。

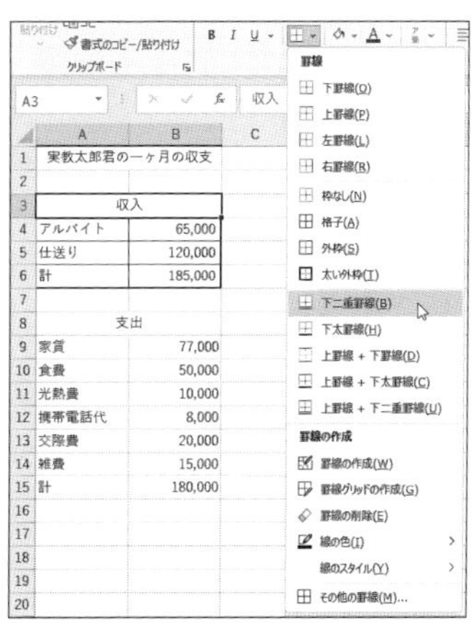

図 6.16 [ホーム] タブから罫線を変更する

同様にセル「A 5」とセル「B 5」の両方をアクティブにし，下側の罫線を二重線に変更しておく。同様の操作を［支出］にも施すと，最終的に図 6.3 が得られる。

6-1-4 シート名の変更

ワークシート画面の左下のタブには，［Sheet 1］というシート名（ワークシートの名前）が付けられている。シート名をその内容がわかるような名前に変更しておく。

シート名の変更

1 名前を変更したいワークシートのタブにマウスポインタを移動し，マウスを右クリックして現れた操作メニューから，**［名前の変更］**をクリックする（図 6.17）（タブ上のシート名をダブルクリックしてもよい）。

2 タブ上のシート名が反転するので，変更したいシート名（ここでは「収支」）を入力する。

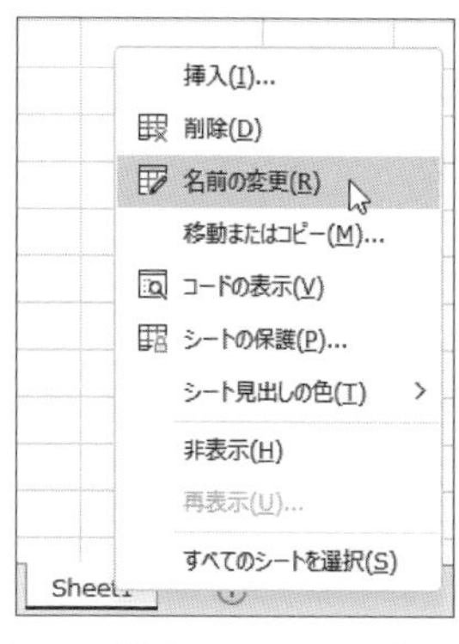

図 6.17 操作メニューで［名前の変更］を選んだ状態

図 6.18 変更されたシート名

6-1-5 ワークシートの印刷

Excel のワークシート全体，あるいは指定した部分を印刷してみる。

ワークシートの印刷

1 ワークシートの一部分を印刷したい場合は，その領域をドラッグして選択しておく（指定された範囲は，開始セル以外のセルの色が反転した状態となる）。

2 **［ファイル］**タブをクリックし，左側のメニューの中から**［印刷］**をクリックする（図 6.19）。

3 **［設定］**の下に表示されている項目を，必要に応じて変更する。

4 必要があればプリンターを変更し，また**［プリンターのプロパティ］**をクリックしてプリンターのプロパティを変更する。

5 図 6.19 の通り**［印刷］**ボタンをクリックして印刷を開始する。

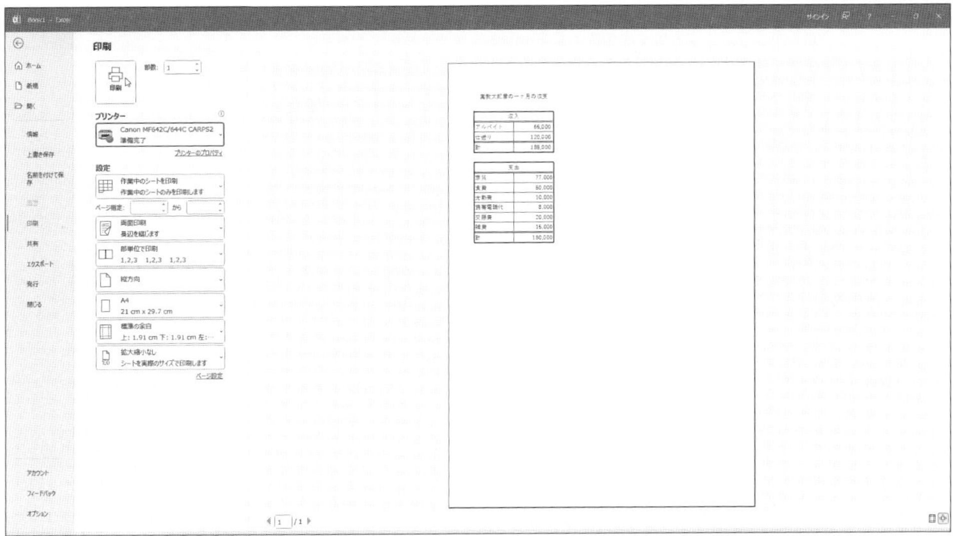

図 6.19　左のメニューから［印刷］をクリックすると現れる画面

6-1-6　ファイルへの保存

一連の作業が終了したら，ファイルとして保存しておこう[注3]。

Excel では，いくつかのワークシートの集まりを**ブック**と呼ぶ。ブックはファイルを保存する単位となるから，「ブック＝ Excel のファイル」と理解してよい。

Excel ファイルへの保存

1 **［ファイル］**タブをクリックし，左側のメニューから**［名前を付けて保存］**をクリックする。さらに**［参照］**をクリックする（図 6.20）。
2 **［名前を付けて保存］**ダイアログボックス（図 6.21）が表示されるので，ブックの保存先フォルダを指定する。
3 **［ファイル名］**の欄に，「例題 6-01」とキーボードから入力する。
4 **［ファイルの種類］**を選択する（ここでは「Excel ブック (*.xlsx)」となっているので，変更する必要はない）。
5 **［保存］**をクリックする。

補足：一度名前を付けて保存すると，タイトルバーのファイル名が Excel で自動的に名付けられた「Book 1」から，保存された名前「例題 6 - 01 .xlsx」に変更される[注4]。さらにデータを加工し，同じファイル名で更新したい場合には，**［ファイル］**タブから**［上書き保存］**をクリックする。上書き保存は，クイックアクセスツールバーの をクリックするだけでも実行できる[注5]。

注

[3] 多くの作業を連続して行う場合には，コンピューターがフリーズするなどの事態を考慮し，こまめに（上書き）保存しておくとよい。

[4] **［名前を付けて保存］**ダイアログボックス（図 6.21）の**［ファイルの種類］**で「Excel 97 - 2003 ブック (*.xls)」を選択すると，Excel 2003 以前のバージョンとファイルを共用できる。

[5] 特に断らない限り，本章および第 7 章，第 8 章では，各例題が終了したときに，「例題 a-b」というファイルに最終結果を保存することにする。a は章番号，b は例題番号を表す。

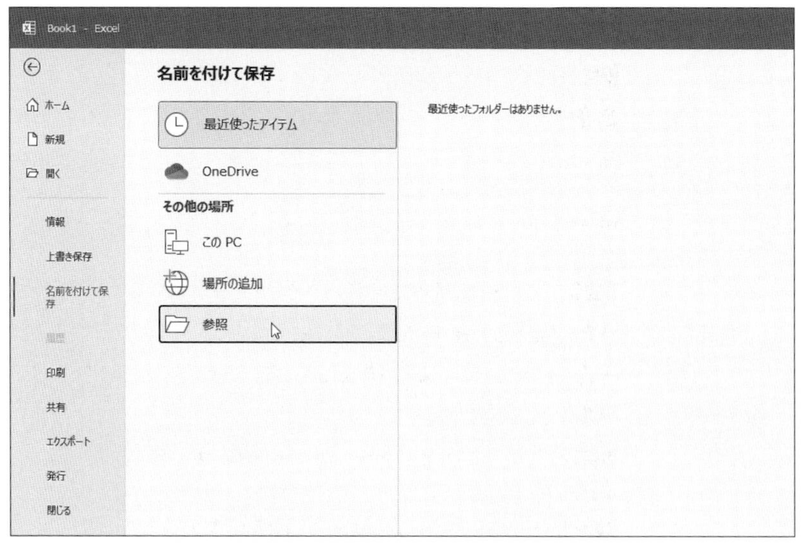

図 6.20　[参照]をクリックするところ

図 6.21　[名前を付けて保存]ダイアログボックス

一度 Excel を閉じた後，新たに Excel を起動させてみよう。スタート画面の **[最近使ったアイテム]** に，「例題 6 - 01 .xlsx」というファイル名と，このファイルが保存されているフォルダーが表示されている。このファイル名をクリックすれば，保存されたブックを Excel に読み込むことができる。

Excel ブック形式のファイルには，データ以外のさまざまな情報がコード化されている。他の表計算ソフトなどの中には，Excel ブック形式のファイルを読み取る機能が付いたものもあるが，その機能をもたない統計ソフトなどで Excel に入力されたデータを利用したい場合には，どうしたらよいのだろうか。

図 6.21 の **[ファイルの種類]** のメニューから，Excel ブック形式以外のファイル形式を選択することができる。テキストファイルとしては，「テキスト (タブ区切り) (*.txt)」，「Unicode テキスト (*.txt)」，「CSV (コンマ区切り) (*.csv)」，「テキスト (スペース区切り) (*.prn)」がある。「CSV (コンマ区切り) (*.csv)」は，データとデータの間にコンマ (,) を入れたテキストファイルで，他の多くの表計算ソフトあるいは統計ソフトで読み込むことができる。データとデータの間にスペースを入れて桁を合わせて保存したい場合には，「テキスト (スペース区切り) (*.prn)」を選べばよいだろう。

6-2 テキストファイルの読み込み

官公庁やシンクタンクの Web サイトで公開されている各種データの中には，テキスト形式で保存されているものもあるので，テキストファイルを読み込む方法を学んでいこう。

例題 6-2

成績データが収納されているダウンロードデータ「成績 .dat」を読み込み，図 6.22 のように，1 行目に［レポート］，［前期試験］，［後期試験］というラベル(項目名)を付けなさい。また 1 列目に，そのデータが何番目かを示すインデックスを振りなさい。結果を「成績 .xlsx」と名付けて保存しなさい。

	A	B	C	D	E
1	番号	性別	レポート	前期試験	後期試験
2	1	2	14	73	62
3	2	2	12	68	66
4	3	2	13	22	48
5	4	1	11	54	69
6	5	1	8	24	59

図 6.22　完成した成績データのワークシート

●成績データ

「成績 .dat」には，A 大学のある授業を履修した 200 名の学生のレポート，前期末試験結果および後期末試験結果が保存されている。データの内容は，以下の通りである。

表 6.1　成績 .dat

変数	開始桁	終了桁
男女（1 は男性，2 は女性）	1	1
レポート（20 点満点）	2	6
前期末試験結果（100 点満点）	7	11
後期末試験結果（100 点満点）	12	16

●データの一部

```
2  14  73  62
2  12  68  66
2  13  22  48
1  11  54  69
1   8  24  59
         ・
         ・
         ・
2  10  57  73
2  13  90  57
```

ファイルを読み込む

1 6-1 節の説明に従って，**[空白のブック]** を開く。
2 **[ファイル]** タブをクリックし，**[開く]-[参照]** をクリックして **[ファイルを開く]** ダイアログボックスを表示させる (図 6.23)。
3 これから読み込む「成績 .dat」ファイルが保存されているドライブとフォルダーを選択する。
4 ブック形式以外のファイルを読み込むため，すべての Excel ファイル (*.xl*;*. ∨ の右端の ∨ をクリックして，**[すべてのファイル (*.*)]** を選ぶ。
5 すべてのファイルが表示されるので，「成績 .dat」をクリックすると，**[ファイル名]** の右側のボックスに「成績 .dat」と表示される。
6 **[開く]** をクリックする。

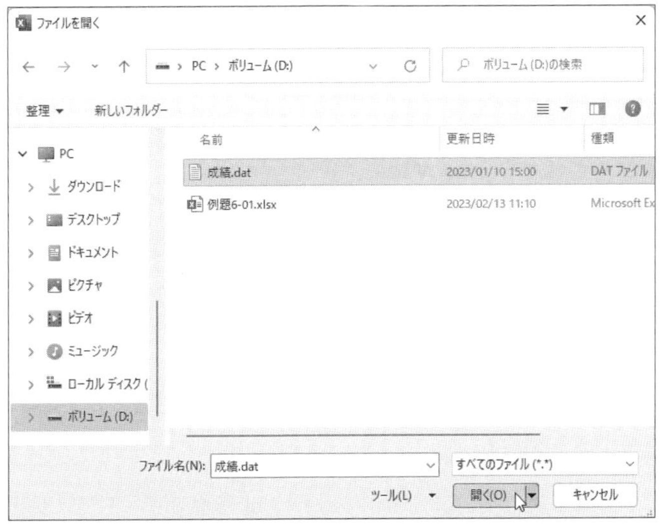

図 6.23 [ファイルを開く] ダイアログボックス

Excel のブック形式のファイルから読み込む場合には，**[ファイルを開く]** ダイアログボックスの設定だけで済むが，「成績 .dat」のようなテキストファイルを読み込む場合には，さらに 3 段階の **[テキストファイルウィザード]** により，データ形式を指定する必要がある。

[テキストファイルウィザード-1/3]の指定

1 **[テキストファイルウィザード-1/3]** (図 6.24) の **[元のデータの形式]** を選択する (ここでは「スペースによって右または左に揃えられた固定長フィールドのデータ」を指定する)。
2 **[取り込み開始行]** で，何行目からデータが始まるかを指定する (ここでは 1 のままでよい)。
3 **[次へ]** をクリックして次のウィザードへ進む。

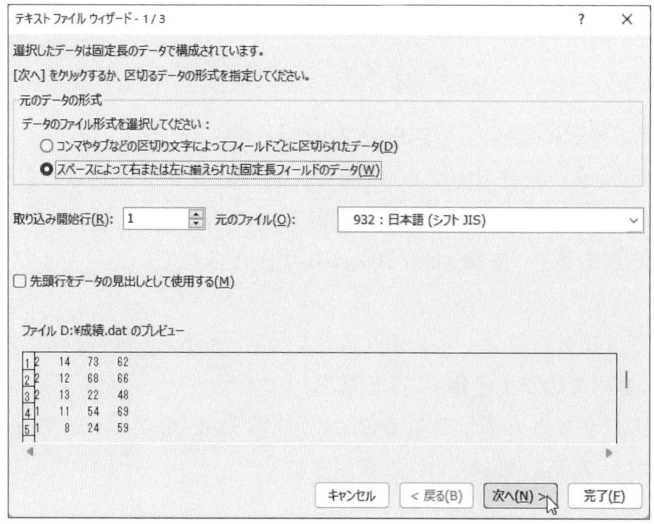

図 6.24　[テキストファイルウィザード-1/3]の指定

[テキストファイルウィザード-2/3]の指定

1 [データのプレビュー] で，フィールドの区切りを示す矢印が正しい位置に入っていることを確認する。
2 もし矢印の位置が違っている場合には，ドラッグ&ドロップにより位置を変更する（前期末試験結果の終了の矢印が 12 桁目になっているので，1 桁左に移動させる）。
3 矢印を新たに追加する場合にはその位置でマウスをクリック，矢印を消去したい場合はダブルクリックする（ここでは必要ない）。
4 [次へ] をクリックして次のウィザードへ進む。

[テキストファイルウィザード-3/3]の指定

1 [テキストファイルウィザード-3/3] の [列のデータ形式] が [G/標準] となっていることを確認する。
2 [データのプレビュー] でフィールドの区切りの位置を最終確認する。
3 [完了] をクリックすると，データが読み込まれる（図 6.25）。

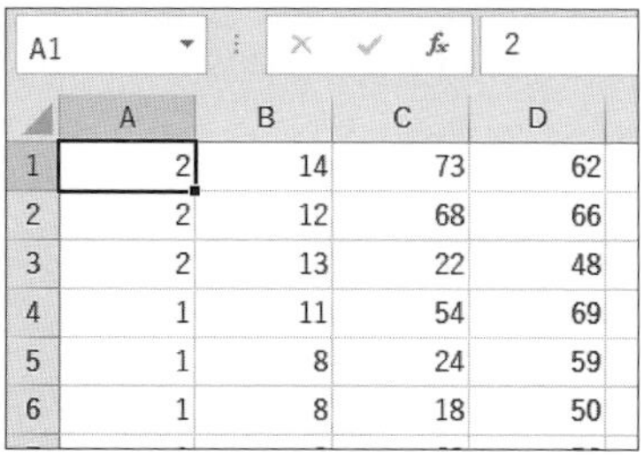

A1　×　✓　fx　2

	A	B	C	D
1	2	14	73	62
2	2	12	68	66
3	2	13	22	48
4	1	11	54	69
5	1	8	24	59
6	1	8	18	50

図 6.25　「成績 .dat」ファイルからデータが読み込まれた状態

●データの加工

図 6.25 の状態では，どの行のデータが何を表しているかを，シートに入力された内容から知ることができない。また，データをある変数の大きさの順に並べ替える作業を行った後，元の順番通りにデータを並べ戻すことは不可能である。

そこで，データの先頭に空白の行と列を追加し，1 行目にラベル（変数名）を入力して 1 列目にデータ順に番号を振っておこう。

行（または列）の挿入

1. その直前に行（または列）を挿入したい行（または列）番号のボタン（ここでは第 1 行または A 列）をクリックし，行全体（または列全体）をアクティブにする（その行または列の任意のセルをアクティブにしておいてもよい）。
2. **[ホーム]** タブの **[セル]** グループの **[挿入]** の下側の⌄をクリックする（図 6.26）。
3. **[シートの行を挿入]**（または **[シートの列を挿入]**）をクリックすると，最初に指定した行（または列）以下がすべて下（または右）に移動し，新しく空行（または空列）が挿入される。

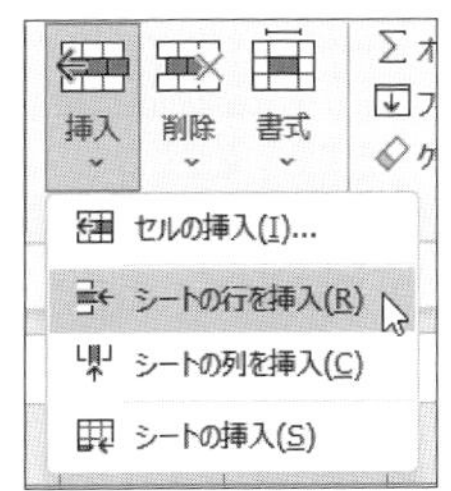

図 6.26 ［シートの行を挿入］をクリックする

新しくできたセル「A 1」には，A 列の変数名（ラベル）として，「番号」と入力する。またセル「B 1」からセル「E 1」に，それぞれ「性別」，「レポート」，「前期試験」，「後期試験」と入力する[注6]。

注 [6] 行番号，または列番号を右クリックし，表示されるメニューの **[挿入]** をクリックすることによって，行や列を挿入することもできる。行番号や列番号ではなく，ある特定のセルを右クリックすることにより，セルを同様に挿入することも可能である。

番号を振る

1 セル「A 2」に初期値「1」を入力する。
2 セル「A 3」に次の値「2」を入力する。
3 セル「A 4」以降はコピーを使えば，簡単に番号が振られる。まず，セル「A 2」とセル「A 3」の 2 つをドラッグしてアクティブにした後，右下の隅にマウスポインタを移動するとポインタが ＋ に変化する (**図 6.27**)。
4 マウスをクリックした状態で，セル「A 201」までポインタを移動させドロップすると，セル「A 4」からセル [A 201」に 3 から 200 までの値が求められる (3 でポインタが ＋ に変化したあと，このポインタをダブルクリックしてもよい)。
5 最後のセル「A 201」の右下に (**オートフィルオプション**) が現れる。マウスポインタをこのボタン上に移動すると表示される をクリックし，オートフィルの形式を選択することができる (ここでは正しく求められているので，変更する必要はない)。
6 オートフィルオプションの表示を消去するため，ドロップした最後のセル「A 201」の次のセル「A 202」をクリックし，Delete キーを押す。

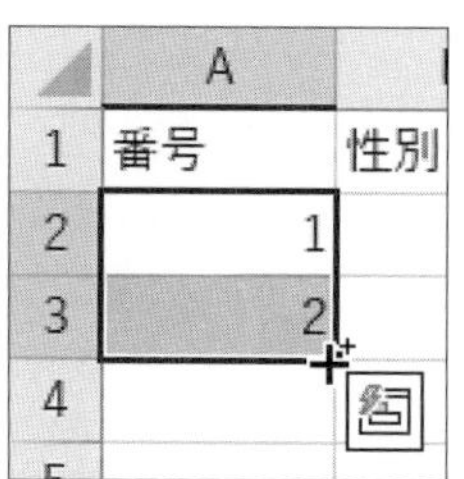

図 6.27　指定したセルの右下にポインタを移動した状態

シートが完成したので，ここまでの結果 (**図 6.22**) を，「成績 .xlsx」と名付けて保存しておこう。

6-3 ソート（並べ替え）

データ解析を行う場合に，男女別や点数順など，データの値を用いて並べ替えることがよく行われる。例えば，点数を低得点のものから高得点へ並べ替える場合のように，小さい値から大きい値へと並べ替える順番を**昇順**と呼ぶ。反対に大きい値から小さい値へと並べ替える順番を**降順**という。

例題 6-3

例題 6-2 で作成した成績ファイル「成績 .xlsx」を開き，図 6.28 のように「性別」を用いて昇順にソートし，さらに男女別に「レポート」の点数順に降順にソートしなさい。

A1 番号

	A	B	C	D	E
1	番号	性別	レポート	前期試験	後期試験
2	134	1	16	88	73
3	17	1	15	99	64
4	67	1	15	89	54
5	80	1	15	71	70
6	44	1	14	81	63
7	45	1	14	81	30

図 6.28 「性別」と「レポート」で並べ替えられた結果

データの順番を並べ替えるには，例題 6-2 の結果が保存されているファイル「成績 .xlsx」を開き，以下の操作を行う。

ソート（並べ替え）

1 ソートしたい範囲の中の任意のセル（例えば先頭のセル「A 1」）をクリックしてアクティブ状態にする。

2 **[データ]** タブの **[並べ替えとフィルター]** グループの **[並べ替え]** をクリックすると，1 行目のラベルを除いたデータ全体がアクティブ状態になり，**[並べ替え]** ダイアログボックス（図 6.29）が表示される。

3 先頭行に各列の見出しが入力されているので，**「先頭行をデータの見出しとして使用する」**の左にチェックが入っていることを確認する。

4 **[最優先されるキー]** を以下の通り設定する。

① **[列]** の下の **[最優先されるキー]** の右側の最初のボックスの ∨ をクリックし，ソートの対象となる最初の変数（ここでは**「性別」**）を選択する。

② **[並べ替えのキー]** の下側のボックスの ∨ をクリックし，ふさわしいキー（ここでは**「セルの値」**）を設定する。

6章 Excel の基本操作

③ **[順序]**の下側のボックスの⌄をクリックし，並べ替えの順序（ここでは**「小さい順」**）を設定する。

5 ＋レベルの追加(A) をクリックすると，**[次に優先されるキー]**が追加される。**[最優先されるキー]**と同様に，**「レポート」**を**「セルの値」**に従って**「大きい順」**にソートするよう設定する。

6 [OK]をクリックする（図 6.29）。

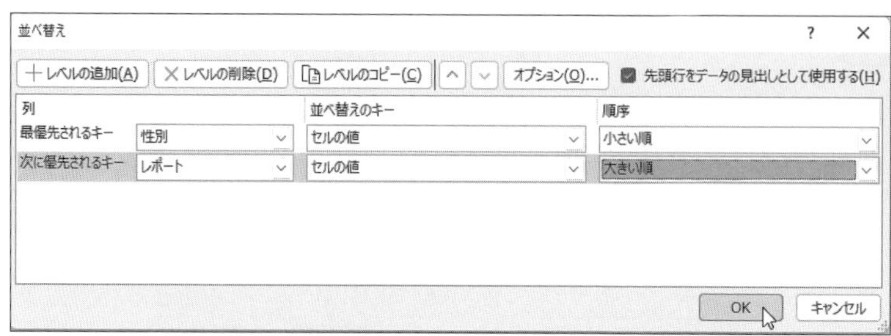

図 6.29 [並べ替え]ダイアログボックスの指定

ここでは複数（2 個）の変数を用いて並べ替えを行ったが，ひとつの変数だけを対象に並べ替えを行うには，対象となる変数のいずれかのセルをアクティブにしておき，**[データ]**タブの**[並べ替えとフィルター]**グループの**[並べ替え]**の左にある A↓Z をクリックすると昇順に，Z↓A をクリックすると降順に並べ替えられる。

A 列のセル（例えばセル「A 1」）をアクティブにして，A↓Z をクリックすれば，データは「番号」で昇順に並べ替えられ，元の順序に戻る。

6-4 新しい変数の作成

これまで取り上げてきた成績データを用い，レポート，前期試験と後期試験の結果から総合得点を求め，その値に応じて評価を行おう。

例題 6-4

例題 6-2 で作成した成績ファイル「成績 .xlsx」を開き，図 6.30 のように，以下に定義される総合得点を計算しなさい。

$$総合得点＝レポート＋0.4×(前期試験＋後期試験)$$

さらに 点数＝10$\sqrt{総合得点}$を求めなさい。

A1 番号

	A	B	C	D	E	F	G
1	番号	性別	レポート	前期試験	後期試験	総合得点	点数
2	1	2	14	73	62	68.0	82.46
3	2	2	12	68	66	65.6	80.99
4	3	2	13	22	48	41.0	64.03
5	4	1	11	54	69	60.2	77.59
6	5	1	8	24	59	41.2	64.19
7	6	1	8	18	50	35.2	59.33

図 6.30　総合得点と点数を入力した結果

「総合得点」と「点数」が新しい変数として付け加えられるので，準備として「成績 .xlsx」を開き，セル「F 1」に「総合得点」，セル「G 1」に「点数」と入力しておく。

6-4-1 算術式

まず算術式により，「総合得点」を求めてみる。加減乗除や累乗を行う**算術演算子**として，Excel には表 6.2 の 5 つが用いられる。

表 6.2　算術演算子

演算子	意味	優先順位	例	内容
^	累乗	1	a ^ b	a^b
*	乗算	2	a * b	a×b
／	除算	2	a / b	a÷b
＋	加算	3	a+b	a+b
−	減算	3	a−b	a−b

算術式の設定

1 算術式を設定したいセル（ここではセル「F 2」）をアクティブにする。

2 値ではなく，式やセル番地を入力することを示す「＝」（または「＋」）を入力する。

6 章 Excel の基本操作

3 数字や算術演算子，セル番地をキーボードから入力する（ここでは「=C2+0.4*(D2+E2)」と入力する）。

これでセル「F2」に計算される。図 6.31 ではセル「F2」がアクティブとなっている。総合得点の値がセル「F2」に，セル「F2」の定義（式）が［数式バー］に，それぞれ表示されている。

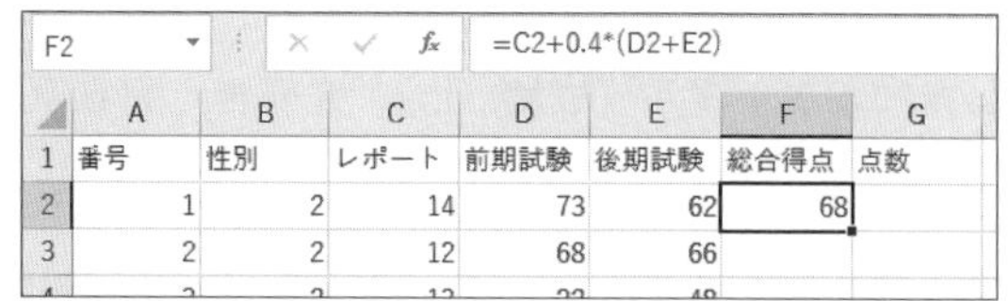

図 6.31　セル「F2」に求められた総合得点

もしセル「F2」に「=C2+0.4*D2+E2」と入力したらどうなるだろう。足し算（+）は掛け算（*）より優先順位が低いから，まず「0.4*D2」が先に行われ，セル「C2」，「0.4*D2」とセル「E2」の合計が計算されてしまう。

式中のセル番地は，「C2」や「D2」などと直接キーボードから打ち込んで算術式を入力する操作を説明したが，セル「C2」やセル「D2」をクリックしてセル番地を入力することも可能である。数字や算術演算子はキーボードから，セル番地はセルをクリックして入力すると，セル番地の入力ミスを防いで，効率的に算術式を入力できる。

6-4-2　関数

Excel では，数学 / 三角関数，統計関数など，さまざまな関数が用意されている。データ解析に必要な関数のうち，主なものを表 6.3 に紹介しておく。

それぞれの関数は，ある値が入力され，結果を値として返してくれる。入力される値を**引数**（ひきすう）という。

表 6.3　関数の例

関数	意味	内容
数学 / 三角関数		
ABS	絶対値	絶対値
SQRT	平方根	$\sqrt{x}$
EXP	指数	e^x ($e = 2.71828\cdots$)
LN	自然対数	e を底とする対数
LOG 10	常用対数	10 を底とする対数
INT	切り捨て	0 に近い整数に丸める
ROUND	四捨五入	指定する桁で x を四捨五入
統計関数		
MAX	最大値	指定した範囲の最大値
MIN	最小値	指定した範囲の最小値
AVERAGE	平均値	指定した範囲の平均値

それでは，関数を使って「点数＝ $10\sqrt{\text{総合得点}}$」を求める。

関数の設定

1 まず関数による計算式を設定したいセル（ここではセル「G 2」）を選択し，*fx* **(関数の挿入)** をクリックすると，**[関数の挿入]** ダイアログボックスが表示される（図 6.32）。
2 **[関数の分類]** の右側の ∨ をクリックし，適当な分類（ここでは **[数学 / 三角]**）をクリックする。
3 **[関数名]** の中から，指定したい関数（ここでは「SQRT」）をクリックする。
4 **[OK]** をクリックすると，**[関数の引数]** ダイアログボックスが開く（図 6.33）。
5 **[数値]** という表示の右の欄に，関数の引数（この例ではセル「F 2」）を指定する。
6 **[OK]** をクリックする。

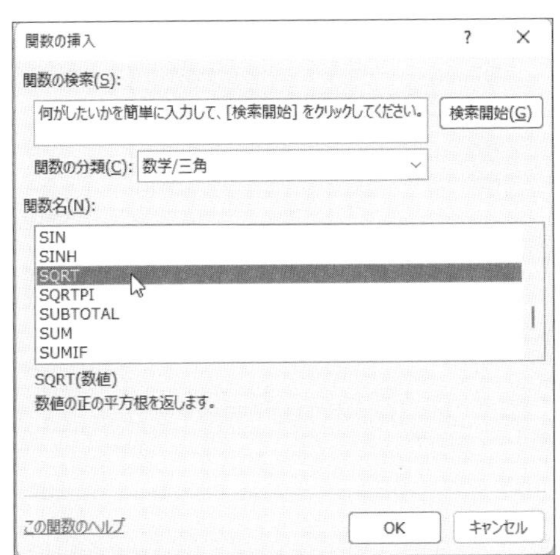

図 6.32 ［関数の挿入］ダイアログボックス

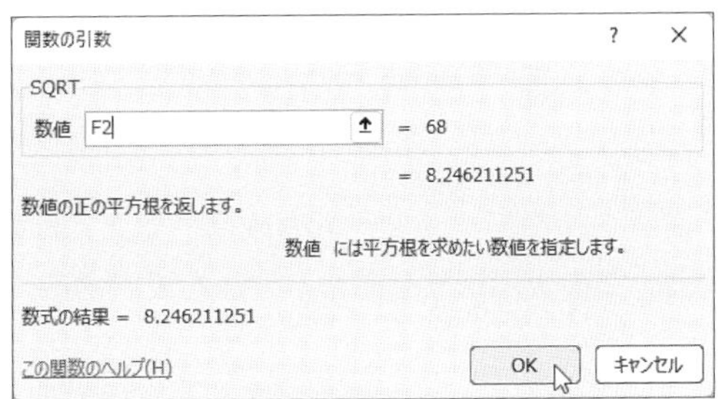

図 6.33 ［関数の引数］ダイアログボックス

セル「G 2」をクリックすると，数式バーに「＝SQRT(F 2)」という定義が表示される。「＝」と「S」の間をクリックし，「10＊」を挿入しよう。最終的にセル「G 2」の内容は「＝10＊SQRT(F 2)」となった[注7]。

セル「E 2」とセル「F 2」の定義が終わったので，3 行目以下にこの 2 つのセルの定義をオートフィル機能を用いてコピーする。

セルの内容をコピー

1 コピーする対象のセルをアクティブ状態にする。コピーする対象セルが複数ある場合は，最初のセル（ここではセル「F 2」）から最後のセル（ここではセル「G 2」）までを，ドラッグ＆ドロップにより指定する。

注 7 アクティブセル上に直接文字や数字を入力すると，それまで入力されていた内容を消して上書きしてしまう。もし数式バーの表示を用いずに，あるセルの内容を修正したい場合は，そのセルをダブルクリックすればよい。

2 アクティブになった範囲の右下隅にポインタを移動すると，ポインタの形状が ＋ に変化する**(図 6 . 34)**。

3 マウスをクリックした状態で，コピーしたい最後のセル(ここではセル「G 201」)まで移動させ，ドロップする**(図 6 . 35)**(＋ のポインタをダブルクリックしてもよい)。

F2 | =C2+0.4*(D2+E2)

	A	B	C	D	E	F	G
1	番号	性別	レポート	前期試験	後期試験	総合得点	点数
2	1	2	14	73	62	68	82.46211
3	2	2	12	68	66		

図 6.34　セルを範囲指定し，ポインタが＋に変化した状態

195	194	1	12	79	47	62.4	78.99367
196	195	1	13	66	80	71.4	84.49852
197	196	2	16	65	65	68	82.46211
198	197	1	10	65	48	55.2	74.2967
199	198	1	9	70	36	51.4	71.69379
200	199	2	10	57	73	62	78.74008
201	200	2	13	90	57	71.8	84.73488
202							

図 6.35　セルの内容がすべてコピーされた

計算されたワークシートを確認すると，F 列と G 列の小数点の表示桁数が行によって違っている。この表示桁数を揃える方法を説明する。

● 小数点表示桁の変更

1 はじめに表示桁数を揃えたい数値データが入力されているセル(ここではセル「F 2」からセル「F 201」)を選択する(文字が入力されているセルを選択しないこと)。

2 **[ホーム]** タブの **[数値]** グループの ←.0 .00 **(小数点以下の表示桁数を増やす)** をクリックすると，小数点以下の表示桁が増加する。.00 →.0 **(小数点以下の表示桁数を減らす)** は，表示桁を減少させる。

この方法で「総合得点」を小数点以下 1 桁まで，「点数」を小数点以下 2 桁まで表示させると，図 6 . 30 が完成する。

6-5 条件による処理

データの値に応じて別々の処理を行いたいときには，どうすればよいだろうか。本節では，まず「総合得点」に応じて合格と不合格の2通りに分け，さらに評価をA，B，C，Dの4通りに分ける方法を学ぶ。

6-5-1 IF 関数

ある条件を満足するときとそうでない場合でセルの入力内容を変えるときには，**IF 関数**を用いると便利である。IF 関数は，**[論理式]** **[値が真の場合]**，**[値が偽の場合]** の3つの引数をもつ関数である。

論理式とは，真（TRUE）または偽（FALSE）のどちらかに評価できる式（または値）である。「A 1=1」という論理式は，セル「A 1」の値が1であれば真（TRUE），そうでない場合には偽（FALSE）となる。

表 6.4 比較演算子

演算子	意味
＝	等しい
＜＞	等しくない
＞	より大きい
＜	より小さい
＞＝	以上
＜＝	以下

論理式では，2つの変数の大小関係を調べる**比較演算子**を用いることができる。

例題 6-5

例題 6-4 で作成した「例題 6-04.xlsx」を開き，図 6.36 のように「総合得点」の値が 50 点以上の場合は「合格」，50 点未満の場合は「不合格」と表示しなさい。

H2 =IF(F2>=50,"合格","不合格")

	A	B	C	D	E	F	G	H
1	番号	性別	レポート	前期試験	後期試験	総合得点	点数	合否
2	1	2	14	73	62	68.0	82.46	合格
3	2	2	12	68	66	65.6	80.99	合格
4	3	2	13	22	48	41.0	64.03	不合格
5	4	1	11	54	69	60.2	77.59	合格
6	5	1	8	24	59	41.2	64.19	不合格

図 6.36 合否を求めた結果

準備のために，例題 6-4 で保存した「例題 6-04 .xlsx」を読み込み，セル「H 1」に「合否」と入力しておく。

IF 関数の設定

1. IF 関数を設定したいセル(ここではセル「H 2」)をクリックして選択し，**[名前ボックス]** の右側の *fx* **(関数の挿入)** をクリックする。
2. **[関数の挿入]** ダイアログボックスが現れるので，**[関数の分類]** で **[論理]** を，**[関数名]** で **[IF]** を選択する。
3. **[OK]** をクリックすると，**[関数の引数]** ダイアログボックス(図 6.37)が表示される。
4. **[論理式]** に論理式(ここでは「F 2 >= 50」)を入力する。
5. **[値が真の場合]** に，論理式が真の場合の値(ここでは「合格」)を入力する。
6. **[値が偽の場合]** に，論理式が偽の場合にとる値 (ここでは「不合格」)を入力する。
7. **[OK]** をクリックする。

セル「H 2」をセル「H 3」からセル「H 201」までコピーし，全員の評価の入力を終了する(図 6.38)。

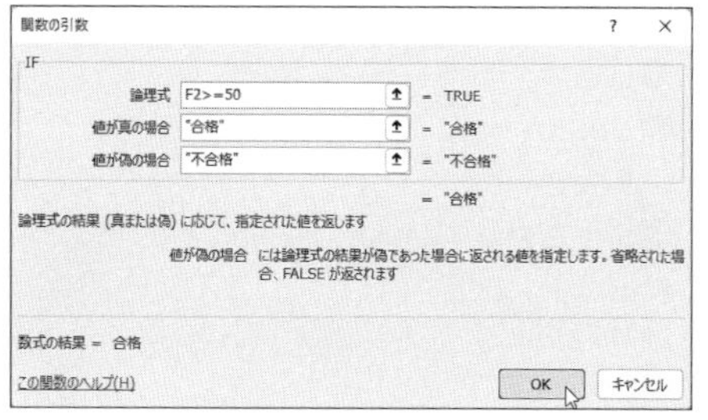

図 6.37 IF 関数の [関数の引数] ダイアログボックス

193	192	1	8	42	23	34.0	58.31	不合格	
194	193	2	11	56	49	53.0	72.80	合格	
195	194	1	12	79	47	62.4	78.99	合格	
196	195	1	13	66	80	71.4	84.50	合格	
197	196	2	16	65	65	68.0	82.46	合格	
198	197	1	10	65	48	55.2	74.30	合格	
199	198	1	9	70	36	51.4	71.69	合格	
200	199	2	10	57	73	62.0	78.74	合格	
201	200	2	13	90	57	71.8	84.73	合格	
202									

図 6.38 すべてがコピーされた結果

補足：[関数の引数] ダイアログボックスで，**[値が真の場合]** に「合格」，**[値が偽の場合]** に「不合格」と入力する際，文字を「"」で囲ったのは，それが文字列であることを示すためである。全角文字の場合には，省略しても自動的に「"」が付けられる。半角文字の場合，「"F 2 "」と入力したときは「F 2」という文字列を，単に「F 2」と入力した場合にはセル「F 2」を表すので，留意が必要である。

6-5-2 複数の条件による処理（ネスト）

例題 6-6

例題 6-4 で作成した「例題 6-04.xlsx」を開き，図 6.39 のように「総合得点」の値が 80 点以上を「A」，60 点以上を「B」，60 点未満を「C」と成績を付けなさい。

H2 =IF(F2>=80,"A",IF(F2>=60,"B","C"))

	A	B	C	D	E	F	G	H
1	番号	性別	レポート	前期試験	後期試験	総合得点	点数	成績
2	1	2	14	73	62	68.0	82.46	B
3	2	2	12	68	66	65.6	80.99	B
4	3	2	13	22	48	41.0	64.03	C
5	4	1	11	54	69	60.2	77.59	B
6	5	1	8	24	59	41.2	64.19	C

図 6.39　ネストを用いて成績を入力した結果

準備として「例題 6-04 .xlsx」を開き，セル「H 1」に「成績」と入力しておく。

次にセル「H 2」を選択し，「IF 関数の設定」の手順に従い，IF 関数の **[関数の引数]** ダイアログボックスを呼び出す。

はじめに A 評価かどうかの判定を行うことにする。判別する対象は「総合得点」であるから，セル「F 2」が論理式の対象となる。

IF 関数の設定（A 評価の判定）

1. IF 関数の **[関数の引数]** ダイアログボックス（図 6 . 40）の **[論理式]** に論理式を入力する（ここでは「F 2 >= 80」とする）。
2. **[値が真の場合]** へ論理式が真の場合の値を入力する（ここでは「"A"」と入力する）。

[値が偽の場合] には，「総合得点」が 60 点以上か未満かで成績が異なる。すなわち **[値が偽の場合]** は，IF 関数の引数の中で IF 関数を**ネスト**（入れ子）として用い，さらに条件を付与しなくてはならない。

IF 関数の設定（ネスト）

1. **[関数の引数]** ダイアログボックスで **[値が偽の場合]** のボックスを入力する状態にして，図 6 . 40 のように名前ボックスに表示されている **[IF]** をクリックして IF 関数を選択する（他の 関数をネストする場合は，名前ボックスの右側の ⌄ をクリックし，**[その他の関数]** を選択すればよい）。
2. 再び IF 関数の **[関数の引数]** ダイアログボックス（図 6 . 41）が表示されるので，**[論理式]** に論理式を入力する（ここでは「F 2 >= 60」とする）。
3. **[値が真の場合]** へ論理式が真の場合の値を入力し（ここでは「"B"」とする），**[値が偽の場合]** に論理式が偽の場合にとる値（ここでは「"C"」）を入力する。

ネストで表示されたIF関数の**[関数の引数]**ダイアログボックスで，図6.41のように引数を設定して**[OK]**をクリックすると，セル「H 2」の設定が終了する。最終的なセル「H 2」の定義は，以下のようになっている。

＝IF(F 2 ＞＝ 80 ,"A",IF(F 2 ＞＝ 60 ,"B","C"))

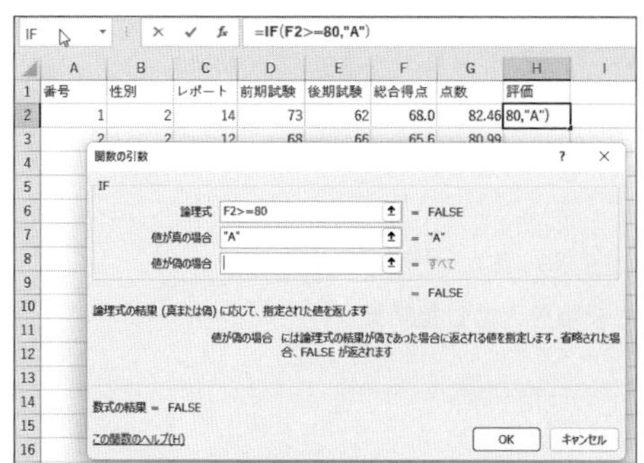

図6.40　最初の［関数の引数］ダイアログボックスでネストを設定

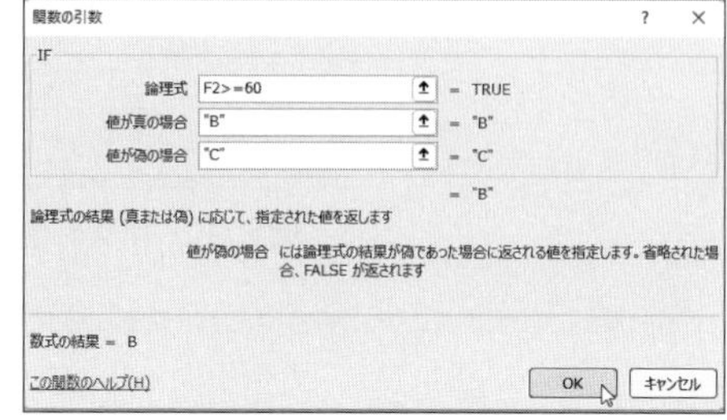

図6.41　2番目の［関数の引数］ダイアログボックス

例題6-5と同様に，セル「H 2」をセル「H 3」からセル「H 201」までコピーし，例題を完成させる(図6.42)。

192	191	2	11	47	61	54.2	73.62	C
193	192	1	8	42	23	34.0	58.31	C
194	193	2	11	56	49	53.0	72.80	C
195	194	1	12	79	47	62.4	78.99	B
196	195	1	13	66	80	71.4	84.50	B
197	196	2	16	65	65	68.0	82.46	B
198	197	1	10	65	48	55.2	74.30	C
199	198	1	9	70	36	51.4	71.69	C
200	199	2	10	57	73	62.0	78.74	B
201	200	2	13	90	57	71.8	84.73	B
202								

図6.42　セル「H2」をセル「H3」からセル「H201」までコピーした結果

6-5-3　複数の条件による処理（IFS 関数）

例題 6-7

例題 6-4 で作成した「例題 6-04. xlsx」を開き，図 6.43 のように「総合得点」の値が 80 点以上を「A」，60 点以上を「B」，40 点以上を「C」，40 点未満を「D」と成績を付けなさい。

H2　=IFS(F2>=80,"A",F2>=60,"B",F2>=40,"C",TRUE,"D")

	A	B	C	D	E	F	G	H
1	番号	性別	レポート	前期試験	後期試験	総合得点	点数	成績
2	1	2	14	73	62	68.0	82.46	B
3	2	2	12	68	66	65.6	80.99	B
4	3	2	13	22	48	41.0	64.03	C
5	4	1	11	54	69	60.2	77.59	B
6	5	1	8	24	59	41.2	64.19	C
7	6	1	8	18	50	35.2	59.33	D

図 6.43　IFS 関数を用いて成績を入力した結果

IFS 関数を用いて，複数の条件による処理を実行することもできる。準備のため，もう一度「例題 6-4. xlsx」を開き，セル「H 1」に「成績」と入力する。

IFS 関数の設定

1 IFS 関数を設定したいセル（ここではセル「H 2」）を選択し，*fx*（関数の挿入）をクリックする。

2 **[関数の挿入]** ダイアログボックスの **[関数の分類]** で **「論理」** を，**[関数名]** で **[IFS]** を選択する。

3 **[OK]** をクリックすると，**[関数の引数]** ダイアログボックス（図 6.44）が表示される。

4 **[論理式 1]** に最初の論理式（ここでは「F 2 >= 80」）と **[値が真の場合 1]** に論理式 1 が真の場合の値（ここでは「"A"」）を入力する。

5 **[論理式 2]** に 2 番目の論理式（ここでは「F 2 >= 60」）と **[値が真の場合 2]** に論理式 2 が真の場合の値（ここでは「"B"」）を入力する。

6 下にスクロールして，**[論理式 3]** に 3 番目の論理式（ここでは「F 2 >= 40」）と **[真の場合 3]** に論理式 3 が真の場合の値（ここでは「"C"」）を入力する。

7 **[論理式 4]** に「TRUE」（または「1」），**[値が真の場合 4]** に「"D"」と入力し，[OK] をクリックする（図 6.45）。

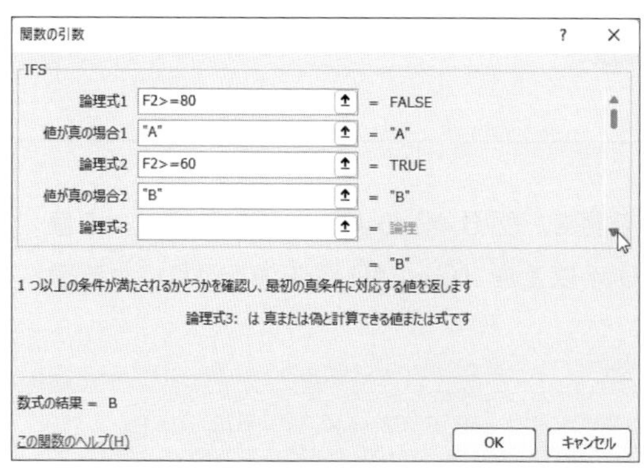

図 6.44　「値が真の場合 2」に「B」まで入力したところ

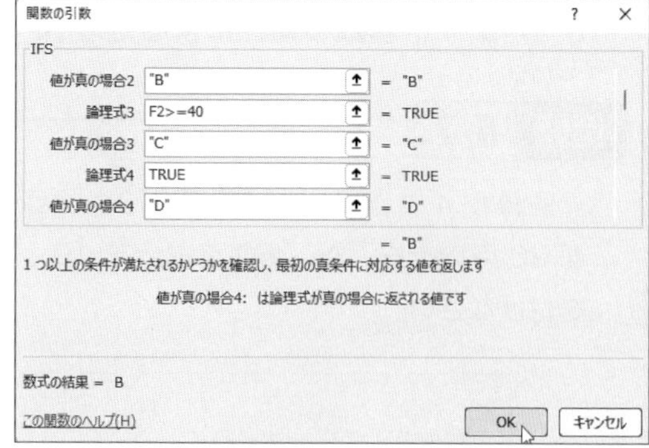

図 6.45　「論理式 4」と「値が真の場合 4」まで入力したところ

これでセル「H 2」は，「＝ IFS (F 2 ＞＝ 80，"A"，F 2 ＞＝ 60，"B"，F 2 ＞＝ 40，"C"，TRUE，"D")」と定義される。セル「H 2」をセル「H 3」からセル「H 201」までコピーすれば，図 6.43 が完成する。

IFS 関数は，最大で 127 個の論理式と真の場合の値を入力できる。論理式 1 が偽のときに論理式 2 に，論理式 2 も偽のときに論理式 3 に移動する。設定した論理式すべてが偽であるときにある値を戻したいときは，最後の論理式を「TRUE」（または「1」）とすればよい。

演習問題

演習 6.1

ダウンロードデータ「体力測定 .dat」に，A 大学に入学した学生から無作為に選ばれた男女それぞれ 25 名，計 50 名の体力測定の結果が，以下の通り保存されている。「体力測定 .dat」を Excel で開き，1 行目にラベルを入力し，1 列目にそのデータが何番目かを示すインデックスを振り，「体力測定 .xlsx」というファイル名で保存しなさい。

表 6.5　体力測定 .dat

変数	開始桁	終了桁
男女（M は男性，F は女性）	1	1
身長（cm）	2	6
体重（kg）	7	10
背筋力（kg）	11	15
短距離走（男子は 100 m，女子は 50 m）（秒）	16	21
走り幅跳び（m）	22	26
砲丸投げ（m）	27	32

演習 6.2

演習 6．1 で作成した「体力測定 .xlsx」を開き，男女別に昇順にソートし，さらに男女別に [身長] の順に降順にソートしなさい。

演習 6.3

「体力測定 .xlsx」を開き，各学生の標準体重と体重比を計算し，ワークシートに付け加えなさい。ただし標準体重を計算するときの身長の単位はメートル，体重の単位はキログラムである。

$$標準体重 = 22 \times 身長^2$$

$$体重比 = 実際の体重 / 標準体重$$

演習 6.4

演習 6．3 で求めた体重比を用いて，新しい変数として肥満度を追加しなさい。

$$肥満度 = \begin{cases} 1 & 体重比 \geqq 1.1 \\ 2 & 0.9 < 体重比 < 1.1 \\ 3 & 体重比 \leqq 0.9 \end{cases}$$

7章 Excelによる数値データの解析

●——本章では，数値データのグラフ表示の方法，基本統計量の意味と算出方法，ならびに2つの変数の関係について学ぶ。

7-1 ヒストグラムを描く

大量のデータをただ眺めていても，その特性を視覚的に判断することはできない。データがどのように分布しているか，分布の中心はどこにあるか，どれくらいばらついて分布しているかを見るために，まず最初にヒストグラムを描いてみよう。

例題 7-1

例題6-4で作成した「例題6-04.xlsx」を開き，図7.1のような総合得点のヒストグラムを描きなさい。

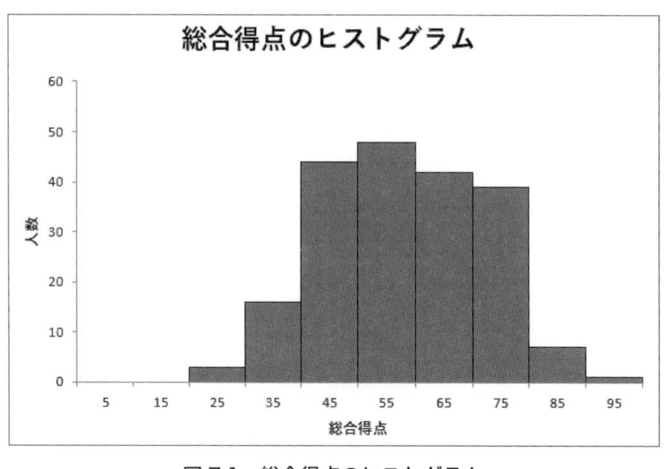

図7.1　総合得点のヒストグラム

7-1-1 データ区間の設定

ヒストグラムとは，例えば試験の得点を10点刻みにとって，60点を超えて70点以下，あるいは70点を超えて80点以下というように，データがとる値をいくつかの**階級**（区間）に分け，それぞれの階級に属する人数などを，グラフに表したものである。

それぞれの階級に属するデータの個数を，**度数**または**頻度**という。またそれぞれの階級の中心の値を**階級値**と呼ぶ。60点を超えて70点以下の階級の階級値は，65点である。

Excelでヒストグラムを作成するためには，それぞれの階級（区間）の上限値を設定しておく必要がある。まずI列に10点刻みに各階級の上限を入力しておく（図7.2）。

最初の階級の上限値が10点であるから，0点から10点までが区間となる。次の区間は10点を超え20点以下，最後の区間が90点を超え100点以下となる[注1]。

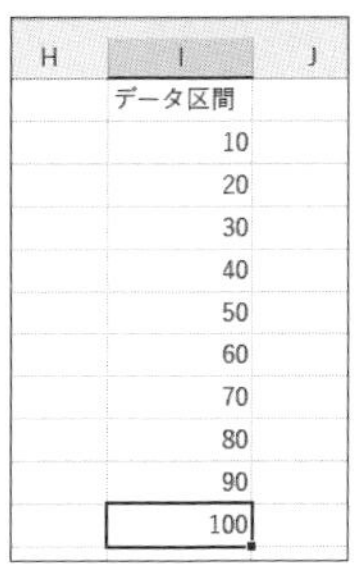

H	I	J
	データ区間	
	10	
	20	
	30	
	40	
	50	
	60	
	70	
	80	
	90	
	100	

図 7.2　データ区間（各階級の上限値）の入力

7-1-2　分析ツールによるヒストグラムの作成

Excel では，ヒストグラムを作成するなどの各種分析を行うために，**アドイン**と呼ばれる追加機能が用意されている。以下ではアドイン **[分析ツール]** の **[ヒストグラム]** というツールを用いて各階級の度数を求め，それに基づいてヒストグラムを作成していく。

分析ツールの登録

1. **[ファイル]** タブの **[オプション]** をクリックすると，**[Excel のオプション]** ダイアログボックスが表示される（図 7.3）。
2. 左側に表示されるメニューの **[アドイン]** をクリックし，**[分析ツール]** が **「アクティブでないアプリケーションアドイン」** の中にあれば，**[分析ツール]** を選択して **[設定]** をクリックする。
3. **[アドイン]** ダイアログボックスが表示されるので，**[分析ツール]** にチェックを入れ，**[OK]** をクリックして登録する（図 7.4）。

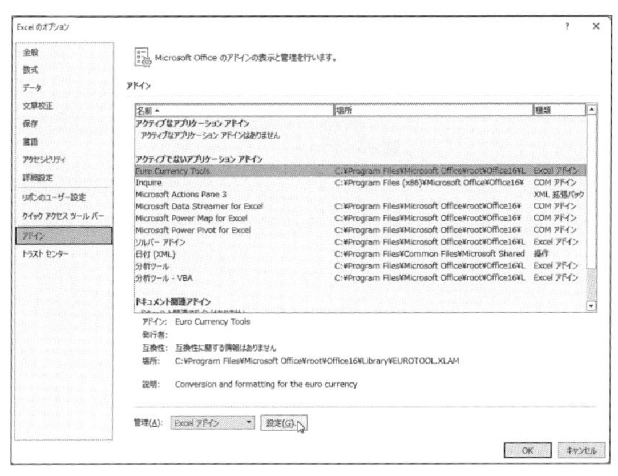

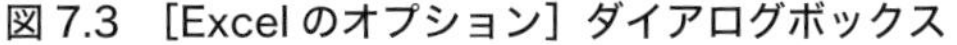

図 7.3　[Excel のオプション] ダイアログボックス

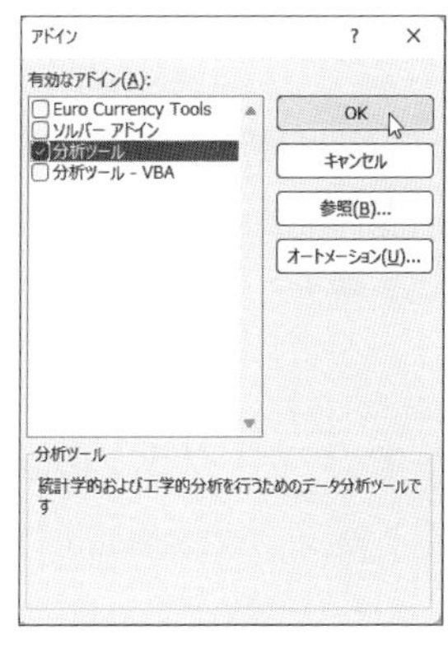

図 7.4　[アドイン] ダイアログボックス

登録が完了したら，**[データ]** タブをクリックし，**[分析]** グループが追加されていることを確認しよう[注2]。

注 [1] 試験の場合は 0 点から 100 点までと，とり得る値の範囲は決まっている。もしデータの範囲があらかじめわかっていなければ，本書 p. 150 以降の説明に従って基本統計量を求め，その中に示される最大値と最小値を確認してからそれぞれの階級の上限値を決めればよい。

[2] **[Excel のオプション]** ダイアログボックスの **[アドイン]** をクリックすれば，**[分析ツール]** が **「アクティブなアプリケーションアドイン」** の中に表示されているはずである。

ヒストグラムの作成

1 **[データ]** タブの **[分析]** グループの データ分析 をクリックすると，**[データ分析]** ダイアログボックスが表示される（図 7.5）。

2 **[分析ツール]** の中から **[ヒストグラム]** を選択して **[OK]** をクリックすると，**[ヒストグラム]** ダイアログボックスが表示される（図 7.6）。

3 **[入力元]** を設定する。

① **[入力範囲]** としてセル「F 1」からセル「F 201」までを指定する（マウスを用いて範囲指定するか，直接「F 1 : F 201」と入力する）。

② 同様の方法で，**[データ区間]** としてセル「I 1」からセル「I 11」を設定する（データ区間を省略すると，Excel が自動的に区間を定める）。

③ **[入力範囲]** に項目名が含まれているので，**[ラベル]** にチェックを入れる。

4 **[出力オプション]** を設定する。

① **[新規ワークシート]** を選択する。

② ヒストグラムを描くため，**[グラフ作成]** にチェックを入れる。

5 **[OK]** をクリックする。

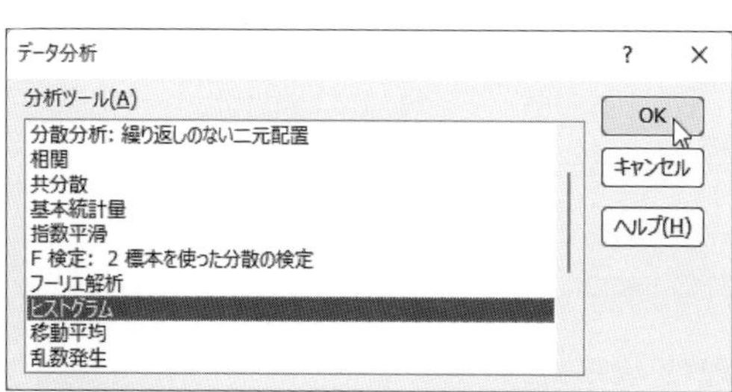

図 7.5 ［データ分析］ダイアログボックス

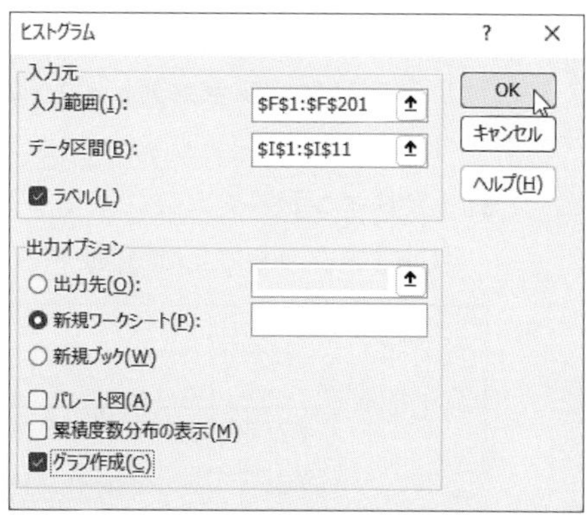

図 7.6 ［ヒストグラム］ダイアログボックス

7-1-3 グラフの修正

図 7.7 のグラフを修正していく。まず，自動的に生成される「次の級」と表示されたセル「A 12」とその度数が入ったセル「B 12」は必要ない。この 2 つのセルをアクティブにし，右クリックして **[削除]** を選択する注3。**ヒストグラムは度数分布表と同期**しているので，「次の級」がグラフから自動的に削除される。

注 [3] **[削除]** ダイアログボックスが表示されるので，削除した後，左方向または上方向のどちらにシフトするかを設定する。**[削除]** ダイアログボックスで行または列全体の削除も指定できる。

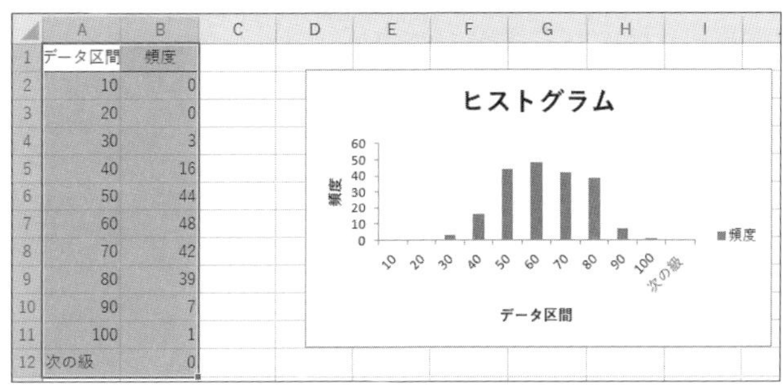

	A	B
1	データ区間	頻度
2	10	0
3	20	0
4	30	3
5	40	16
6	50	44
7	60	48
8	70	42
9	80	39
10	90	7
11	100	1
12	次の級	0

図 7.7　度数分布と最初に描かれるヒストグラム

ヒストグラムの各階級（区間）の値が上限値になっているが，区間の中央の値（階級値）を横軸に表示した方が誤解がないだろう。そのためにはセル「A 2」を「5」に，セル「A 3」を「15」に，…，セル「A 11」を「95」に，それぞれ変更する必要がある。

●グラフサイズの変更

次にグラフのサイズを変更する。

グラフサイズの変更

1 グラフの端の空白部分をクリックすると，グラフがアクティブ状態になり，外枠に四角い**「サイズ変更ハンドル」**が表示される。

2 図 7.8 のようにマウスポインタをグラフ右下の**「サイズ変更ハンドル」**上に移動すると，その形状が に変化する。

3 ドラッグ＆ドロップにより，サイズを変更する。

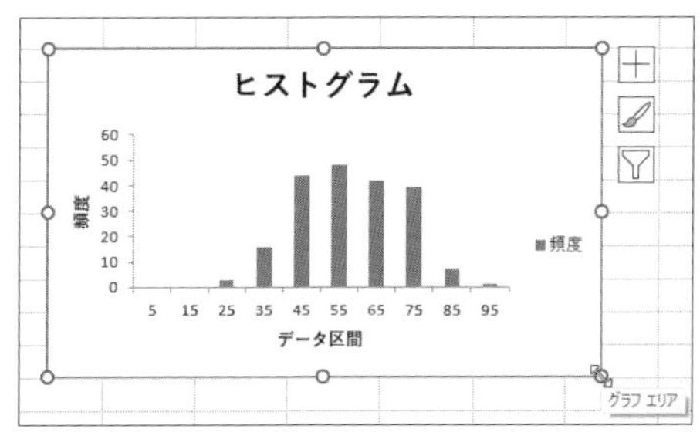

図 7.8　サイズ変更ハンドルに，ポインタを移動したところ

同じワークシート上でグラフを移動させるには，グラフ上にマウスポインタを移動させ，ポインタの形状が に変化した状態でドラッグし，任意の場所でドロップすればよい。なお，グラフをアクティブにすると，リボンに**［グラフのデザイン］**と**［書式］**の 2 つのタブが追加される。さらにグラフの右上には，＋**（グラフ要素）**，**（グラフスタイル）**ならびに**（グラフフィルター）**の 3 つのボタンが表示される。

●要素の間隔の変更と枠線の挿入

ヒストグラムは，データ区間を各階級に分け，それぞれの階級に属する度数を棒グラフで表したものである。したがって，本来は隣り合う棒と棒の間に間隔があってはならない。棒同士の間隔をなくすと，棒と棒の境目がわかりにくくなるので，それぞれの棒の枠に線を描こう。

要素の間隔の変更と枠線の挿入

1 グラフの棒の部分を右クリックし，表示されるメニューの **[データ系列の書式設定]** をクリックすると，シートの右側に **[データ系列の書式設定]** ウィンドウが開く。

2 **[データ系列の書式設定]** ウィンドウの **[要素の間隔]** を0%に設定し，左上の **(塗りつぶしと線)** をクリックする（図7.9）。

3 **[枠線]** の **[線（単色）]** をクリックし，下の **[色]** の右側の ▾ をクリックして黒色を選択する（図7.10）。

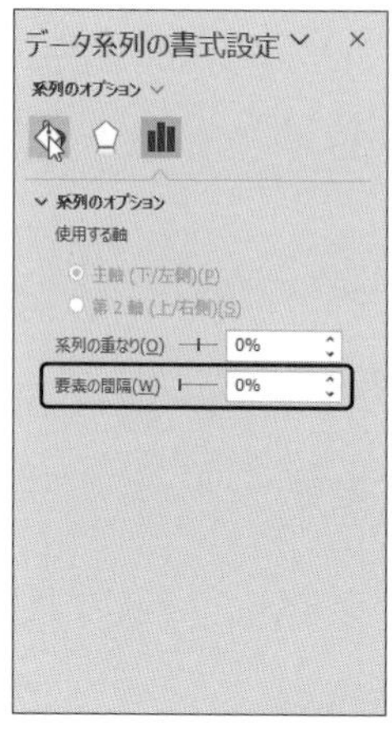

図7.9 [データ系列の書式設定] で要素の間隔を変更する

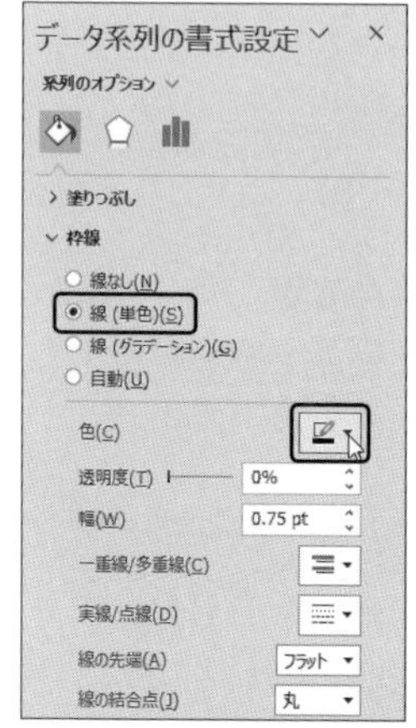

図7.10 [データ系列の書式設定] で枠線を設定する

これでグラフの隣り合う棒同士の間隔がなくなり，各階級の棒に枠線が描かれる[注4]。

●グラフの個別レイアウトの変更

次にグラフの要素ごとに表示／非表示を変更したい場合は，グラフがアクティブな状態で，＋**(グラフ要素)** をクリックし，**[グラフ要素]** の中から，表示させたい要素のみにチェックを入れればよい（**図7.11**）。ここでは凡例を非表示とするため，**[凡例]** のチェックを消去する。

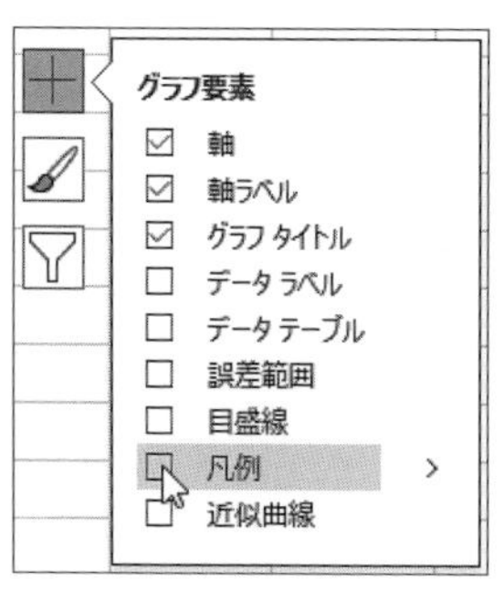

図7.11 [グラフ要素] をクリックして [凡例] のチェックを消去したところ

注 [4] ヒストグラムを描くことにより，データがどのような分布をしているか視覚的に確認できる。もし，分布に2つの山があれば，元々データが2つのグループからとられたものかどうか分析する必要が生じる。少数のデータが他のデータからかけ離れた値をとっていれば，それらを**外れ値**として認識し，測定ミスや入力ミスがないかどうかチェックしなければならない。分布が左右対称か，あるいは歪みのある分布なのかも知ることができる。

グラフの一部分，例えばタイトルや縦軸，横軸の項目名などを修正したい場合には，その部分をクリックして個別に行うことができる。例えば，「ヒストグラム」と書かれているグラフのタイトル部分をクリックすると，枠が描かれてタイトル部分が選択される。もう一度内部でクリックすると，編集モードになり，枠が実線から点線に変わる。この状態で，タイトルを「総合得点のヒストグラム」に変更しよう。タイトル部分が選択されている状態で**[ホーム]**タブをクリックすれば，フォントの種類や大きさを変更できる。また，タイトルの位置を変更したければ，タイトル部分の端にマウスを動かし，カーソルが✥に変わったらドラッグし，適当な場所でドロップしよう。

同様に「横軸ラベル」を「総合得点」に，「縦軸ラベル」を「人数」にそれぞれ変更すると，ヒストグラムは図7.1のように変更される。

グラフの空白部分で右クリックし，表示されるメニューの中から**[コピー]**を選択すると，グラフ全体をコピーすることができる。例えばWordを使ってレポートを作成する際に，Excelで作成したグラフを貼り付けるなど，是非有効に活用してほしい。

●グラフの種類と全体レイアウトの変更

Excelで描いたグラフの種類は，簡単に変更できる。

グラフの種類の変更

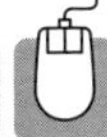

1. グラフがアクティブの状態で，**[グラフのデザイン]**タブの**[種類]**グループの**[グラフの種類の変更]**をクリックする（あるいはグラフの何も描かれていない部分を右クリックし，表示されるメニューから**[グラフの種類の変更]**をクリックする）。
2. **[グラフの種類の変更]**ダイアログボックス（図7.12）が表示されるので，左側に表示される17種類のグラフからひとつをクリックし，右側に表示される形式の中からふさわしいものを選択した後，**[OK]**をクリックする。

例えば**[グラフの種類の変更]**ダイアログボックスの**[折れ線グラフ]**の左から4番目の**[マーカー付き折れ線]**グラフを選択すると，図7.13に変更される[注5]。グラフのタイトルは修正してある。

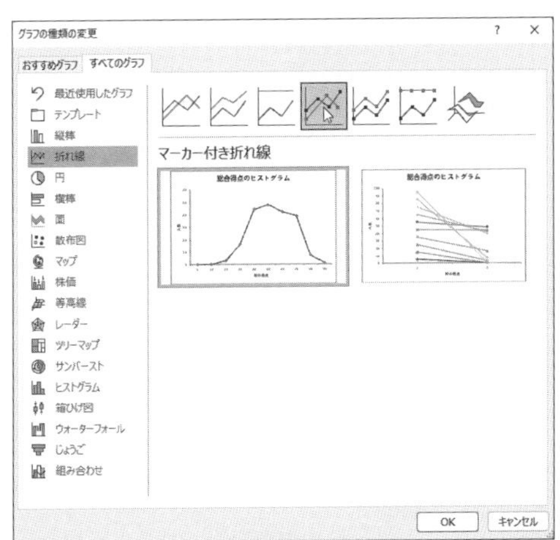

図7.12　[グラフの種類の変更] ダイアログボックス

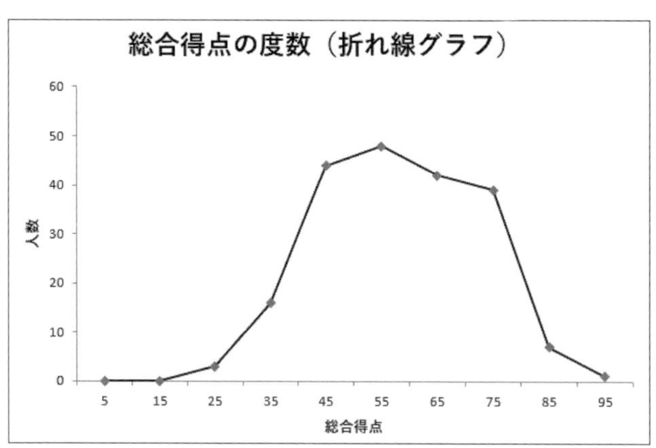

図 7.13　折れ線グラフ

また，グラフ全体のレイアウトを変更したい場合は，グラフがアクティブの状態で**[グラフのデザイン]**タブの**[グラフのレイアウト]**グループの**[クイックレイアウト]**右側の をクリックしよう。グラフの種類に応じていくつかのレイアウトが表示されるので，適当なものを選択すればよい。

注　[5] グラフの種類を変更できることを説明するために，ヒストグラムをマーカー付き折れ線グラフに変更したが，通常ヒストグラムを折れ線グラフでは表示しない。

7-1-4 複合グラフ

例題 7-2

例題 7-1 の総合得点のヒストグラムを作成したデータから累積比率(%)を求め，総合得点と累積比率(%)を組み合わせた複合グラフ(図 7.14)を作成しなさい。

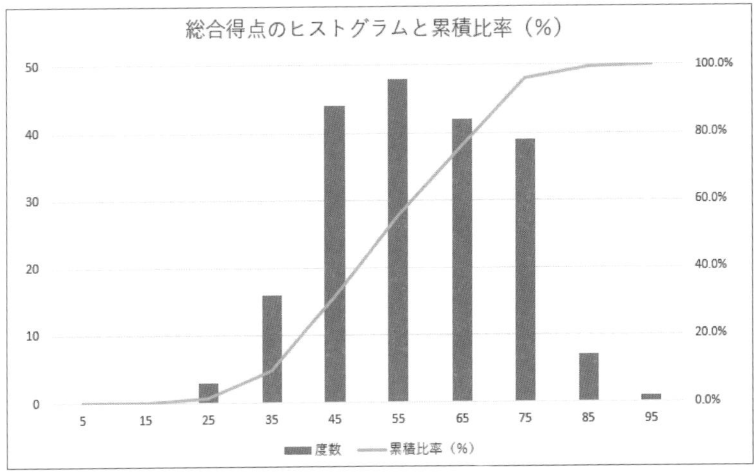

図 7.14 総合得点と累積比率(%)を組み合わせた複合グラフ

●セルの絶対参照と相対参照

算術式の中で，セルの行または列の番号の前に「$」を入れると，その行または列を絶対参照することになる。この指定があると，そのセルを別のセルにコピーしても，行や列が変化しない。「$C 11」のように列が絶対参照されると，そのセルを右または左のセルにコピーしても，C 列の指定は変化しないが，「11」行の指定は下または上の行にコピーすれば相対的に変化していく。逆に行番号の前だけに「$」を入力すると，列の指定は相対的に変化するが行は変化しない。「C 11」のように列記号と行番号の両方を絶対参照すれば，どのセルにコピーしてもつねにセル「C 11」が絶対参照される。

なお，キーボードから絶対参照記号を入力する以外に，ファンクションキー（F4 キー）を使って絶対参照にする方法がある。

● ファンクションキーによる絶対参照と相対参照の指定

1 算術式の中で参照するセルをクリックして，セル番地を指定する。

2 F4 キーを押すと，以下の順で絶対と相対の指定が変化する。

① 行と列の両方が絶対参照

② 行だけが絶対参照

③ 列だけが絶対参照

④ どちらも相対参照

●データシートの準備

データシートの準備

1 例題 7-1 で作成した「例題 7-01 .xlsx」を開き，［Sheet 1］シートのグラフを下に移動させる。

2 A 列を横軸の変数とするため，セル「A 1」を選択し，Delete キーを押して消去する。

3 セル「B 1」を「度数」に変更し，セル「C 1」に「累積度数」，セル「D 1」に「累積比率（%）」と入力する。

4 セル「C 2」に「＝SUM（B$ 2：B 2）」と入力し，セル「C 2」をセル「C 3」からセル「C 11」までコピーする。

5 セル「D 2」に「＝C 2 /C$ 11」と入力し，セル「D 2」をセル「D 3」からセル「D 11」までコピーする。

6 セル「D 2」からセル「D 11」がアクティブになっている状態で，**［ホーム］**タブの**［数値］**グループの % をクリックし，.00 をクリックして小数点以下 1 桁まで表示させる。

	A	B	C	D
1		度数	累積度数	累積比率（%）
2	5	0	0	0.0%
3	15	0	0	0.0%
4	25	3	3	1.5%
5	35	16	19	9.5%
6	45	44	63	31.5%
7	55	48	111	55.5%
8	65	42	153	76.5%
9	75	39	192	96.0%
10	85	7	199	99.5%
11	95	1	200	100.0%

図 7.15 「累積度数」と「累積比率（%）」の準備が終わったところ

以上の操作で，図 7 . 15 が作成される。

補足：セル「C 3」からセル「C 10」までは，定義されている数式が隣接したセル以外の範囲を参照しているため，セルの左上にエラーを示す緑の三角が表示されるが，以降の作業にはまったく影響しない。セル「C 3」からセル「C 10」をアクティブにして，左上に表示される ⚠ をクリックして，表示されるメニューから「エラーを無視する」を選択すれば，エラー表示は消去される。

●複合グラフの作成

データの準備が整ったので，複合グラフを作成しよう。

複合グラフの作成

1 グラフを描くもとになるセルの範囲をアクティブにする（ここではまずセル「A 1」からセル「B 11」をアクティブにし，Ctrl キーを押した状態でセル「D 1」からセル「D 11」までをアクティブセルに追加する）。

2 [**挿入**] タブの [**グラフ**] グループの [**おすすめグラフ**] をクリックすると，[**グラフの挿入**] ダイアログボックスが表示される（図 7.16）。

3 [**すべてのグラフ**] タブをクリックし，左に表示される 17 種類のグラフから，一番下の [**組み合わせ**] をクリックする。

4 上に表示される 4 種類のグラフの中から，左から 2 番目の [**集合縦棒-第 2 軸の折れ線**] をクリックする。

5 下に表示される [**系列名**] の「累積比率（%）」の右側の [**第 2 軸**] がチェックされていることを確認し，[**OK**] をクリックする。

6 左側の縦軸（第 1 軸）の値のどれかをダブルクリックすると，右側に [**軸の書式設定**] ウィンドウが表示される。[**軸のオプション**] をクリックし，[**境界値**] の「**最大値**」を「50」，[**単位**] の「**主**」を「10」に変更する（図 7.17）。同様に右側の縦軸（第 2 軸）の [**境界値**] の「**最大値**」を「1.0」，[**単位**] の「**主**」を「0.2」に変更する。

7 [**軸の書式設定**] ウィンドウを閉じて，グラフのサイズとタイトルを変更する。

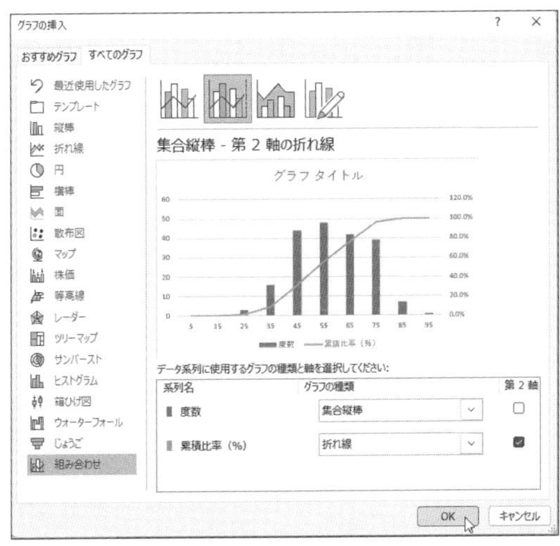

図 7.16 [グラフの挿入] ダイアログボックスの設定

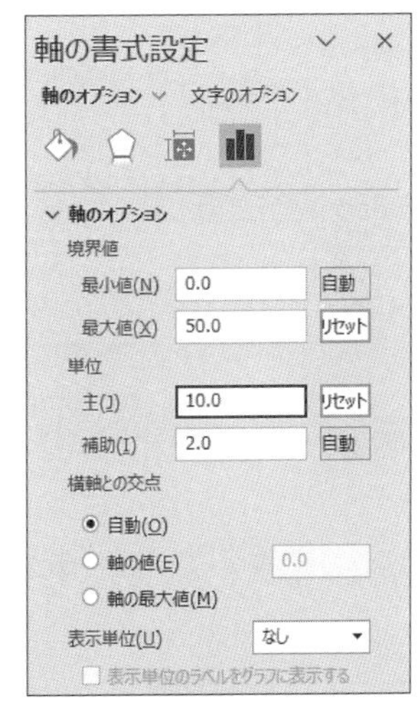

図 7.17 [軸の書式設定] で [境界値] と [単位] を変更する

これで図 7.14 の複合グラフが完成する[注6]。

注 [6] この複合グラフもヒストグラムなので，棒の間隔をなくしてもよいが，グラフが見にくくなるので変更しないままとした。

7-1-5 積み上げ棒グラフ

例題 7-3

例題 7-1 の総合得点のヒストグラムを，男女別に表示する積み上げ縦棒グラフ(図 7.18)にしなさい。

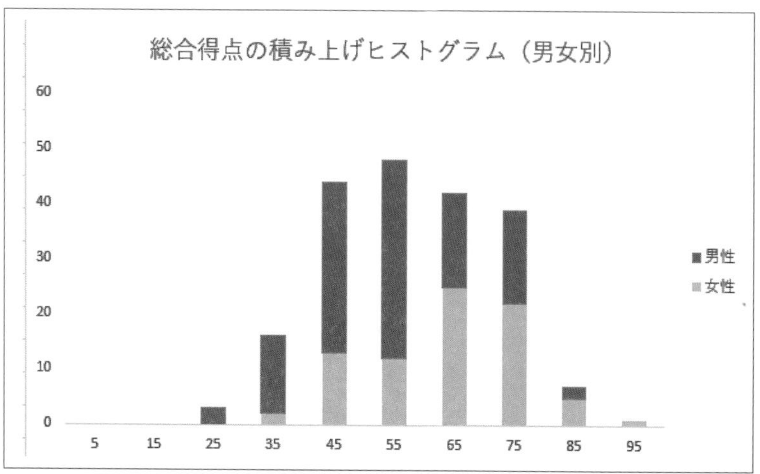

図 7.18　総合得点の男女別積み上げ棒グラフ

ある変数のヒストグラムを描くとき，それぞれの階級に属するデータのうち，例えば男性・女性のようないくつかのグループに属するデータがどの程度あるか知りたい場合がある。そのために，ひとつのヒストグラムの棒をグループ別の度数に応じて塗り分ける方法を説明する。

●データシートの準備

男女別の積み上げ縦棒グラフを作成するためには，当然男女別に総合得点の度数（頻度）の集計を行わなければならない。例題 6-4 で作成した「例題 6-04 .xlsx」を開き，男女別の成績データを別々のシートに保存するために，データシートをコピーしておこう。

シートの移動またはコピー

1. **[ホーム]** タブの **[セル]** グループの **[書式]** をクリックするか，「成績」とシート名が書かれたタブの上で右クリックし，表示されるメニューから **「移動またはコピー」** を選択する (図 7 . 19)。
2. **[移動またはコピー]** ダイアログボックスが表示される (図 7 . 20)。
3. **[挿入先]** として **[(末尾へ移動)]** を選択する。
4. **「コピーを作成する」** にチェックを入れる（このチェックを付けないと，新しいシートは作成されず，**[挿入先]** で指定したシートの直前に移動する)。

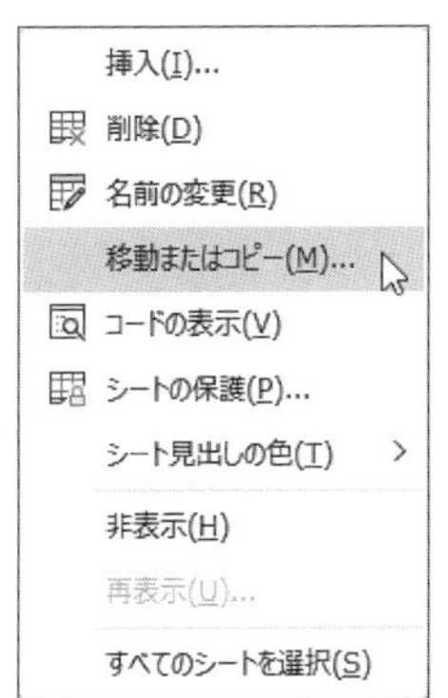

図 7.19　右クリックから「移動またはコピー」を選択

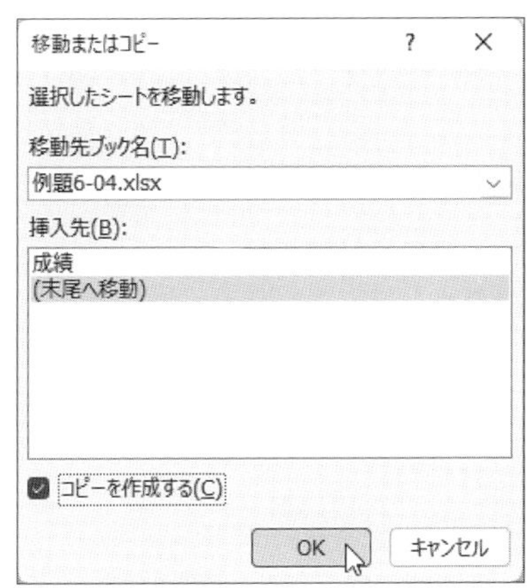

図 7.20　[移動またはコピー] ダイアログボックス

データのコピーを 2 度実行すると，図 7．21 のように「成績 (2)」と「成績 (3)」の 2 つのシートが作成される。それぞれのシートの内容は，もとの「成績」シートとまったく変わらない。

p. 110 の「シート名の変更」に従って，図 7．22 のように「成績 (2)」を「成績 (女性)」，「成績 (3)」を「成績 (男性)」と変更しておく。

成績	成績 (2)	成績 (3)

図 7.21　コピーされた状態のシートのタブ

成績	成績（女性）	成績（男性）

図 7.22　変更された後のシートのタブ

男女別のシートそれぞれを，p. 119 の「ソート (並べ替え)」を参照し，全データを [性別] の値に従って昇順にソートする。その後女性のシートでは男性のデータ (2 行目から 121 行目) の行番号をドラッグして選択し，色が反転した部分で右クリックして現れるメニューから「削除」を選択する。男性のシートでは同様に女性のデータ (122 行目から 201 行目) を削除し，2 つのシートの I 列にデータ区間を入力 **(図 7．2)** して，データシートの準備を終了する。

●男女別の度数の集計

次に，男女それぞれのシートを対象に，p. 134 の「ヒストグラムの作成」と同じ手順で度数を集計する。**[ヒストグラム]** ダイアログボックスの設定で異なるのは，以下の 2 点である。

- ▶ **[入力範囲]** として女性のシートではセル「F 1」からセル「F 81」までの 80 人分のデータ，男性のシートではセル「F 1」からセル「F 121」までの 120 人分を指定する (1 行目をラベルに指定しておくこと)。
- ▶ グラフを出力する必要がないので **[グラフ作成]** のチェックを外す。

これで「Sheet 3」という名前のシートが「成績 (女性)」シートの直前に作成され，集計結果が表示される **(図 7．23)**。同様に「Sheet 4」という名前のシートが「成績 (男性)」シートの直前に作成され，集計結果が表示される **(図7．24)**[注7]。

注 | 7「Sheet 3」または「Sheet 4」の末尾の数字は，「1」または「2」と示される場合もある。

	A	B
1	データ区間	頻度
2	10	0
3	20	0
4	30	0
5	40	2
6	50	13
7	60	12
8	70	25
9	80	22
10	90	5
11	100	1
12	次の級	0

図 7.23　総合得点の度数の集計（女性）

	A	B
1	データ区間	頻度
2	10	0
3	20	0
4	30	3
5	40	14
6	50	31
7	60	36
8	70	17
9	80	17
10	90	2
11	100	0
12	次の級	0

図 7.24　総合得点の度数の集計（男性）

●度数分布表の統合

これら別々の度数分布表をひとつの表に統合する。

度数分布表の統合

1. 女性の集計結果が入力された「Sheet 3」シート **(図 7.23)** のセル「A 1」の「データ区間」と書かれた内容をDeleteキーを押して消去し，セル「B 1」の「頻度」を「女性」に変更する。
2. データ区間の値を階級の中央値とするため，5, 15, 25, …と入力し直す。「次の級」は必要ないので，「12」行を削除する。
3. **[ホーム]** タブをクリックする。
4. 「Sheet 4」シートに入力された男性の頻度（セル「B 1」からセル「B 11」まで）をコピー元として選択し，**[クリップボード]** グループの **(コピー)** をクリックする。
5. コピー先として「Sheet 3」シートのセル「C 1」をクリックし，**(貼り付け)** をクリックする。
6. セル「C 1」の「頻度」を「男性」に変更する。

	A	B	C
1		女性	男性
2	5	0	0
3	15	0	0
4	25	0	3
5	35	2	14
6	45	13	31
7	55	12	36
8	65	25	17
9	75	22	17
10	85	5	2
11	95	1	0

図 7.25　総合得点の男女別集計結果（罫線は削除してある）

以上の操作で，図 7.25 が得られる。

男女別の集計結果が入力されている「Sheet 3」というシート名を，p. 110 の「シート名の変更」の手順に従って「男女別集計」と変更しておく。また男性の度数を集計したシートはもう必要ないので，「Sheet 4」のタブ上で右クリックし，「削除」を選択してこのシートを削除しておく（**シートの削除**）。

●積み上げ縦棒グラフの作成

男女別の度数集計が終わったので，積み上げ縦棒グラフを作成する。

積み上げ縦棒グラフを描く

1 データの範囲（ここでは「男女別集計」シートのセル「A 1」からセル「C 11」まで）をアクティブにする。

2 **[挿入]** タブの **[グラフ]** グループの **(縦棒 / 横棒グラフの挿入)** をクリックする。

3 表示される棒グラフ（**図 7.26**）から，2 次元の **[積み上げ縦棒]** グラフをクリックすると，積み上げ縦棒グラフが描かれる（**図 7.27**）。

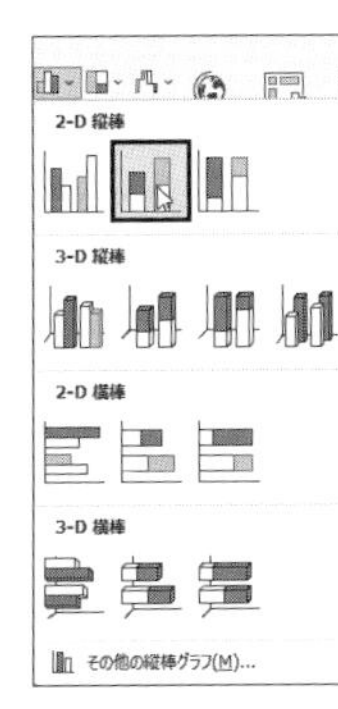

図 7.26　2 次元[積み上げ縦棒]グラフを選択

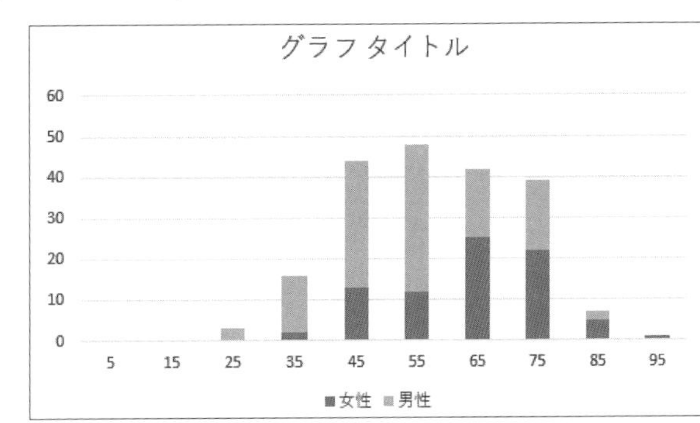

図 7.27　最初に描かれる積み上げ縦棒グラフ

積み上げ縦棒グラフの加工

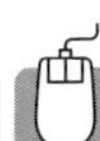

1 図 7.27 のグラフをアクティブにする。

2 **[グラフのデザイン]** タブの **[グラフスタイル]** グループの右側の ▾ をクリックし，描きたいスタイルを選択する（ここでは左上の [スタイル 1] が選ばれているので，変更の必要はない）。

3 アクティブなグラフの右上に表示される＋**(グラフ要素)** をクリックし，**[目盛線]** のチェックを外し，主横軸目盛線を表示しないよう変更する（**図 7.28**）。

4 「男性」「女性」とグラフの下に表示されている **[凡例]** をダブルクリックし，**[凡例の書式設定]** を表示させる。「凡例のオプション」で「凡例の位置」を「右」に変更し，「凡例をグラフに重ねずに表示する」にチェックが入っていることを確認する。

5 男女別に塗り分けられた縦棒の色を変更するため，棒の男性部分の位置を右クリックし，**[塗りつぶし]** をクリックする。

6 メニューが表示されるので（**図 7.29**），適当な色を選択する。同様に棒の女性部分の色も変更する。

7 グラフタイトルを修正し，必要に応じてグラフタイトルのフォントとグラフサイズを調整する。

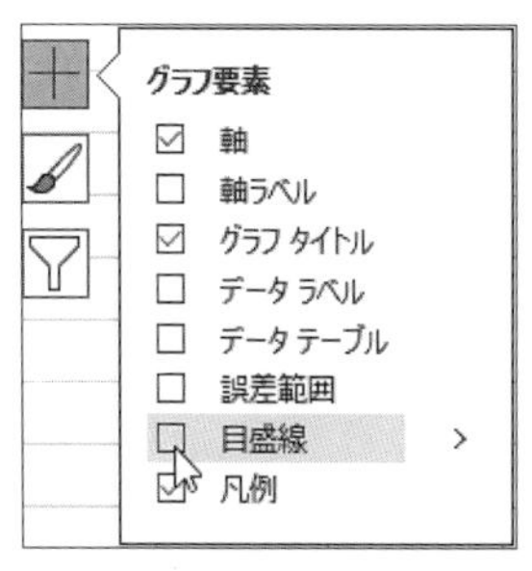

図 7.28 ［主横軸目盛線］の表示をさせないよう変更する

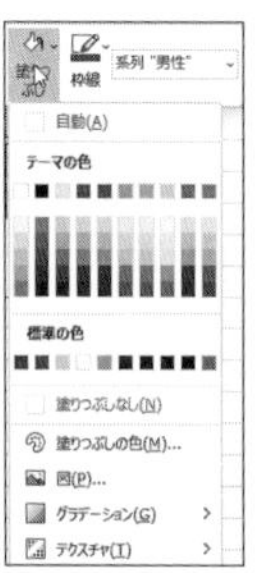

図 7.29 男性の縦棒部分の色を変更する

これで，図 7.18 の男女別積み上げ縦棒グラフが完成した。

●高さを揃えた積み上げ縦棒グラフ

図 7.18 の積み上げ縦棒グラフから，女子学生の得点分布が男子学生のそれを上回っていることがわかる。しかしそれぞれの階級の人数（度数）が異なっているため，棒の高さが揃っていない。それぞれの階級の中で男性と女性の比率を比べるために，棒グラフの高さを揃えよう。

100% 積み上げ縦棒グラフ

1 グラフをアクティブにした状態で，**［グラフのデザイン］**タブの**［グラフの種類の変更］**をクリックし，表示される**［グラフの種類の変更］**ダイアログボックスから，**［100% 積み上げ縦棒］**を選択する（図 7.30）。

2 ［OK］をクリックするとグラフの高さが揃えられ，縦軸の表示が「度数（頻度）」から「パーセント」に変更される。

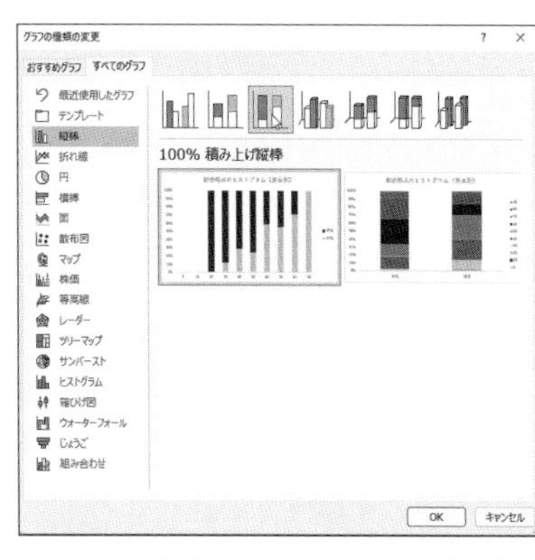

図 7.30 ［グラフの種類の変更］ダイアログボックス

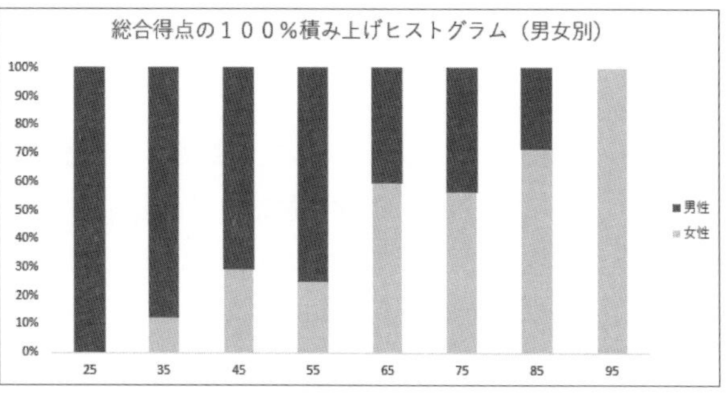

図 7.31 総合得点の 100% 積み上げ縦棒グラフ

補足： さらに**［グラフのレイアウト］**グループの**［グラフ要素を追加］**から「データラベル」の「中央」を選択すると，塗り分けられた棒の各部分の中央に人数（度数）が書き込まれる。なお，5 点と 15 点の階級に含まれるデータがないので，集計から 2 行目と 3 行目を削除し，100% 積み上げ縦棒グラフの対象からは外してある。

7-2 基本統計量

データの各々の値から計算される量を**統計量**と呼ぶ。本節では，中心的な位置やばらつきの大きさといった分布の特性を表す基本的な統計量を，いくつか紹介する。

7-2-1 中心を表す基本統計量

データの中心を表す統計量としては，最頻値，中央値，および平均値などがよく用いられる。

最頻値（モード）は，文字通り「最も頻繁に現れた値」を指す。表に1，裏に0と書いてあるコインをよく振ってから投げる実験を繰り返したとき，表が出た回数が裏が出た回数より多ければ，1が最頻値となる。離散的なデータならば，最も多く観測された値が最頻値と定義される。

連続的なデータの場合には，各階級（区間）の幅を等間隔にとってヒストグラムを描き，すべての階級の中で最も観測された度数（頻度）の多い階級の中央の値（階級値）を，便宜的に最頻値と定義する。この場合，階級の取り方によって最頻値は変わってしまう。

中央値（メジアン）は，データをその大きさの順に並べ替えたときに，その「中央にくる値」のことをいう。データの総数 n が奇数の場合は，$\frac{(n+1)}{2}$ 番目のデータの値が中央値である。n が偶数の場合には，$\frac{n}{2}$ 番目の値とその次の大きさをもつ値との平均を中央値と定義する。

平均値は，「すべての観測値の合計をデータの総数で割った値」である。n 個の観測されたデータの値を $x_1, x_2, \cdots, x_n$ と表すと，データの平均値 $\bar{x}$ は，

$$\bar{x}=\frac{\sum_{i=1}^{n} x_i}{n}=\frac{x_1+x_2+\cdots+x_n}{n} \qquad (7.1)$$

で定義される[注8]。

分布がひと山で左右対称であれば，最頻値，中央値，平均値の値はほぼ一致する。しかし，図7.32のように右に歪みがある（右の裾が左の裾に比べ長く延びている）分布の場合には，最頻値が最も小さく，中央値，平均値の順に大きくなる。逆に左に歪みのある分布の場合には，その大小関係は逆転する。

平均値は中心を表す統計量として最も広く使われているが，つねに平均値が代表的な値を示すかというと，それは疑問である。例えばある国でごく少数の高額所得者がいて，大多数の国民の所得が著しく低いケースでは，所得の平均値は少数の高額所得者によって押し上げられてしまい，その国の所得水準の中心的な値として用いることは疑問である。このような場合には，代表的な所得を表す値として中央値や最頻値を用いるべきであろう。

注 [8] $\sum_{i=1}^{n}$ は，その後に書かれる項の中の i に1から n まで代入し，合計することを意味する。例えば，$\sum_{i=1}^{n} i=1+2+\cdots+n$, $\sum_{i=1}^{n} x_i=x_1+x_2+\cdots+x_n$ である。

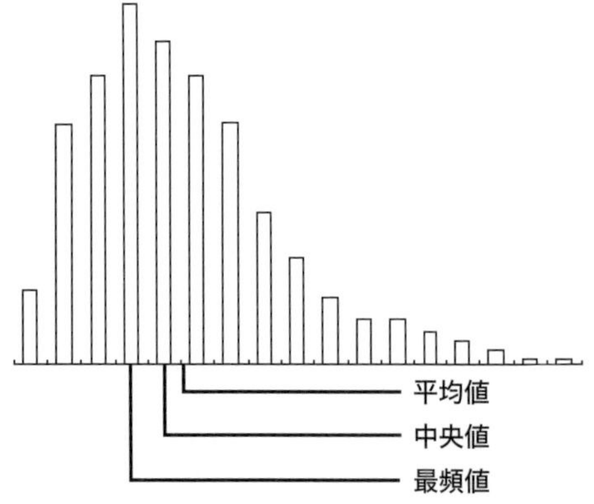

図 7.32　右に歪みがある分布の平均値・中央値・最頻値の関係

7-2-2　ばらつきを表す基本統計量

データの中心的な値，例えば平均値が同一でも，分布のばらつきが大きいか小さいかが次の問題となる。所得の例では，平均的な所得が等しくても，その国の貧富の差が激しいほど分布のばらつきが大きくなる。

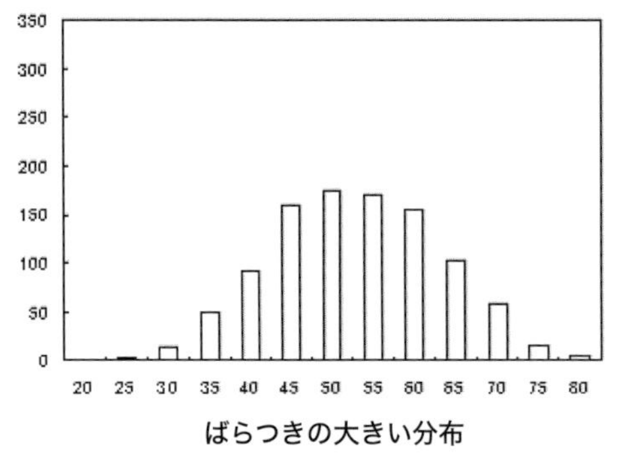

ばらつきの大きい分布

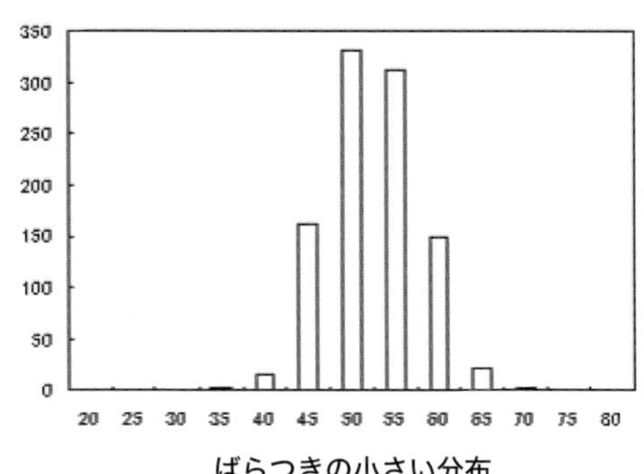

ばらつきの小さい分布

図 7.33　平均値が一致しても，ばらつきが異なる分布

データの最大値と最小値の差を，**範囲**または**レンジ**と呼ぶ。範囲は簡単に求められるが，最大値と最小値の 2 つの値しか用いていないため，測定ミスなどによる**外れ値**の影響をまともに受けることになるので，用いられることは少ない。

次にデータ解析で広く用いられる分散を定義しよう。第 i 番目のデータの値 x_i と全データの平均との差

$$x_i - \bar{x} \tag{7.2}$$

を**偏差**と呼ぶ。偏差は，それぞれのデータの値が $\bar{x}$ から離れれば離れるほどその値は 0 から離れるが，データの値が平均値より小さい場合には負になる。そこで偏差を 2 乗し，その合計を自由度 $n-1$ で割った値

$$s^2 = \frac{\sum_{i=1}^{n}(x_i - \bar{x})^2}{n-1} = \frac{(x_1 - \bar{x})^2 + (x_2 - \bar{x})^2 + \cdots + (x_n - \bar{x})^2}{n-1} \tag{7.3}$$

を**分散**という。s^2 は，標本（サンプル）から計算された値であるため，**標本分散**と呼ばれることも多い。

（7.3）式の分子は偏差を 2 乗したものの合計であるから，分散の単位はもとのデータの単位の平方(2 乗)となる。単位をデータの単位と合わせるために，分散の正の平方根をとった

$$s = \sqrt{s^2} \tag{7.4}$$

を（標本）**標準偏差**という。

分散や標準偏差はデータのばらつき具合を示した指標だが，少し困った性質がある。例えば新入生の身長を測定する際に，cm で測った場合の分散は m で測った場合のそれに比べて 100^2 倍，標準偏差は 100 倍となってしまう。

そこでデータの単位の変更に影響されないばらつきを表す指標として，標準偏差が平均値の何倍になっているかを示す**変動係数**

$$CV = \frac{s}{\bar{x}} \tag{7.5}$$

を用いることがある。変動係数は，すべて正（またはすべて負）の値をとる変数に対してのみ有効である。すべてのデータが負である場合には，式（7.5）の値も負となるので，その絶対値をとったものを変動係数と定義する。

7-3 基本統計量の具体例

例題 7-4

例題 7-3 で求めた結果を用い，レポート，前期試験，後期試験と総合得点の基本統計量を，図 7.34 のように求めなさい。さらに男女別の基本統計量も求めなさい。

	A	B	C	D	E	F	G	H
1	全データ							
2	レポート		前期試験		後期試験		総合得点	
3								
4	平均	11.61	平均	57.965	平均	58.215	平均	58.082
5	標準誤差	0.166969741	標準誤差	1.479124036	標準誤差	1.065797116	標準誤差	0.966902727
6	中央値（メジアン）	11	中央値（メジアン）	57	中央値（メジアン）	58.5	中央値（メジアン）	58.1
7	最頻値（モード）	13	最頻値（モード）	73	最頻値（モード）	48	最頻値（モード）	52.6
8	標準偏差	2.361308725	標準偏差	20.91797272	標準偏差	15.07264736	標準偏差	13.67406951
9	分散	5.575778894	分散	437.5615829	分散	227.1846985	分散	186.9801769
10	尖度	-0.817881647	尖度	-0.721437068	尖度	0.039274833	尖度	-0.645593144
11	歪度	0.116456695	歪度	-0.086656505	歪度	-0.335170156	歪度	-0.032774211
12	範囲	11	範囲	95	範囲	80	範囲	67.8
13	最小	7	最小	5	最小	10	最小	24.2
14	最大	18	最大	100	最大	90	最大	92
15	合計	2322	合計	11593	合計	11643	合計	11616.4
16	データの個数	200	データの個数	200	データの個数	200	データの個数	200
17								
18	女性							
19	レポート		前期試験		後期試験		総合得点	
20								
21	平均	13.125	平均	62.9875	平均	64.125	平均	63.97
22	標準誤差	0.219590384	標準誤差	2.182169817	標準誤差	1.433700951	標準誤差	1.384334141
23	中央値（メジアン）	13	中央値（メジアン）	63.5	中央値（メジアン）	64.5	中央値（メジアン）	65.3
24	最頻値（モード）	13	最頻値（モード）	73	最頻値（モード）	66	最頻値（モード）	64.8
25	標準偏差	1.964076103	標準偏差	19.5179202	標準偏差	12.82341115	標準偏差	12.38186097
26	分散	3.857594937	分散	380.9492089	分散	164.4398734	分散	153.310481
27	尖度	-0.383714797	尖度	-0.77036283	尖度	0.229113873	尖度	-0.360718312
28	歪度	-0.250926	歪度	-0.111115217	歪度	-0.196167188	歪度	-0.215142536
29	範囲	9	範囲	78	範囲	66	範囲	57
30	最小	9	最小	22	最小	24	最小	35
31	最大	18	最大	100	最大	90	最大	92
32	合計	1050	合計	5039	合計	5130	合計	5117.6
33	データの個数	80	データの個数	80	データの個数	80	データの個数	80
34								
35	男性							
36	レポート		前期試験		後期試験		総合得点	
37								
38	平均	10.6	平均	54.61666667	平均	54.275	平均	54.15666667
39	標準誤差	0.186895618	標準誤差	1.937691288	標準誤差	1.389282834	標準誤差	1.197425304
40	中央値（メジアン）	10	中央値（メジアン）	54	中央値（メジアン）	54	中央値（メジアン）	54
41	最頻値（モード）	11	最頻値（モード）	54	最頻値（モード）	48	最頻値（モード）	52.6
42	標準偏差	2.047338916	標準偏差	21.22634455	標準偏差	15.21883094	標準偏差	13.11713699
43	分散	4.191596639	分散	450.5577031	分散	231.6128151	分散	172.0592829
44	尖度	-0.469205858	尖度	-0.732139702	尖度	-0.152025587	尖度	-0.634651611
45	歪度	0.418485524	歪度	-0.011736471	歪度	-0.261760308	歪度	0.125150543
46	範囲	9	範囲	94	範囲	75	範囲	56.2
47	最小	7	最小	5	最小	10	最小	24.2
48	最大	16	最大	99	最大	85	最大	80.4
49	合計	1272	合計	6554	合計	6513	合計	6498.8
50	データの個数	120	データの個数	120	データの個数	120	データの個数	120

図 7.34 ［レポート］から［総合得点］までの基本統計量（列幅は自動調整してある）

準備として，例題 7-3 で作成した「例題 7-03 .xlsx」を開く。「男女別集計」シートはここでは必要ないので，削除する。ヒストグラムを作成するためにデータが入力されたシートに入力した「データ区間」も，すべてのシートから削除しておく。

基本統計量の計算

1 「成績」シートを表示し，**[データ]** タブの **[分析]** グループの データ分析 をクリックする。表示される **[データ分析]** ダイアログボックスの **[分析ツール]** から，**[基本統計量]** を選択して **[OK]** をクリックする。

2 **[基本統計量]** ダイアログボックス（図 7．35）が開くので，**[入力範囲]** としてセル「C 1」からセル「F 201」までを指定する。

3 **[先頭行をラベルとして使用]** 欄と **[出力オプション]** の **[統計情報]** 欄にチェックを入れる。

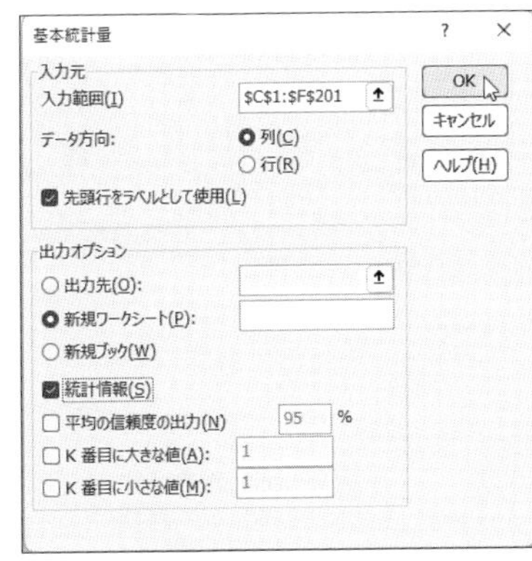

図 7.35　［基本統計量］ダイアログボックス

●男女別の基本統計量

すでに例題 7-3 で女性と男性のデータシートを作成してあるので，男女別の基本統計量を求めるのは，**[基本統計量]** ダイアログボックスの **[入力範囲]** を変更するだけである。男女全員を対象に基本統計量を求めたシートの名前を「基本統計量」，女性と男性のデータを用いたものには「基本統計量（女性）」，「基本統計量（男性）」と変更しておこう。

図 7．34 には，全データと男女別の基本統計量が 1 枚のシートにまとめて表示されている。女性の総合得点の平均値は 63．97 点，男性の平均値は 54．16 点と，女性の方が上回っていることがわかる。

7-4 散布図を描く

次に「前期試験」と「後期試験」の関係をみてみる。2つの数値変数の関係を視覚的に確認するために，散布図を作成しよう。

例題 7-5

「成績.xlsx」を開き，図 7.36 のように，「前期試験」と「後期試験」の散布図を描きなさい。

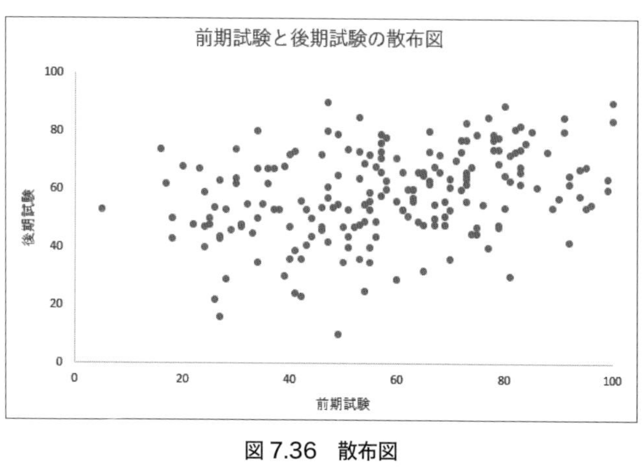

図 7.36 散布図

準備として「成績.xlsx」を開き，以下の手順で散布図を描こう[注9]。

散布図を描く

1. 散布図を描く対象となるデータの範囲(ここではセル「D 1」からセル「E 201」)を，アクティブにする。
2. **[挿入]**タブの**[グラフ]**グループの **(散布図)**から左上のマーカーのみが入った散布図(**図 7.37**)をクリックすると，図 7.38 の散布図が描かれる。

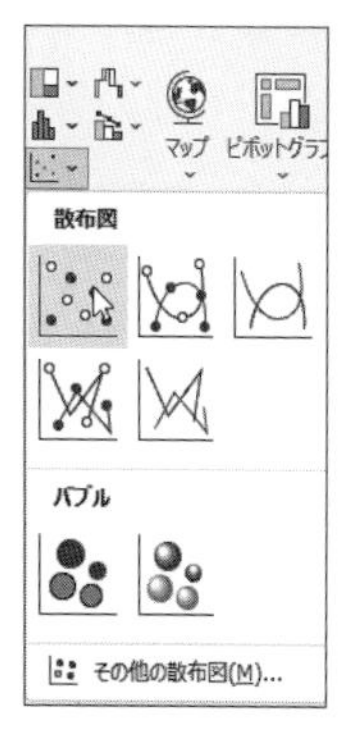

図 7.37 [散布図] を選択

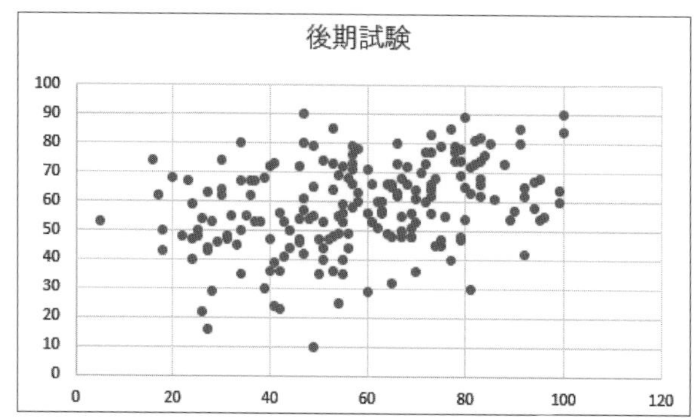

図 7.38 最初に描かれる散布図

注 9 この方法で散布図を描く場合は，左側の行(または上側の列)に横軸のデータが，右側の行(または下側の列)に縦軸のデータが，連続して入力されていなければならない。グラフを作成した後に，横軸と縦軸の変数を入れ替えることは可能である。

散布図の加工

1 図7.38のグラフをアクティブにする。

2 **[グラフのデザイン]** タブの **[グラフスタイル]** グループの右側の ▾ をクリックし，描きたいスタイルを選択する(ここでは左上の[スタイル 1]が選ばれているので，変更の必要はない)。

3 アクティブなグラフの右上に表示される＋**(グラフ要素)** をクリックして **[目盛線]** のチェックを外し，主横軸目盛線を表示しないよう変更する。

4 次に **[軸ラベル]** をチェックし，縦軸と横軸にラベルを挿入する。

5 横軸の **「最大値」** が「120」になっているので，「100」に変更する。

① 横軸の値のいずれかの上にマウスポインタを置き，右クリックする。

② 表示されるメニューの中から，**[軸の書式設定]** を選択する。

③ 右側に **[軸の書式設定]** ウィンドウ (図7.39) が表示されるので，**[軸のオプション]** の **「最大値」** を「120」から「100」に変更する(右側に表示される **[自動]** が **[リセット]** に変わる。**[リセット]** をクリックすると，再び **[自動]** に戻る)。さらに **[単位]** の **[主]** を「20」に変更する。

④ 同様に縦軸の「最大値」が「100」であることを確認し，**[単位]** の **[主]** を「20」に変更する。

⑤ **[閉じる]** をクリックする。

6 グラフタイトル，横軸ラベル，縦軸ラベルを修正し，グラフサイズを調整する。

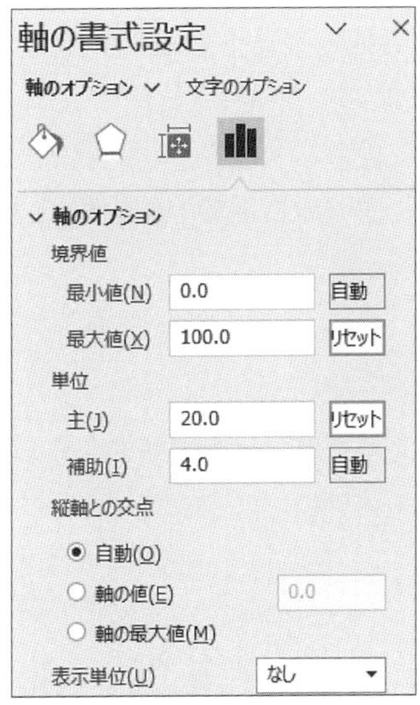

図7.39 [軸の書式設定] ウィンドウ

例題 7-6

「前期試験」と「後期試験」の散布図を，図 7.40 のようにデータが男女別に区別できるように色分けしてプロットしなさい。

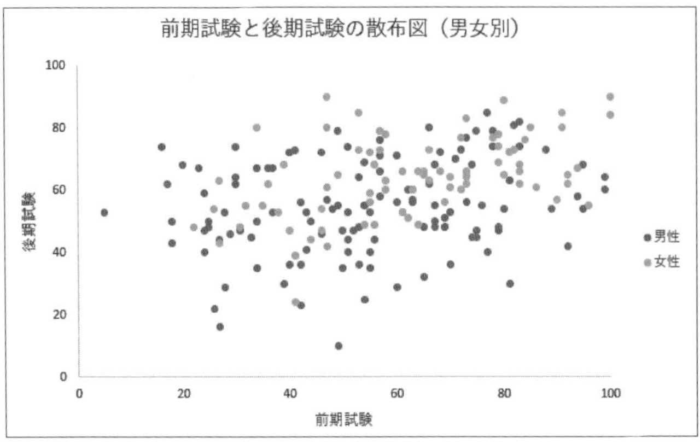

図 7.40　男女別散布図

準備として，男女別にデータシートが作成された「例題 7-03 .xlsx」を開き，「男女別集計」シートを削除し，次の操作により男性の散布図を描く。

男性データのみの散布図

1. 縦軸の変数のラベルが凡例に表示されるため，「成績（女性）」シートの後期試験のラベルを「女性」に，「成績（男性）」シートの後期試験のラベルを「男性」に変更する。
2. 「成績（男性）」シートを開き，セル「D 1」からセル「E 121」をアクティブにして，例題 7-5 に従い散布図を描く。
3. 目盛線を消去し，縦軸と横軸の目盛の **[境界値]** の **「最大値」** を「100」に，**[単位]** の **「主」** を「20」に変更する。
4. 凡例を表示し，横軸ラベルと縦軸ラベルを追加修正し，グラフのタイトルを変更する（図 7 . 41）。

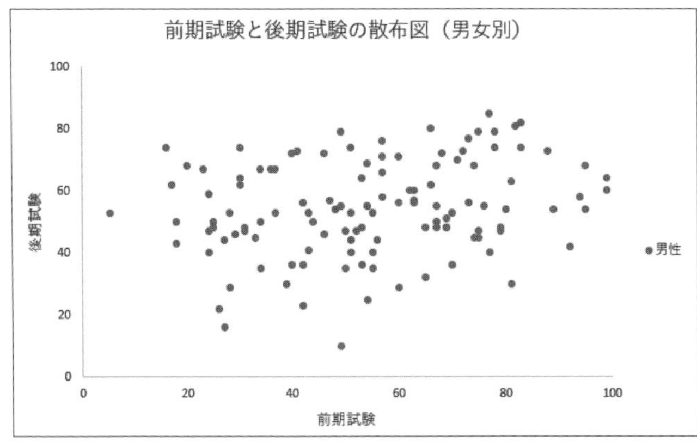

図 7.41　男性のデータのみの散布図

次に，描かれた男性の散布図に，女性のデータを追加する。

散布図に女性データを追加する

1. 散布図をアクティブにして **[グラフのデザイン]** タブの **[データ]** グループの **「データの選択」** をクリックする。
2. **[データソースの選択]** ダイアログボックスが表示されるので，**[凡例項目（系列）]** の **「追加」** をクリックする（図 7.42）。
3. **[系列の編集]** ダイアログボックスが表示されるので，**[系列名]** として「成績（女性）」シートのセル「E 1」，**[系列 X の値]** として「成績（女性）」シートのセル「D 2」からセル「D 81」まで，**[系列 Y の値]** として「成績（女性）」シートのセル「E 2」からセル「E 81」までを，それぞれ設定する（図 7.43）。
4. **[OK]** をクリックし，**[データソースの選択]** ダイアログボックスに戻り，**[OK]** をクリックする。

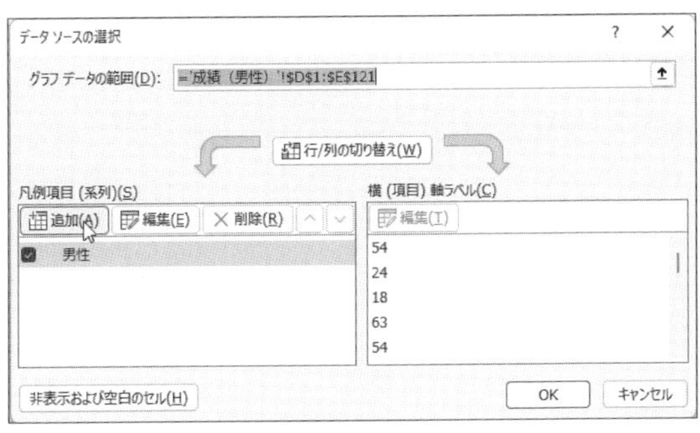

図 7.42 ［データソースの選択］ダイアログボックス

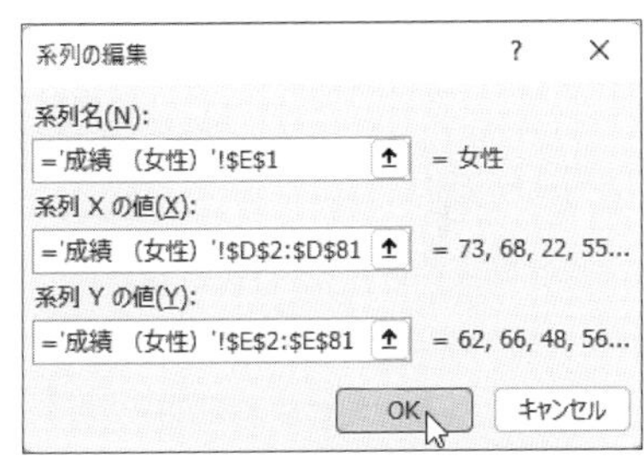

図 7.43 ［系列の編集］ダイアログボックス

これで，図 7.40 が完成した。

7-5 相関と相関係数

7-5-1 相関関係

図7.44に，4つの典型的な散布図が描かれている。(A)と(B)のケースでは，どちらも横軸の変数xの値が増加するにつれて縦軸の変数yの値も増加している。このようなとき，xとyの間に**正の相関**があるという。(A)の方が(B)に比べて，より強い正の相関がみられる。反対に(C)と(D)では，xの値が増加するにつれてyの値は減少する傾向がある。このようなとき，xとyの間には，**負の相関**があるという。(C)の方が(D)に比べてより強い負の相関がある。

図7.45の(E)のように両者の間に直線的な関係が見られない場合，2つの変数は**無相関**であるという。このケースでは，無相関である(直線的な関係はない)というだけでなく，xとyの間にはなんらの関係も見出せない。

「相関」という概念は，あくまでも2つの変数の直線的な結びつきの強さを表す概念である。「どちらかの変数ががもう一方の変数に影響を与えている」という因果関係を示すものではない。

一方，図7.45の(F)では，xとyとの間に二次関数的な関係がある。左半分だけのデータをみればxの値が増加するにつれてyの値が減少しているが，右半分のデータの関係は逆転している。「相関」はあくまでも直線的な関係を示す概念であることはすでに述べた。その意味で，このケースでも2つの変数は無相関である。しかしながら，「無相関だから無関係」とは必ずしもならないことに，注意が必要である。

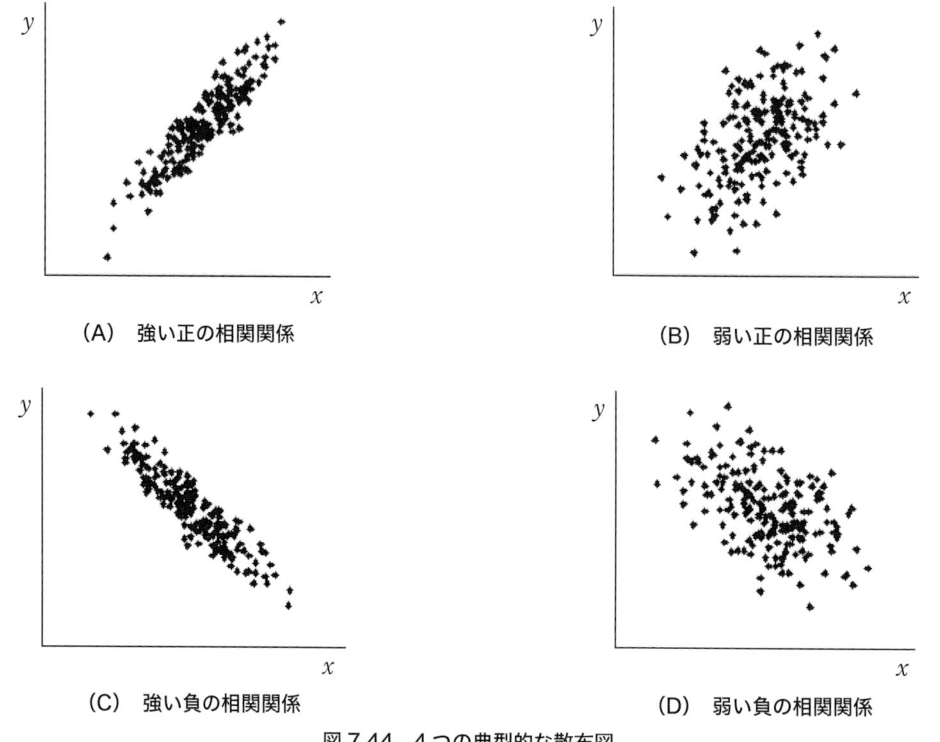

図7.44　4つの典型的な散布図

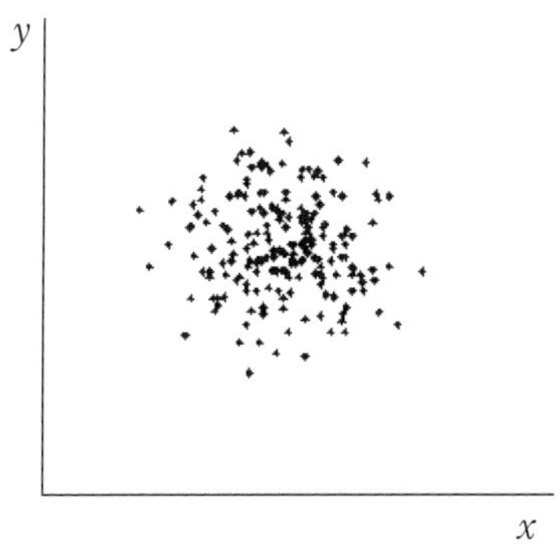

(E)　無相関かつ無関係

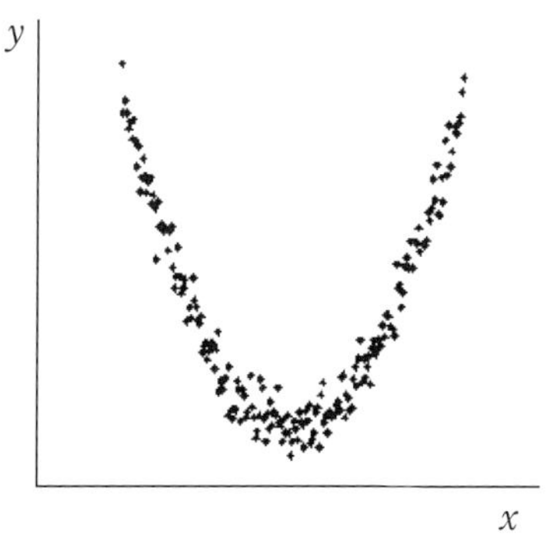

(F)　無相関だが二次関数的な関係

図 7.45　無相関である 2 つのケース

7-5-2 相関係数

2 変数の相関関係（直線的な関係）の強さを表す指標として広く用いられている，**相関係数**を紹介しよう。

2 変数 x, y について，n 個（期）のデータ $(x_1, y_1), (x_2, y_2), \cdots, (x_n, y_n)$ が与えられたとする。x と y の間の**共分散** を

$$\frac{\sum_{i=1}^{n}(x_i-\bar{x})(y_i-\bar{y})}{n-1}$$

$$=\frac{(x_1-\bar{x})(y_1-\bar{y})+(x_2-\bar{x})(y_2-\bar{y})+\cdots+(x_n-\bar{x})(y_n-\bar{y})}{n-1} \tag{7.6}$$

と定義する。ただし $\bar{x}$ と $\bar{y}$ は，それぞれ x と y の平均値である。

共分散の値の正負を考察する。x と y の偏差 $(x_i-\bar{x})$ と $(y_i-\bar{y})$ がともに正，あるいはともに負であれば，その積 $(x_i-\bar{x})(y_i-\bar{y})$ は正となる。一方，$(x_i-\bar{x})$ と $(y_i-\bar{y})$ のどちらかが正でどちらかが負であれば，$(x_i-\bar{x})(y_i-\bar{y})$ は負となる。もし x と y に正の相関があれば，$(x_i-\bar{x})(y_i-\bar{y})$ の総和は正となる。当然共分散の値もこの場合は正である。x と y が負の相関関係にあれば，共分散は負の値をとることも同様に理解できよう。

共分散は，分散と同様な単位のとり方でその値が変わってしまうため，共分散を x と y の標準偏差で割った

$$r=\frac{\text{共分散}}{s_x s_y} \tag{7.7}$$

を**相関係数**と呼ぶ。相関係数の分母の s_x と s_y は，p. 149 の式(7.4)で定義された x と y の（標本）標準偏差である。共分散の符号が正（または負）であれば，相関係数の符号も当然正（または負）になる。

相関係数 r は

$$-1 \leqq r \leqq 1 \tag{7.8}$$

という性質をもつ。図 7.46 のように，x と y の間に完全な直線の関係が成り立つとき，すなわち

$$y_i = a + bx_i, \quad i = 1, 2, \cdots, n \tag{7.9}$$

であるとき，直線の傾き b が正なら $r=1$，b が負なら $r=-1$ となる。

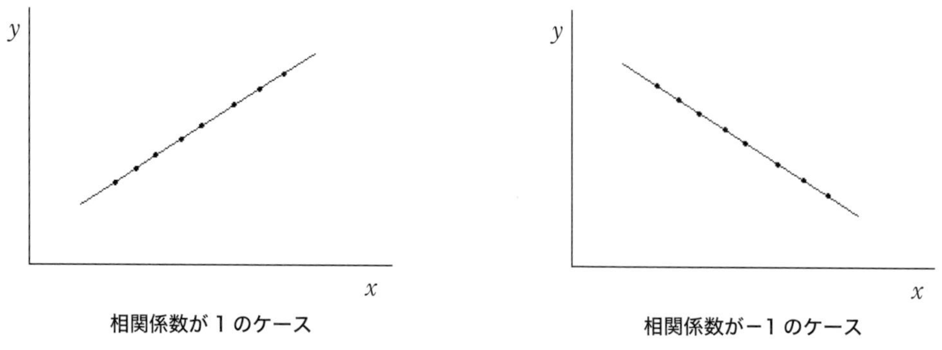

図 7.46　相関係数が 1 またはー1 の場合

2 つの変数の間に強い正（または負）の相関があるとき，r は 1（またはー1）に近い値をとり，その相関関係が弱まるに従って r の値は 0 に近づく。図 7.44 の (A) または (C) では 相関係数が約±0.9，(B) または (D) では±0.6 程度である。図 7.45 の (E)，(F) では，いずれも相関係数は 0 に近い値となる。

「相関」は直線関係の強さを表す概念なので，相関係数 r の値が 0 に近くても，x と y の間に直線ではない関係があるかもしれない。2 つの変数の関係を確認するために，まずは散布図を描く習慣をつけよう。

7-6 相関係数を求める

例題 7-7

例題 7-3 で作成した「例題 7-03.xlsx」を開き，「レポート」「前期試験」「後期試験」について，それぞれの変数同士の相関係数を図 7.47 のように求めなさい。さらに図 7.48 のように，男女別の相関係数を求めなさい。

	A	B	C	D
1		レポート	前期試験	後期試験
2	レポート	1		
3	前期試験	0.560084	1	
4	後期試験	0.603273	0.354201	1

図 7.47 「レポート」「前期試験」と「後期試験」の相関係数

	A	B	C	D
1	女性	レポート	前期試験	後期試験
2	レポート	1		
3	前期試験	0.443504	1	
4	後期試験	0.520554	0.475715	1
5				
6				
7	男性	レポート	前期試験	後期試験
8	レポート	1		
9	前期試験	0.60865	1	
10	後期試験	0.551052	0.230469	1

図 7.48 「レポート」「前期試験」と「後期試験」の相関係数（男女別）

「例題 7-03 .xlsx」を開き，「男女別集計」シートを削除し，「成績」シートを開いて全員のデータから相関係数を求める。

相関係数を求める

1. **[データ]** タブの **[分析]** グループの データ分析 をクリックする。
2. **[データ分析]** ダイアログボックスのメニューから **[相関]** を選択し，**[相関]** ダイアログボックスを開く（図 7.49）。
3. 「入力範囲」として，処理したいデータが入っているセルの領域（ここではセル「C 1」からセル「E 201」まで）を指定する。
4. **[データ方向]** で **[列]** をクリックして選択する。
5. **「先頭行をラベルとして使用」** にチェックを入れる。
6. **[出力オプション]** として **[新規ワークシート]** を選択する。

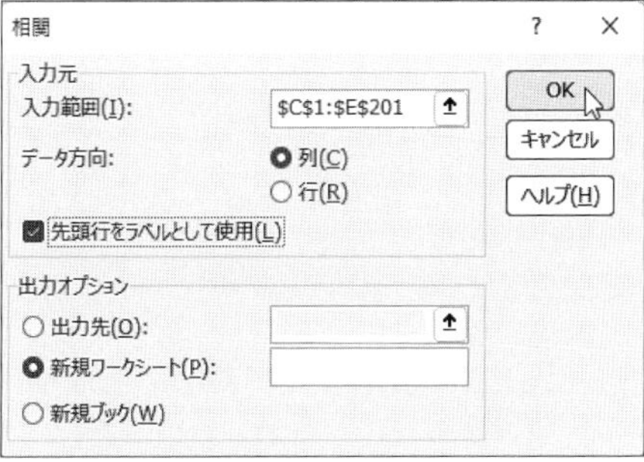

図 7.49 [相関] ダイアログボックス

7 **[OK]** をクリックすると，「成績」シートの前に「Sheet 1」という名前のシートが新たに作成され，相関係数の計算結果が入力される(**図 7.47**)。「レポート」と「前期試験」の相関係数は 0.560，「レポート」と「後期試験」の相関係数は 0.603，「前期試験」と「後期試験」の相関係数は 0.354 である。

●男女別の相関係数の計算

男女別に相関係数を求めるには，すでに男女別にデータを入力した「成績(女性)」と「成績(男性)」シートを用い，相関係数を求めればよい。ただし **[相関]** ダイアログボックスの設定で，データ領域を女性は 81 行目まで，男性は 121 行目までとする必要がある。図 7.48 にその結果をまとめて示してあるが，それぞれの結果の最初のセルに「女性」，「男性」とラベルを入力してある。

演習問題

演習 7.1 演習６.１で作成した「体力測定.xlsx」を開き，身長のヒストグラムを作成しなさい。

演習 7.2 演習７.１の身長のヒストグラムを，男女別に表示する積み上げ縦棒グラフにしなさい。

演習 7.3 演習６.１で作成した「体力測定.xlsx」を開き，「背筋力」「短距離走」「走り幅跳び」「砲丸投げ」の基本統計量を求めなさい。また男女別の基本統計量も求めなさい。

演習 7.4 演習６.１で作成した「体力測定.xlsx」を開き，「短距離走」を横軸，「走り幅跳び」を縦軸にとり，散布図を描きなさい。さらに男女別にデータを区別できる散布図も作成しなさい。

演習 7.5 演習６.１で作成した「体力測定.xlsx」を開き，「背筋力」「短距離走」「走り幅跳び」「砲丸投げ」について，それぞれの変数同士の相関係数を求めなさい。さらに，男女別にも相関係数を計算しなさい。全データを用いた「短距離走」と「走り幅跳び」の相関係数と，男女別の相関係数の値を比較し，正負が逆転するのはなぜか検討しなさい。

8章 Excelによるカテゴリーデータの集計

●――本章では，A大学付属高校の生徒へのアンケートを例に，カテゴリーデータの解析方法を学ぶ。

8-1 アンケート調査とカテゴリーデータ

A大学では，男子高と女子高の2つの付属高校の向上を目指すため，合計393名の生徒を対象にアンケート調査を行った。アンケートの質問内容は，以下の通りである[注1]。

付属高校の生徒へのアンケート

[Q 0]　あなたの学校・学年について該当箇所を○で囲んでください。

1. 男子高　2. 女子高

1. 1年　2. 2年　3. 3年

[Q 1]　本校を選んだ理由はなんですか。該当するもの（3つまで）を○で囲んで下さい。

1. 大学付属だから　2. A大学の付属だから
3. 教育理念・教育内容　4. クラブ活動に魅力を感じた
5. 施設・設備　6. 親がすすめたから
7. 学校の先生がすすめたから
8. 塾・予備校にすすめられたから
9. 親，親族，知人に卒業生（在校生）がいるから
10. 入試説明会・施設見学
11. 他校受験に失敗したから　12. その他

[Q 2]　もし，本校が共学だったら，本校を選びましたか。どれか1つに○を付けて下さい。

1. 共学でも選んだ　2. 共学なら選ばなかった
3. わからない

[Q 3]　本校を共学にしたほうがいいと思いますか？どれか1つに○を付けて下さい。

1. はい　2. いいえ　3. どちらでもよい

[Q 4]　現在，学校のクラブに入っていますか。

1. 入っている（3年で引退したものも含む）
2. 入っていない（途中でやめたものも含む）

注 [1] 実際のアンケートでは，［Q 1］［Q 5］および［Q 6］の「その他」の内容について具体的に記してもらったが，ここでは省略した。

[Q 5]　現在の学校生活で満足している点はなんですか。該当するもの（3 つまで）を○で囲んで下さい。

1. 校風　2. 施設・設備　3. 教師　4. 授業
5. 教科・科目　6. テスト　7. 友人　8. クラブ活動
9. 行事　10. 大学説明会・見学会
11. 自分の取り組み姿勢や意欲　12. その他

[Q 6]　あなたの学習意欲を最も刺激するものはなんですか。どれか 1 つに○を付けて下さい。

1. 授業で良く理解できたとき
2. 学習や読書を通じ新しい発見をしたとき
3. 教師や親にほめられたとき
4. クラブ活動や行事に取り組んだとき
5. 友人との会話や交流
6. その他

393 人分のデータは，ダウンロードデータ「付属高校 .xlsx」に，以下の通り入力されている。

表 8.1　付属高校

質問項目	開始列	終了列
番号（1～393）	A	
Q 0（男子高・女子高）	B	
Q 0（学年）	C	
Q 1	D	O
Q 2	P	
Q 3	Q	
Q 4	R	
Q 5	S	AD
Q 6	AE	

アンケートを実施する場合，具体的な質問に入る前に，性別，年齢，職業など回答者の属性を聞くことが一般的である。これらの項目を**フェース項目**という。A 大学付属高校の生徒へのアンケートでは，[Q 0] の [学校]（男子高・女子高）と [学年] がフェース項目にあたる。

具体的な質問項目を作成する際には，まず目的を明確にし，その目的に沿って質問を具体化していく。とくに留意が必要なことは，わかりやすく曖昧でない文章にすること，いくつかのカテゴリーから選択する形式の質問では，ひとつだけを選ぶのか，3 つまで選ぶのか，あるいは該当するものすべてを選択するのかを明示することである。ひとつの回答を求める質問形式を**単数回答**，複数の回答を求める質問形式を**多重回答**という。

アンケートを実施した後は，各人のアンケート結果を Excel の各行に入力していく。1 行目には，冗長にならない範囲で質問の内容（多重回答の場合は回答の内容）を示すラベルを付け，2 行目以下に調査結果を入力していく。単数回答の質問は 1 つの列を対応させ，その列に回答者が選んだ番号を入力すればよい。複数回答の場合は，回答項目ひとつひとつに列を対応させ，その項目を選択した場合は「1」，その項目を選択しなかった場合は「0」を入力する。

図 8.1 に入力されたデータの一部を示したが，[Q 1] については 12 個の選択項目があるので，D 列から O 列までが各項目に対応している。1 列目には，回答順に番号が入力されている。調査用紙にも同じ番号を書き入れておくと，後で誤入力のチェックを行うときに大変便利である。

	A	B	C	D	E	F	G	H	I	J	K	L
1	番号	学校	学年	Q1-1 大学付属だから	Q1-2 A大学の付属だから	Q1-3 教育理念･教育内容	Q1-4 クラブ活動に魅力を感じた	Q1-5 施設･設備	Q1-6 親がすすめたから	Q1-7 学校の先生がすすめたから	Q1-8 塾･予備校にすすめられたから	Q1-9 親、親族、知人に卒業生がいるから
2	1	1	1	1	0	0	0	0	0	0	1	0
3	2	1	1	0	1	1	0	0	1	0	0	0
4	3	1	1									
5	4	1	1	1	0	0	0	0	0	0	0	0
6	5	1	1	1	0	0	0	0	0	0	0	0
7	6	1	1	1	0	1	0	0	0	0	0	0

図 8.1　A 大学付属高校の生徒へのアンケートが入力されたシートの一部

アンケート調査を実施すると，回答者が質問項目の一部を記入しないケース，あるいは明らかな誤記入をするケースが生じる。記入漏れあるいは誤記入の場合には，図 8.1 の 3 番目（4 行目）の回答者のようにセルを空白のままとしておくか，「−999」など一見して判別できるあり得ない値を**欠測値**として入力しておく。

8-2 度数分布とそのグラフ表示

8-2-1 単数回答の集計

本節では，付属高校の生徒へのアンケートの設問のうち，単数回答を求めた[学校]［学年]および[Q 2]（共学についての質問）の 3 変数と，多重回答を求めた[Q 1]に注目し，これらの変数や変数同士の関係を視覚的に判断するために，どのようにグラフとして表示すればよいか考えていこう。

例題 8-1

付属高校の生徒へのアンケート結果が保存されたダウンロードデータ「付属高校 .xlsx」を開き，［学校］［学年］および［Q2］（共学についての質問）のそれぞれの回答ごとの度数を，ピボットテーブル機能を用いて図 8.2 のように集計しなさい。

	A	B	C	D	E	F	G	H
1	度数分布表							
2								
3	学校			学年			Q2	
4	男子高	267		1年	132		共学でも選んだ	312
5	女子高	126		2年	129		共学なら選ばなかった	17
6	**総計**	**393**		3年	132		わからない	62
7				**総計**	**393**		**総計**	**391**

図 8.2 ［学校］［学年］と［Q2］（共学についての質問）の集計結果

●データシートの準備

すでに図 8．1 に「付属高校 .xlsx」を読み込んだシートの一部を示した。[学校]［学年]はフェース項目だから，アクティブセルの列を動かしてもつねに A 列から C 列までは左側に固定して表示させたい。同様に 1 行目はラベルなので，アクティブセルの行を動かしても，この行はつねに 1 行目に表示させておきたい。こういったときに重宝な機能が，**[ウィンドウ枠の固定]** である。

ウィンドウ枠の固定と解除

1 ウィンドウ枠を固定させたい最後の行と列の次のセルをアクティブにする（ここでは A 列から C 列 までと 1 行を 固定させたいので，セル「D 2」をアクティブにする）。

2 **[表示]** タブの **[ウィンドウ]** グループの **[ウィンドウ枠の固定]** をクリックし，表示されるメニューの **[ウィンドウ枠の固定]** をクリックする（図 8．3）。

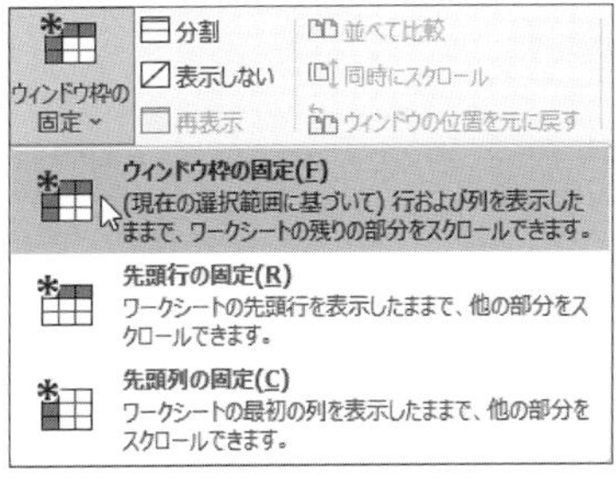

図 8.3 ［ウィンドウ枠の固定］を選択

これでウィンドウ枠が固定された。枠の固定のため指定されたC列とD列の間，1行目と2行目の間に実線が引かれる(**図8.4**)。アクティブセルを右や下に動かしても，A列からC列 までと1行目は固定されたままで，D列以降，2行目以降が移動することを確認しよう。

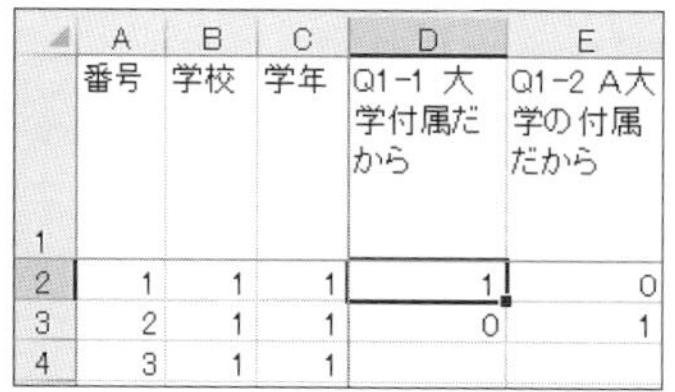

	A	B	C	D	E
1	番号	学校	学年	Q1-1 大学付属だから	Q1-2 A大学の付属だから
2	1	1	1	1	0
3	2	1	1	0	1
4	3	1	1		

図8.4　ウィンドウ枠が固定された状態

	A	B	C	P	Q	R
1	番号	学校	学年	Q2 共学での学校選択	Q3 共学への移行	Q4 学校のクラブ所属
2	1	1	1	3	2	2
3	2	1	1	1	2	1
4	3	1	1	1	2	1

図8.5　D列からO列までを非表示化した状態

補足：設定した **[ウィンドウ枠の固定]** を解除するには，**[ウィンドウ枠の固定]** をクリックし，表示されるメニューの **[ウィンドウ枠固定の解除]** をクリックする。

次に一部の行または列を表示させない方法を学ぶ。[Q1] の回答がD列からO列まで入力されているので，これらの列を非表示化する。

列の非表示と再表示

1. 表示させたくない列(ここではD列からO列 まで)をドラッグして範囲指定する(列が連続していない場合には，Ctrl キーを押した状態で列ボタンを順にクリックすればよい)。
2. **[ホーム]** タブの **[セル]** グループの **[書式]** をクリックする。
3. **[非表示／再表示]** 上にポインタを移動させ，**[列を表示しない]** をクリックする。
4. 一度非表示にした列を再び表示させるためには，非表示化された列の前後の列(ここではC列とP列)をアクティブ状態にして，**[セル]** グループの **[書式]** をクリックする。**[非表示／再表示]** 上にポインタを移動させ，**[列の再表示]** をクリックする。

列を非表示にする操作で，図8.5のようにD列からO列 までの表示が消え，C列とP列の間に太い線が描かれる。

もし行を非表示化したいときは，**[行を表示しない]** をクリックする。

補足：非表示(あるいは再表示)化したい列または行を選択した後，右クリックして表示されるメニューの中から，**[非表示]**(または **[再表示]**)をクリックする方法もある。

●度数分布表の作成

カテゴリーデータは，連続型の数値データと異なり，すでにいくつかのカテゴリーに分かれている。それぞれのカテゴリーの度数(頻度)を求め，棒グラフなどを描くことによって，視覚的にデータを確認することができる。

カテゴリーデータの度数分布表を求める方法として，**[分析ツール]** の **[ヒストグラム]** を用いることもできるが，ここでは **[ピボットテーブル]** という Excel の機能を使ってみよう。

ピボットテーブルの作成

1 データシートのデータがある任意のセル（ここではセル「A 1」）をクリックしておく。

2 **[挿入]** タブの **[テーブル]** グループの **[ピボットテーブル]** をクリックする。

3 表示される **[テーブルまたは範囲からのピボットテーブル]** ダイアログボックスの **[テーブル／範囲]** が「アンケート！A 1 :AE 394」（「アンケート」シートのセル「A 1」から セル「AE 394」まで）と設定されていること，**[ピボットテーブルレポートを配置する場所]** として **「新規ワークシート」** が選択されていることを確認し，**[OK]** をクリックする（図 8.6）。

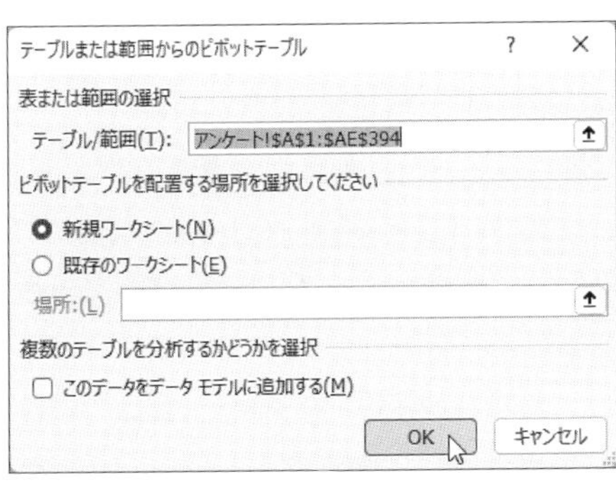

図 8.6 [テーブルまたは範囲からのピボットテーブル] ダイアログボックス

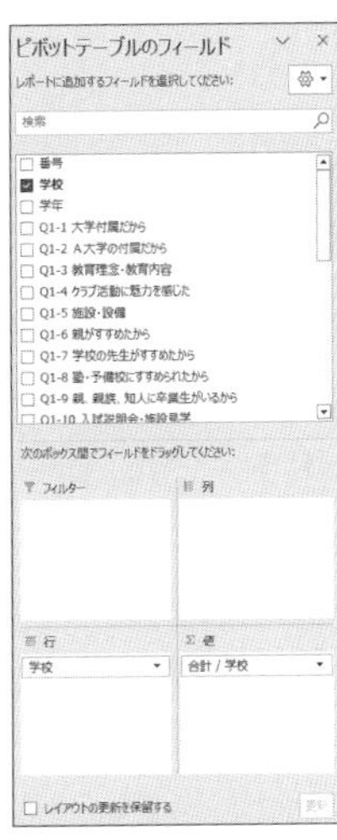

図 8.7 [ピボットテーブルのフィールド]

この操作で「Sheet 1」シートが作成され，右側に **[ピボットテーブルのフィールド]** が表示される（図 8.7）。

[ピボットテーブルのフィールド] の設定

1 [学校] を行の変数として指定するため，表示されているフィールドリストの中から [学校] をドラッグし，下の **「次のボックス間でフィールドをドラッグしてください」** の左下の **[行]** の場所にドロップする。

2 [学校] の集計を行うので，**[Σ値]** と書かれている場所に，[学校] をドロップする（図 8.7）。

3 **「合計／学校」** と表示されているセル「B 3」をダブルクリックすると，**[値フィールドの設定]** ダイアログボックスが表示される（図 8.8）。

4 **[集計方法]** タブに表示されているリストの中から「個数」をクリックして選択し，**[OK]** をクリックする。

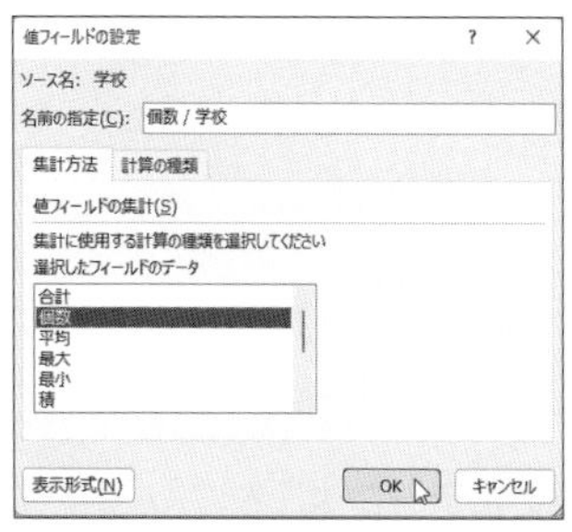

図 8.8 ［値フィールドの設定］ダイアログボックス

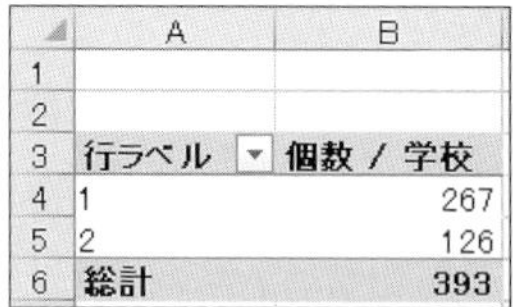

	A	B
1		
2		
3	行ラベル	個数 / 学校
4	1	267
5	2	126
6	**総計**	**393**

図 8.9 ［学校］の度数の集計結果

ここまでの操作で，［学校］の集計結果として，図 8.9 のピボットテーブルが作成される注2。ピボットテーブルが作成されたシートのシート名を，「ピボットテーブル」と変更しておこう。

新しく「集計結果」シートを作成し，［学校］の集計結果を保存しよう。

［学校］の集計結果

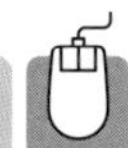

1. 「アンケート」シートのタブの右側の ＋ **(新しいシート)** をクリックして，新しいシートを作成し，シート名を「集計結果」に変更する。
2. 「集計結果」シートのセル「A 1」に「度数分布表」と入力する。
3. 「ピボットテーブル」シートのセル「A 4」からセル「B 6」までをアクティブにする。
4. **［ホーム］**タブの**［クリップボード］**グループの **(コピー)** をクリックする。
5. コピー先として「集計結果」シートのセル「A 4」をアクティブにして，**［クリップボード］**グループの **(貼り付け)** をクリックする。
6. 「集計結果」シートのセル「A 3」に「学校」，セル「A 4」に「男子高」，セル「A 5」に「女子高」と入力し，セルを見やすくするために，セル「A 4」からセル「B 6」に罫線を描く。

次に［学年］を集計し，その結果を「集計結果」シートに保存する。

［学年］の集計結果

1. ［学年］を行の変数として指定し直すため，「ピボットテーブル」シートの右側に表示されている**［ピボットテーブルのフィールド］**のフィールドリストの［学校］のチェックを外す。
2. ［学年］をドラッグし，下の**「次のボックス間でフィールドをドラッグしてください」**の**［行］**と**［Σ 値］**に，それぞれドロップする。さらに**［値フィールドの設定］**ダイアログボックスで**［集計方法］**を「個数」に変更する。
3. 「ピボットテーブル」シートのセル「A 4」からセル「B 7」までを，「集計結果」シートのセル「D 4」をアクティブにして貼り付ける。

注 [2] テーブル内の任意のセルをアクティブにすると，リボンに**［ピボットテーブル分析］**タブと**［デザイン］**タブが表示される。**［ピボットテーブル分析］**タブの**［ツール］**グループの**［ピボットグラフ］**をクリックすると，各種グラフを描くことができる。ただし，この方法で描かれたグラフはその修正に制約が多いので，本書では採用しない。

4 「集計結果」シートのセル「D 3」に「学年」，その下のセル「D 4」から「D 6」に「1 年」「2 年」「3 年」と入力し，セル「D 4」からセル「E 7」に罫線を描く。

最後に［Q 2］を集計し，その結果を「集計結果」シートに保存する。

［Q2］の集計結果

1 同様の方法で，「ピボットテーブル」シートで［Q 2］を集計する。

2 **［行ラベル］**に表示される**［(空白)］**を，以下の方法で集計の対象から外す。

① セル「A 3」の**［行ラベル］**の右側の▼をクリックする。

② 表示されるメニュー（**図 8.10**）の空白のチェックを外し，**［OK］**をクリックする。

3 「ピボットテーブル」シートのセル「A 4」からセル「B 7」までを，「集計結果」シートのセル「G 4」をアクティブにして貼り付ける。

4 「集計結果」シートのセル「G 3」に「Q 2」と入力し，図 8．2 のように［Q 2］の回答欄の内容を入力する。さらにセル「G 4」からセル「H 7」に罫線を描く。

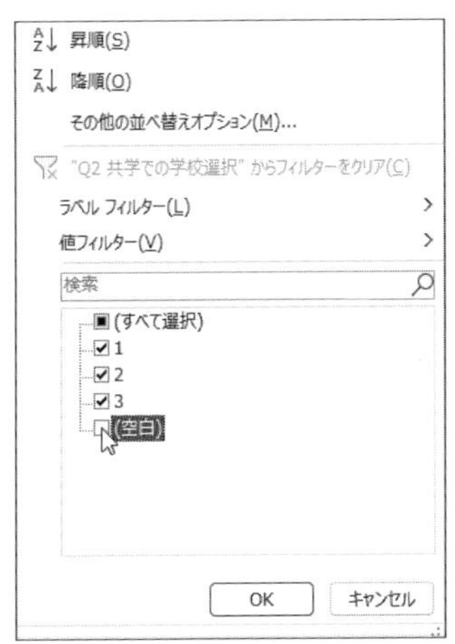

図 8.10 ［行ラベル］に表示されるメニュー

［学年］と［Q 2］の集計のためのピボットテーブルを，図 8．11 および図 8．12 に示す。

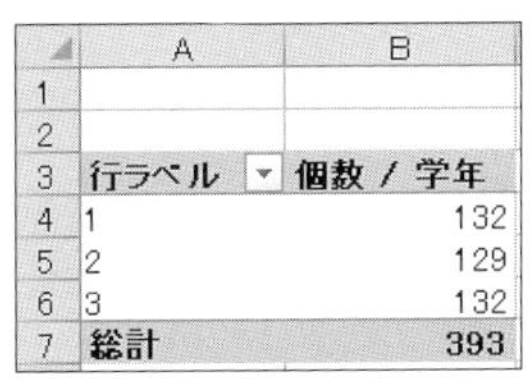

	A	B
1		
2		
3	行ラベル	個数 / 学年
4	1	132
5	2	129
6	3	132
7	総計	393

図 8.11 ［学年］の度数の集計結果

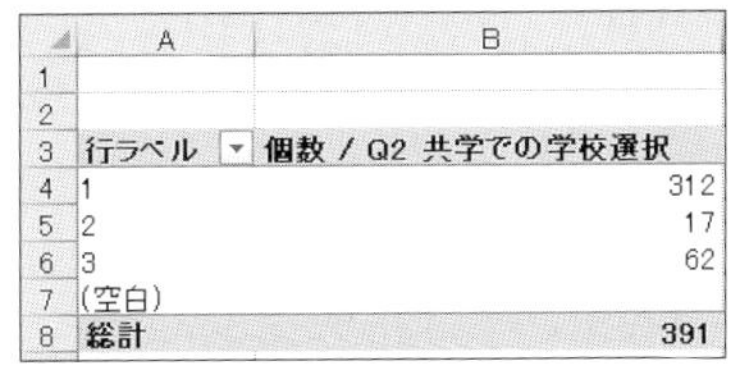

	A	B
1		
2		
3	行ラベル	個数 / Q2 共学での学校選択
4	1	312
5	2	17
6	3	62
7	(空白)	
8	総計	391

図 8.12 ［Q2］（共学についての質問）の度数の集計結果

図 8．12 の［Q 2］から作成されたピボットテーブルには，［学校］や［学年］のピボットテーブルにはなかった［(空白)］という項目がある。欠測値を［空白］セルとして対応させていることはすでに述べた。アンケート総数は 393 で，［Q 2］ピボットテーブルの「総計」は 391 となっているから，［Q 2］には 2 人の生徒がアンケートに正しく答えなかったことがわかる。

具体的に空白となっているデータがどこのセルにあるのか探ってみる。「アンケート」シートの［Q 2］のラベルが入力されたセル「P 1」をアクティブにして，Ctrl キーを押した状態で ↓ キーを押すと，その列にある空白セルの直前のセル（ここではセル「P 105」）がアクティブ状態になる。もう一度同じ操作を繰り返すと，次にデータが入力されているセルがアクティブとなる。この方法で，105 番と 202 番（106 行目と 203 行目）のデータが欠測値となっていることが確認できる。

●棒グラフと円グラフ（パイチャート）の作成

例題 8-2

例題 8-1 の結果から，［Q2］（共学についての質問）の棒グラフ（図 8.13）と［学年］の円グラフ（図 8.14）を描きなさい。

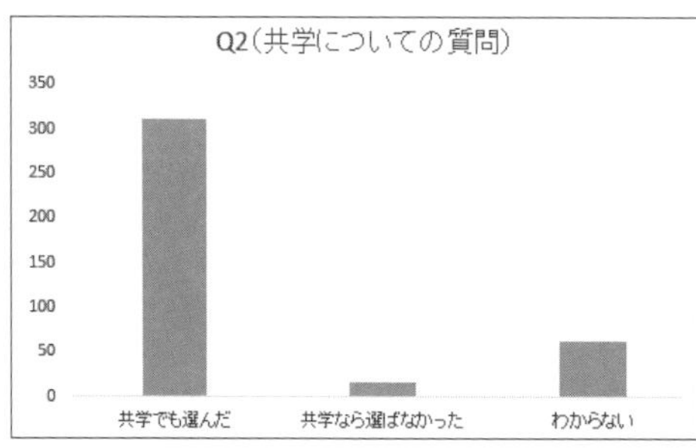

図 8.13 ［Q2］（共学についての質問）の棒グラフ

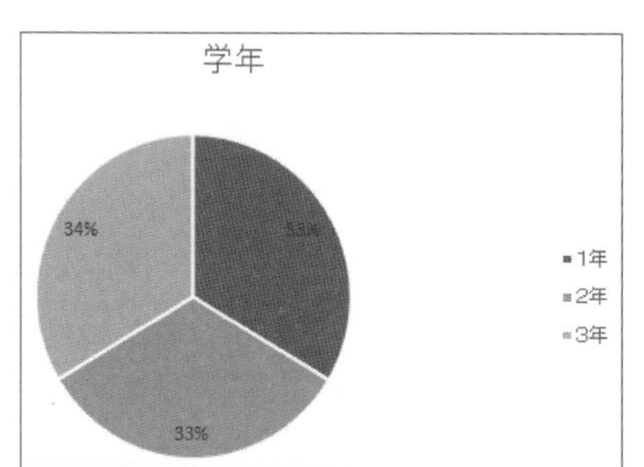

図 8.14 ［学年］の円グラフ

例題 8-1 で作成した「集計結果」シートを開いて，［Q 2］の縦棒グラフを作成しよう。

棒グラフを描く

1 データの範囲（ここでは「集計結果」シートのセル「G 4」からセル「H 6」まで）をアクティブにする。
2 **［挿入］**タブの**［グラフ］**グループの**［縦棒 / 横棒グラフの挿入］**をクリックする。
3 表示される縦棒グラフから，2 次元の**［集合縦棒］**グラフをクリックする（**図 8.15**）と，単純な縦棒グラフが描かれる。
4 「Q 2（共学についての質問）」というタイトルを入れ，目盛線の表示を消去する。

この操作の結果，図 8.13 の棒グラフが描かれる。

カテゴリー変数の各カテゴリーの度数の割合を視覚的に確認するためには，円グラフ（パイチャート）を描いてみるとよい。［学年］の円グラフを作成する前に，［Q 2］の棒グラフを下に移動させておく。

円グラフ（パイチャート）を描く

1 データの範囲（ここでは「集計結果」シートのセル「D 4」からセル「E 6」まで）をアクティブにする。

2 **［挿入］**タブの**［グラフ］**グループの**［円またはドーナツグラフの挿入］**をクリックする。

3 表示されるメニューから，**［2-D 円］**の「円」をクリックすると，単純な円グラフが描かれる。タイトルを変更する。

4 凡例を右クリックして「凡例の書式設定」をクリックし，**［凡例の書式設定］**で「凡例の位置」を「右」にする。

5 **［グラフ要素］**の**［データラベル］**にチェックを入れると，各学年の度数が表示される。度数のどれかを右クリックして表示されるメニューから，**「データラベルの書式設定」**をクリックする。

6 右側に表示される**［データラベルの書式設定］**の**［ラベルの内容］**の**［パーセンテージ］**にチェックを入れ，**［値］**のチェックマークを外して**［閉じる］**をクリックする（図 8.16）。

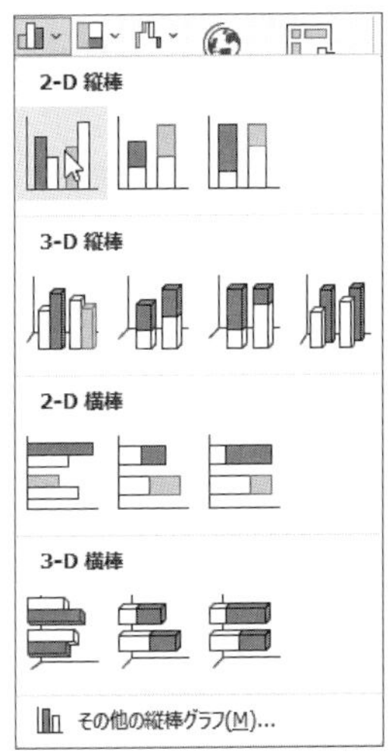

図 8.15　2 次元の［集合縦棒］グラフをクリックするところ

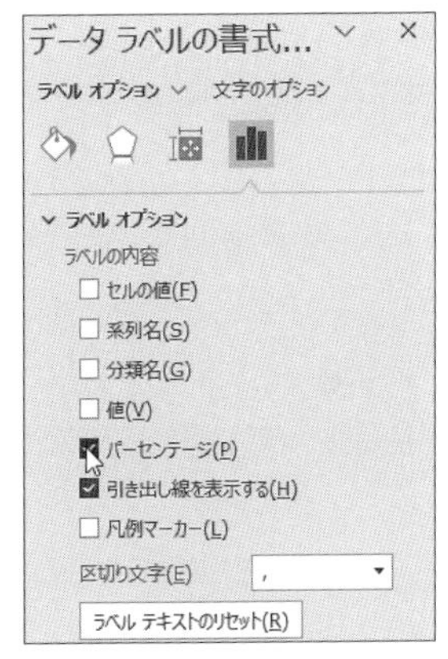

図 8.16　［データラベルの書式設定］の［パーセンテージ］にチェックを入れる

これで図 8.14 の円グラフが描かれる。

8-2-2　多重回答の集計

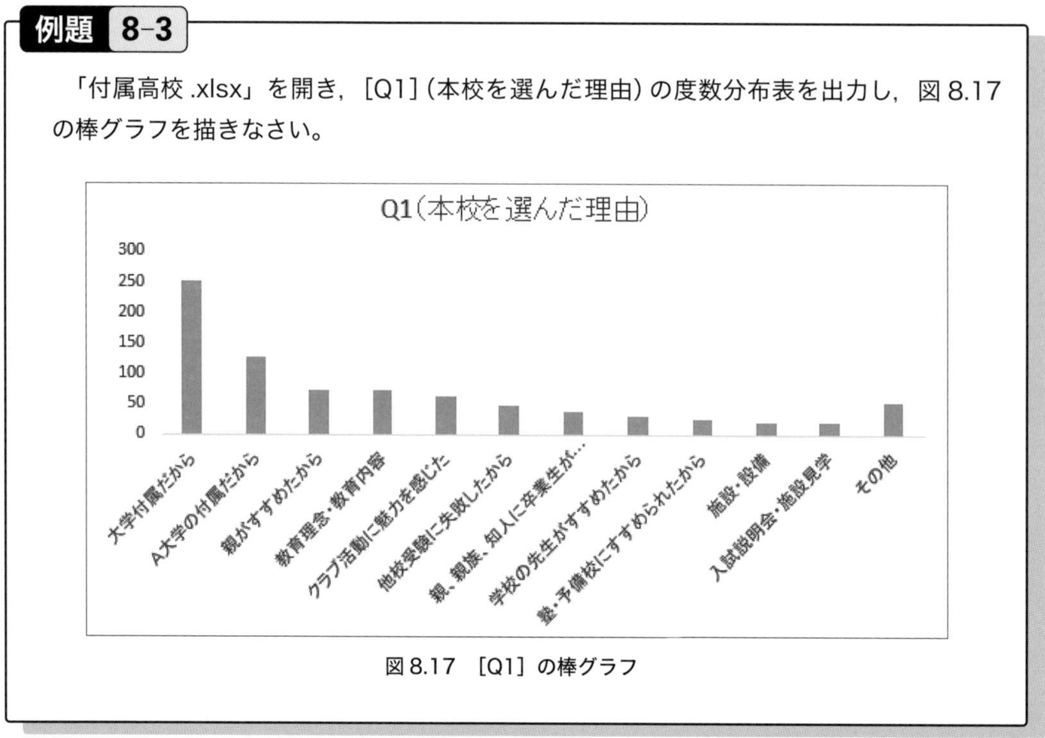

例題 8-3

「付属高校.xlsx」を開き，[Q1]（本校を選んだ理由）の度数分布表を出力し，図 8.17 の棒グラフを描きなさい。

図 8.17　[Q1] の棒グラフ

多重回答を求める質問項目に対しては，回答項目ひとつひとつについて単数回答と同様にピボットテーブル機能を用いて集計を繰り返すしかないのだろうか。

図 8.18 は，[Q 1] の最初の回答（Q 1-1）をピボットテーブル機能を用いて集計した結果である（[(空白)] は除去してある）。

	A	B
1		
2		
3	行ラベル	個数 / Q1-1 大学付属だから
4	0	136
5	1	252
6	**総計**	**388**

図 8.18　[Q1-1（大学付属だから）] のピボットテーブルによる集計

もしデータ入力に誤りがなく，欠測値の度数が対象となる質問項目のすべて（[Q 1] での 12 の選択肢すべて）で同じである場合は，それぞれの項目ごとに（[Q 1] では D 列から O 列まで）データの合計を求めればよい。空白セルは無視され，「1」という値をもつものだけが合計されるから，データの「合計」はその項目を選択した人数（度数）に一致する。

まず「付属高校.xlsx」を開き，セル「D 2」でウィンドウ枠を固定しておく。「395」行目に合計を求めていこう。

データの合計

1. データを集計したいセル（ここではセル「D 395」）をクリックし，**[ホーム]**タブの**[編集]**グループの∑**（オート SUM）**をクリックする。
2. セル「D 351」が空白セルなので，SUM 関数の引数の範囲が図 8．19 のようにセル「D 352」からセル「D 394」までに設定されるので，範囲の開始セルをセル「D 2」に変更し，Enter キーを押して確定する（図 8．20）。
3. セル「D 395」の内容を，セル「E 395」からセル「O 395」までコピーする。

	A	B	C	D	E	
1	番号	学校	学年	Q1-1 大学付属だから	Q1-2 A大学の付属だから	Q1 育 教
392	391	2	3	1	1	
393	392	2	3	1	0	
394	393	2	3	1	0	
395				=SUM(D352:D394)		
396				SUM(数値1, [数値2], ...)		

図 8.19　セル「D395」をクリックし，[合計] をクリックしたところ

	A	B	C	D
1	番号	学校	学年	Q1-1 大学付属だから
392	391	2	3	1
393	392	2	3	1
394	393	2	3	1
395				252

図 8.20　SUM 関数の引数の開始セルをセル「D2」に変更したところ

これでセル「D 395」からセル「O 395」までに，［Q 1］の各項目を選んだ総人数が計算された。

次は別のシートに，［Q 1］の 12 の回答項目の内容とその度数を入力し，各項目を選んだ人数（度数）の大きさの順に並べ替える。

データの並べ替え

1. 「アンケート」シートのタブの右側の ＋ **（新しいシート）**をクリックして，新しいシート（「Sheet 1」）を作成する。
2. 「Sheet 1」シートのセル「A 1」からセル「A 12」に，［Q 1］の回答項目を入力する。
3. 「アンケート」シートのセル「D 395」からセル「O 395」までを選択し，**（コピー）**をクリックする。
4. 「Sheet 1」シートのセル「B 1」で右クリックし，表示されるメニューから**[形式を選択して貼り付け]**をクリックする。
5. **[形式を選択して貼り付け]**ダイアログボックスが開くので，**[貼り付け]**の**「値」**と右下の**「行 / 列の入れ替え」**にチェックを入れて，**[OK]**をクリックする（図 8．21）（**「値」**をチェックしたので，関数などの定義ではなく，「アンケート」シートのセル「D 395」からセル「O 395」までの値そのものが，「Sheet 1」のセル「B 1」からセル「B 12」まで行と列が入れ替わってコピーされる）。
6. 「その他」を除くセル「A 1」からセル「B 11」までを選択する（図 8．22）。
7. **[データ]**タブの**[並べ替えとフィルター]**グループの**[並べ替え]**をクリックすると，**[並べ替え]**ダイアログボックス（図 8．23）が表示されるので，B 列を対象に**[大きい順]**で並べ替える。

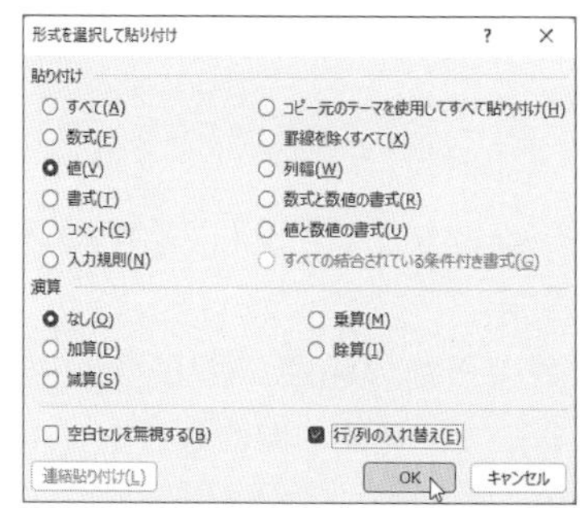

図 8.21 ［形式を選択して貼り付け］ダイアログボックスの設定

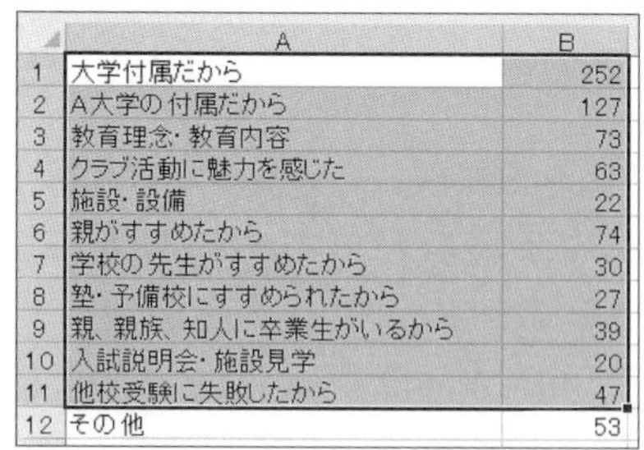

	A	B
1	大学付属だから	252
2	A大学の付属だから	127
3	教育理念・教育内容	73
4	クラブ活動に魅力を感じた	63
5	施設・設備	22
6	親がすすめたから	74
7	学校の先生がすすめたから	30
8	塾・予備校にすすめられたから	27
9	親、親族、知人に卒業生がいるから	39
10	入試説明会・施設見学	20
11	他校受験に失敗したから	47
12	その他	53

図 8.22 セル「A1」からセル「B11」までを選択したところ

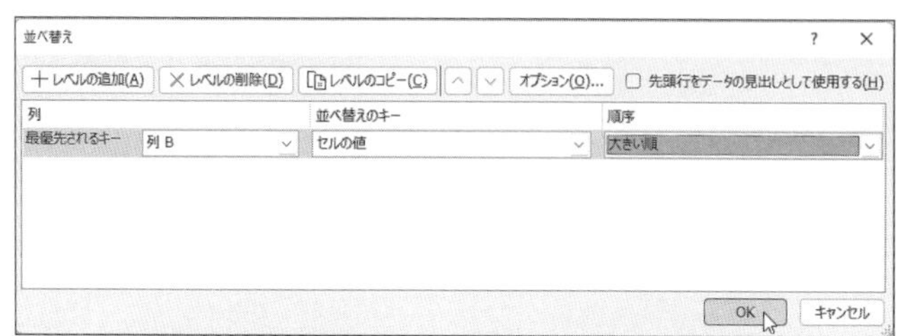

図 8.23 ［並べ替え］ダイアログボックスの設定

これで最終的に，「その他」を除いて度数の大きさに従って降順に各項目が並べ替えられた（図 8.24）。

	A	B
1	大学付属だから	252
2	A大学の付属だから	127
3	親がすすめたから	74
4	教育理念・教育内容	73
5	クラブ活動に魅力を感じた	63
6	他校受験に失敗したから	47
7	親、親族、知人に卒業生がいるから	39
8	学校の先生がすすめたから	30
9	塾・予備校にすすめられたから	27
10	施設・設備	22
11	入試説明会・施設見学	20
12	その他	53

図 8.24 ［Q1］の各項目が度数順に並べ替えられた

p. 170 の例題 8-2［Q 2］と同じ手順で，得られた度数分布表から棒グラフを描く（図 8.17）。

もしパーセント表示にしたければ，集計の際に各度数を有効回答数（［Q 1］では 388）で割り，100 倍したものを各項目の値に変更すればよい。

多重回答で留意しなければならないのは，それぞれの回答を選択した度数の合計は，延べ回答数としての意味しかもたないことである。それぞれの回答の比率を求める際に，回答ごとの度数を「延べ回答数」で割っても，回答者全体の中でその回答を選択した人の割合にはならない。多重回答をパイチャート（円グラフ）で表示すると誤解を招くので，決して行ってはならない。

8-2-3 グループ別のグラフ表示

例題 8-4

「付属高校 .xlsx」を開き，［学校］の［Q2］(共学についての質問) 回答別積み上げ縦棒グラフ (図 8.25) を作成しなさい。さらに縦軸を％で表示した 100% 積み上げ縦棒グラフ (図 8.26) も作成しなさい。

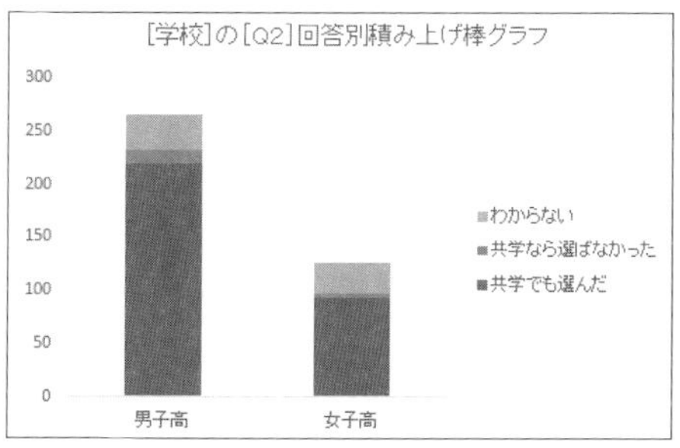

図 8.25 ［学校］の［Q2］回答別積み上げ縦棒グラフ

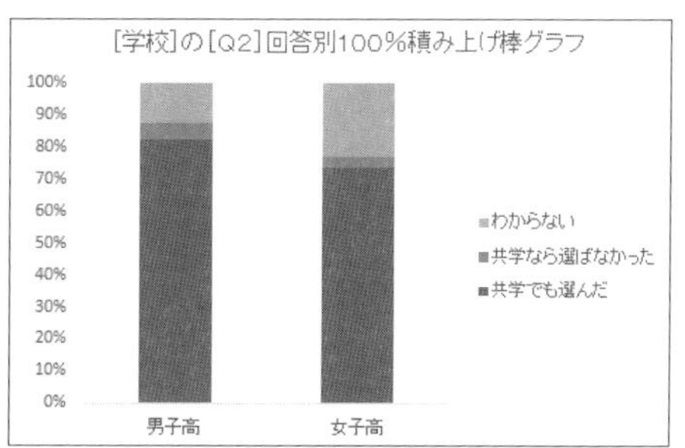

図 8.26 ［学校］の［Q2］回答別 100% 積み上げ縦棒グラフ

積み上げ縦棒グラフを作成するには，［学校］ごとに［Q 2］の回答を集計した**クロス表 (分割表)** を作成する必要がある (表 8.2)。

表 8.2 ［学校］と［Q2］(共学についての質問) 回答のクロス表

	共学でも選んだ	共学なら選ばなかった	わからない	合計
男子高	219	13	33	265
女子高	93	4	29	126
合計	312	17	62	391

●**ピボットテーブルによるクロス表作成**

クロス表を作成するための手順は，p. 167 の「ピボットテーブルの作成」とほぼ同様である。**［ピボットテーブルのフィールド］**内の作業を，以下の通り実行しよう。

［ピボットテーブルのフィールド］の設定 (2)

1 ［学校］を行の変数として指定するため，右側に表示されているフィールドリストの中から［学校］をドラッグし，**［行］**の下にドロップする。

2 ［Q 2］を列の変数として指定するため，右側に表示されているフィールドリストの中から［Q 2］をドラッグし，**［列］**の下にドロップする (この操作が 1 変数の場合の集計と異なる)。

3 ［学校］（または［Q 2］）のデータの個数の集計を行うので，**［Σ値］**と書かれている場所に，［学校］（または［Q 2］）をドロップする。

4 **［Σ値］**と書かれている場所にある［学校］（または［Q 2］）が表示される**［合計／学校］**（または**［合計／Q 2］**）をクリックし，表示されるメニューから**［値フィールドの設定］**をクリックする。

5 **［値フィールドの設定］**ダイアログボックスで，**［集計方法］**を「合計」から「個数」に変更する。

これで［学校］と［Q 2］のピボットテーブルが作成されたが，［Q 2］に 2 件の欠測値があるため，［(空白)］という項目が表示されている。［Q 2］のラベルが入力されているセル「B 3」の右側の▼をクリックし，［(空白)］のチェックを外すと，図 8．27 のピボットテーブルが得られる。

ピボットテーブルが作成されたシートの名前を，「ピボットテーブル」に変更しておく。

	A	B	C	D	E
1					
2					
3	**個数 / 学校**	**列ラベル**			
4	**行ラベル**	**1**	**2**	**3**	**総計**
5	1	219	13	33	265
6	2	93	4	29	126
7	**総計**	**312**	**17**	**62**	**391**

図 8.27 ［学校］と［Q2］(共学についての質問) のピボットテーブル

	A	B	C	D
1		共学でも選んだ	共学なら選ばなかった	わからない
2	男子高	219	13	33
3	女子高	93	4	29

図 8.28 ［学校］と［Q2］(共学についての質問) の集計表

次に図 8．27 のピボットテーブルから集計表を完成させよう。

ピボットテーブルから集計結果をコピー

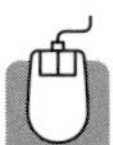

1 「集計結果」という名前のシートを新しく作成し，このシートのセル「A 2」に「男子高」，セル「A 3」に「女子高」と入力する。

2 「集計結果」シートのセル「B 1」からセル「D 1」に，［Q 2］の回答項目を入力する。

3 図 8．27 の「ピボットテーブル」シートの度数の部分（セル「B 5」からセル「D 6」まで）を，「集計結果」シートのセル「B 2」からセル「D 3」へコピーする。

4 「集計結果」シートのセル「A 1」からセル「D 3」まで罫線を引く。

●［学校］の［Q 2］（共学についての質問）回答別積み上げ縦棒グラフ

準備が整ったので，［学校］ごとに［Q 2］の回答がどう分布しているか，積み上げ縦棒グラフを描いてみよう。

積み上げ縦棒グラフの作成

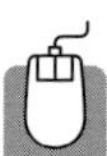

1 データの範囲（ここでは「集計結果」シートのセル「A 1」からセル「D 3」まで）をアクティブにする。

2 **[挿入]** タブの **[グラフ]** グループの **[縦棒 / 横棒グラフの挿入]** をクリックする。
3 表示される縦棒グラフから，2 次元の **[積み上げ縦棒]** グラフをクリックする(図 8.29)。
4 [Q 2] が横軸にグラフが描かれる場合には，**[グラフのデザイン]** タブの **[データ]** グループの **[行／列の切り替え]** をクリックする。
5 **[凡例の書式設定]** で「凡例の位置」を「右」にし，目盛線を消去しタイトルを変更する。

これで図 8.25 の積み上げ縦棒グラフが描かれる。

この図では，「男子高」の回答数が「女子高」の回答数のほぼ倍になっているので，[Q 2] のそれぞれの回答の割合を [学校] 別に比較できない。そこで積み上げ縦棒グラフがアクティブな状態で，**[グラフのデザイン]** タブの **[種類]** グループの **[グラフの種類の変更]** をクリックし，**[グラフの種類の変更]** ダイアログボックスで **[100% 積み上げ縦棒]** を選択 (図 8.30) すると，図 8.26 が得られる。男子高の方が，女子高に比べ「共学でも選んだ」と回答した生徒の割合がやや高いことがわかる。

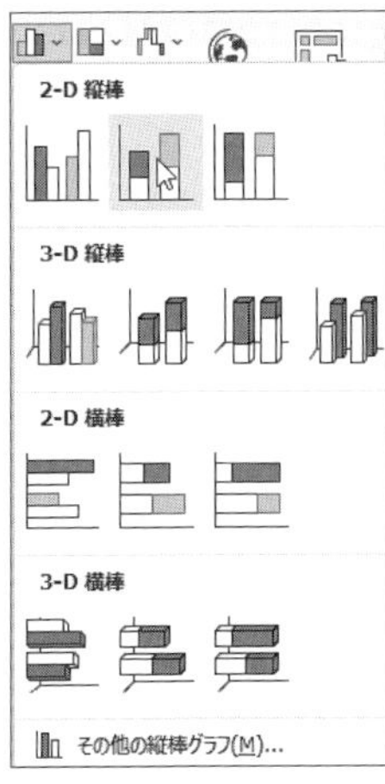

図 8.29 [積み上げ縦棒] グラフを選択しているところ

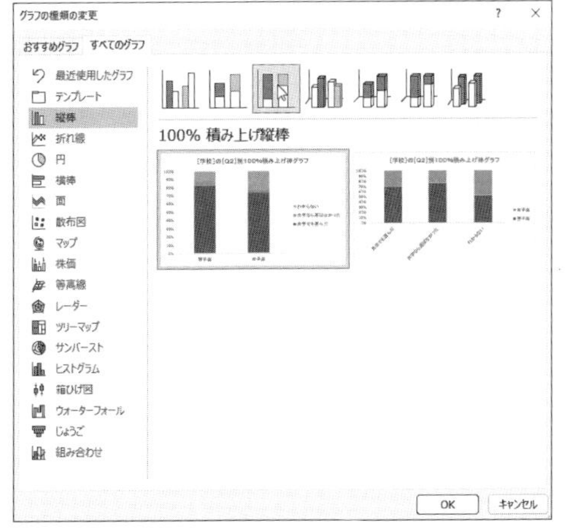

図 8.30 [グラフの種類の変更] ダイアログボックス

8 章 Excel によるカテゴリーデータの集計

8-3 クロス表と変数間の関連

例題 8-5

「付属高校.xlsx」を開き，［Q2］(共学についての質問) と［学校］の関係をみるため，2つの変数に関連性があるか，検討しなさい。

図 8.26 の 100% 積み上げ縦棒グラフを眺めると，「男子高」では「共学でも選んだ」，あるいは「共学なら選ばなかった」という回答が「女子高」より多く，反対に「わからない」と答えている割合は「女子高」の方が多い。[Q 2] に対する回答が，たまたま偶然にこれだけの差を生じたのか，それとももともと 2 つの高校で [Q 2] の回答に差があるのかを考察していこう[注3]。

8-3-1 期待度数

[Q 2] に対する 2 名の欠測値を除くと，総合計 391 人のうち，「男子高」は 265 人，「共学でも選んだ」と回答したのは 312 人であるから，

$$\text{「男子高の生徒」の割合} = \frac{265}{391}$$

$$\text{「共学でも選んだ」人の割合} = \frac{312}{391}$$

である。[学校] の間で [Q 2] の回答に差がない，あるいは [学校] と [Q 2] の 2 つのカテゴリー変数が**独立** (無関係) であると仮定できるならば，

$$\text{「男子高の生徒」かつ「共学でも選んだ」人の割合} = \frac{265}{391} \times \frac{312}{391}$$

となるはずである[注4]。2 つのカテゴリー変数が独立 (無関係) である，という仮定の下では，

$$\text{「男子高の生徒」かつ「共学でも選んだ」セルの期待度数} = 391 \times \frac{265}{391} \times \frac{312}{391} = \frac{265 \times 312}{391} = 211.5$$

となる。最後の結果から，あるセルの期待度数は

$$\text{あるセルの期待度数} = \frac{\text{そのセルの列の合計人数} \times \text{そのセルの行の合計人数}}{\text{総人数}}$$

で求められることがわかった。

注 [3] この節では，「独立性の検定」と呼ばれる統計手法の概略を述べる。詳しくは例えば 篠崎・竹内著『統計解析入門［第 3 版］』(サイエンス社) 等の統計学のテキストを参照されたい。
[4] 独立な 2 つの事象が起きる確率は，それぞれの事象が起きる確率の積になる。

［Q 2］と「男子高・女子高」の例で，すべてのセルの期待度数を計算すると，表 8.3 の通りとなる。

表 8.3　［学校］と［Q2］（共学についての質問）の期待度数

	共学でも選んだ	共学なら選ばなかった	わからない	合計
男子高	211.5	11.5	42.0	265
女子高	100.5	5.5	20.0	126
合計	312	17	62	391

8-3-2 独立性の検定

さて，『2 つのカテゴリー変数は独立（無関係）である』という仮説が真であるときに，p. 175 の表 8.2 の観測度数と表 8.3 の期待度数のような乖離が生じる確率が *p* 値である。

p 値は近似的に求められるものであり，精度を保つためには，各セルの期待度数を少なくとも 3 以上（可能ならば 5 以上）にする必要があるので，注意しよう。

●データシートの準備

［学校］と［Q 2］のクロス表は，すでに例題 8-4 でピボットテーブル機能を用いて作成したので，ここから出発しよう。「集計結果」シートの図を Delete キーを押して消去し，合計の欄を追加して，合計を含めてピボットテーブルから集計結果をコピーし直す（図 8.31）。また，罫線を引き，セル「A 1」に「観測度数」と入力する。

	A	B	C	D	E
1	観測度数	共学でも選んだ	共学なら選ばなかった	わからない	合計
2	男子高	219	13	33	265
3	女子高	93	4	29	126
4	合計	**312**	**17**	**62**	**391**

図 8.31　［学校］と［Q2］（共学についての質問）の集計表（合計を追加）

期待度数作成の準備

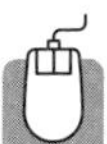

1 セル「A 1」からセル「E 4」をセル「A 8」からセル「E 11」にコピーし，罫線を引く。
2 セル「A 8」に「期待度数」と入力する。
3 期待度数のテーブルの合計以外の各セル（セル「B 9」からセル「D 10」までを選択し，Delete キーを押して消去する（図 8.32）。

8	期待度数	共学でも選んだ	共学なら選ばなかった	わからない	合計
9	男子高				265
10	女子高				126
11	合計	**312**	**17**	**62**	**391**

図 8.32　［学校］と［Q2］（共学についての質問）の期待度数作成の準備が終わったところ

以上の操作で図 8.32 が作成される。

次に図８.32 のセル「B 9」からセル「D 10」に，期待度数を求めていく。

期待度数を求める

1 「男子高」と「共学でも選んだ」という項目が交差するセル「B 9」に「＝ $E 9*B$ 11 / E 11」と入力し，小数点以下 1 桁を表示させる。

2 設定した式をまずセル「C 9」とセル「D 9」にコピーし，次にセル「B 9」からセル「D 9」までをセル「B 10」からセル「D 10」にコピーする（図８.33）。

8	期待度数	共学でも選んだ	共学なら選ばなかった	わからない	合計
9	男子高	211.5	11.5	42.0	265
10	女子高	100.5	5.5	20.0	126
11	合計	**312**	**17**	**62**	**391**

図 8.33　［学校］と［Q2］（共学についての質問）の期待度数作成を計算したところ

各セルの観測度数と期待度数の差を２乗して，期待度数で割った値を求め，それらの値のすべてのセルでの総和をとったものを，x_0^2 と定義する。

$$x_0^2 = \frac{(\text{観測度数}-\text{期待度数})^2}{\text{期待度数}} \text{ のすべてのセルの総和}$$

x_0^2 は，『2 つのカテゴリー変数は独立である』という仮説が真であれば，近似的に自由度が（行の数－1）×（列の数－1）の x^2 分布にしたがう。

x^2 分布は，自由度によってその形状が図８.34 のように変化する。この図の滑らかな曲線は確率密度（関数）と呼ばれ，その値が大きいほど x^2 分布にしたがう確率変数がその近くの値をとる確率が大きいことを意味する。

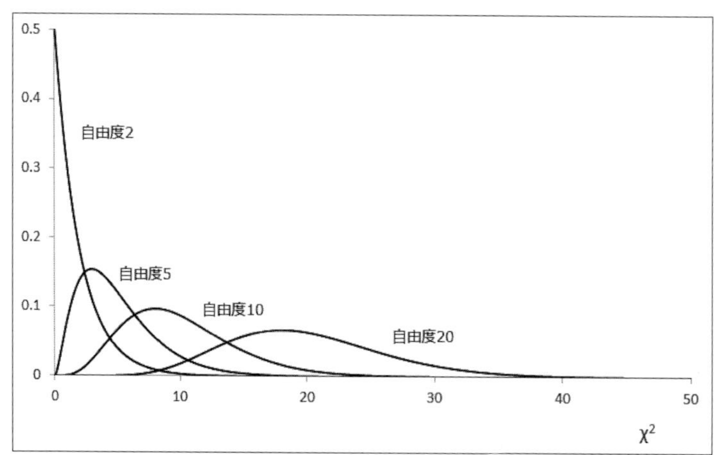

図 8.34　x^2 分布の形状

次に，『2つのカテゴリー変数は独立（無関係）である』という仮説の検定方法を考える。もしこの仮説が真であれば，この仮説のもとに求められた期待度数は観測度数の値と大きくかけ離れた値はとらないため，x_0^2 の値は大きくならないだろう。反対に，2つのカテゴリー変数に何らかの関連があれば，いくつかのセルで期待度数は観測度数から乖離し，結果として x_0^2 の値が大きくなるだろう。そこで，『独立（無関係）である』であるという仮説が真であるにもかかわらず，誤ってこの仮説を棄却してしまう確率（この確率を**有意水準**という）を5%（あるいは1%）として，上側の確率が5%（あるは1%）となる値より x_0^2 の値が大きいときに，『2つのカテゴリー変数は独立である』という仮説を棄却し，そうでない場合はこの仮説を採択する。

［学校］と［Q 2］の例題では，表8.2と表8.3の各セルの観測度数と期待度数の値から，

$$x_0^2=\frac{(219-211.5)^2}{211.5}+\frac{(13-11.5)^2}{11.5}+\cdots+\frac{(29-20.0)^2}{20.0}=7.432$$

と求められる。行の数は2，列の数は3であるから，x^2 分布の自由度は $(2-1)\times(3-1)=2$ である。自由度2の x^2 分布の上側の確率が5%となる値は5.991（図8.35）であり，求められた $x_0^2=7.432$ は5.991より大きいので，有意水準5%で『［学校］と［Q 2］は独立である』という仮説は棄却される。どうやら［学校］と［Q 2］には何らかの関連性がありそうだと考えられる。

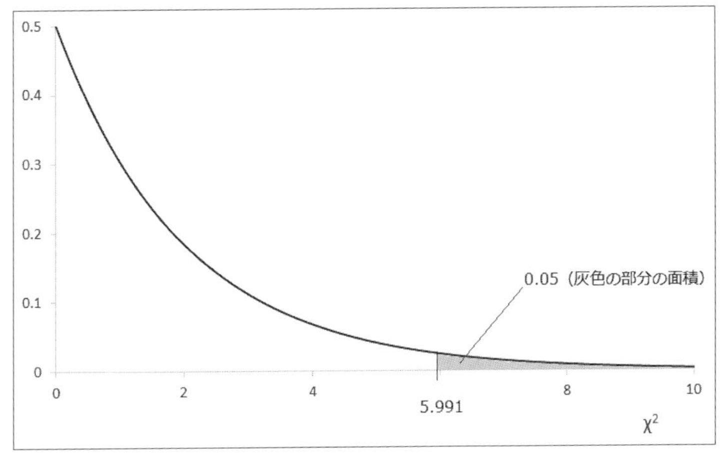

図8.35　自由度2の x^2 分布と上側5%点

独立性の検定を実行する

1. セル「A 15」に「(観測度数－期待度数) ＾ 2 ／期待度数」と入力する。
2. セル「A 8」からセル「D 10」までを，セル「A 17」からセル「D 19」に貼り付ける。
3. セル「B 18」からセル「D 19」までを Delete キーにより消去する。
4. セル「B 18」に「＝(B 2 -B 9) ＾ 2 /B 9」と入力し，セル「B 18」をセル「B 19」にコピーし，さらにセル「B 18」から「B 19」までをセル「D 18」から「D 19」までコピーする。
5. セル「A 21」に「χ 2 乗値」と入力し，セル「B 21」にセル「B 18」からセル「D 19」までの合計を求める。

6 セル「A 23」に「上側 5% 点」と入力し，セル「B 23」を選択し，*fx* **(関数の挿入)** をクリックして「統計」分類の **[CHISQ.INV]**（x^2 分布の下側確率から元の値を求める関数）を選択する。

7 表示される **[関数の引数]** ダイアログボックスで，「確率」に「0.95」（上側確率が 0.05 なので，下側確率は 1−0.05=0.95)，「自由度」に「2」を入力し，**[OK]** をクリックする。

	A	B	C	D
15	(観測度数－期待度数)^2／期待度数			
16				
17	期待度数	共学でも選んだ	共学なら選ばなかった	わからない
18	男子高	0.269	0.190	1.936
19	女子高	0.566	0.399	4.073
20				
21	χ2乗値	7.432		
22				
23	上側5%点	5.991		

図 8.36 x_0^2，上側 5% 点を求めたところ（桁数は適当に調整してある）

これでセル「B 21」に x_0^2 の値（7.432）が，セル「B 23」に自由度 2 の x^2 分布の上側の確率が 5% となる値（5.991）が求められた。

8-3-3 独立性の検定における *p* 値

p 値とは，x^2 分布の上側確率が 5%（あるいは 1%）となる点を『2 つのカテゴリー変数は独立である』という仮説を棄却する領域の下限とするのではなく，実際に求められた x_0^2 を下限とした場合に，『2 つのカテゴリー変数は独立である』という仮説が真であるのに誤って棄却されてしまう確率である。言い換えれば，x^2 分布にしたがう確率変数が実際に求められた x_0^2 よりも大きい値をとる確率が，*p* 値である（図 8.37）。

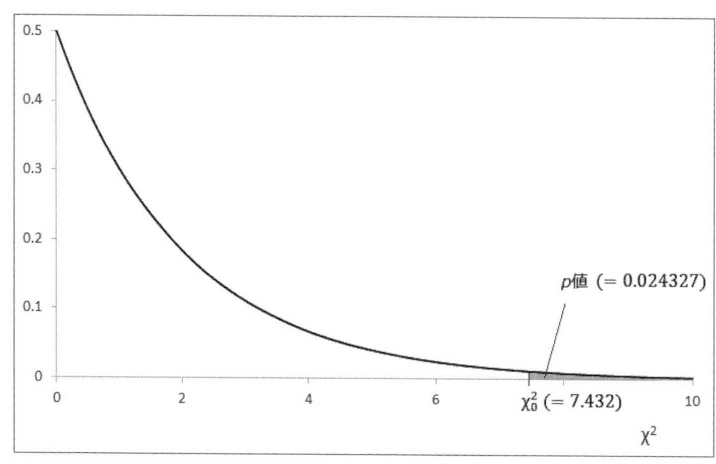

図 8.37 x_0^2 の値と *p* 値の関係

p 値を求める

1 セル「A 25」に「*p* 値」と入力する。

2 セル「B 25」に「＝1－」と入力し，*fx*（関数の挿入）をクリックした後，「統計」分類の**[CHISQ.DIST]**（x^2 分布のある値以下の確率または確率密度の値を求める関数）を選択する。

3 **[関数の引数]**ダイアログボックスの「X」に「B 21」，「自由度」に「2」，「関数形式」に「1」（または「TRUE」）と入力する**（図 8 . 38）**。（「関数形式」を「1」または「TRUE」と入力すると「X」以下の値をとる下側確率が，「0」または「FALSE」と入力すると「X」に対する確率密度の値を求めることができる。）

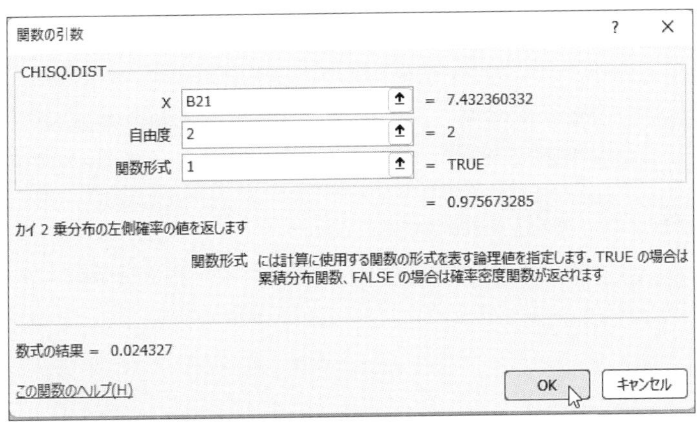

図 8.38　[CHISQ.DIST] の [関数の引数] ダイアログボックス

15	（観測度数－期待度数）^2／期待度数			
16				
17	期待度数	共学でも選んだ	共学なら選ばなかった	わからない
18	男子高	0.269	0.190	1.936
19	女子高	0.566	0.399	4.073
20				
21	χ2乗値	7.432		
22				
23	上側5%点	5.991		
24				
25	p値	0.024327		
26				

図 8.39　*p* 値を求めたところ（桁数は適当に調整してある）

この結果，セル「B 23」には「＝1－CHISQ.DIST（B 21, 2, 1）」という式が定義され，*p* 値として「0 . 024327」が求められる**（図 8 . 39）**。もし『[男子高] と [女子高] で，[Q 2] の回答に差がない』という仮説が真であるとき，表 8 . 2 の観測度数と表 8 . 3 の期待度数のような乖離が生じてしまう確率は，2 . 4327% であるという結果がでた。このような小さい確率の事象が実際に生じたと考えるよりは，[Q 2] の回答は [学校] によって異なっていると判断すべきだろう。

観測度数と期待度数が求められていれば，p 値は「統計」分類の［CHISQ.TEST］という関数を用いて計算することもできる。

［CHISQ.TEST］関数を用いて p 値を求める

1 セル「B 25」に p 値が求められているが，このセルを選択し，Delete キーにより消去する。
2 fx（関数の挿入）をクリックして，統計分類の［CHISQ.TEST］を選択する。
3 ［関数の引数］ダイアログボックスが現れるので，［実測値範囲］には観測度数が入力されたセル範囲「B 2:D 3」を指定し，［期待値範囲］には期待度数が計算されているセル範囲「B 9:D 10」を指定し，［OK］をクリックする（図 8.40）。

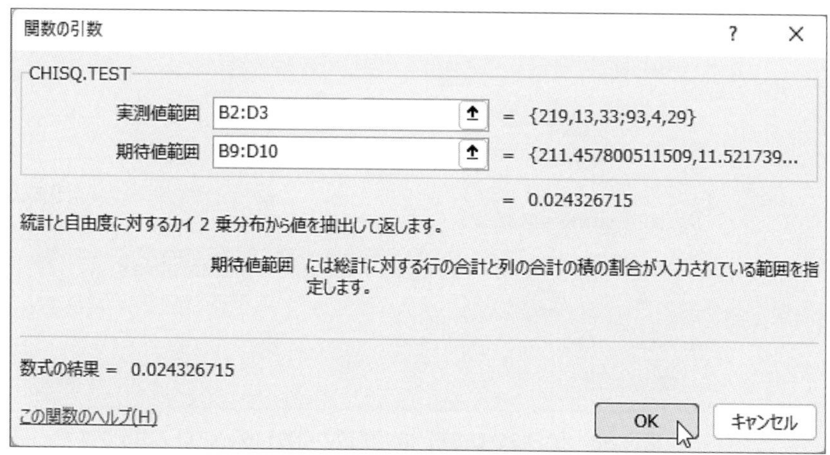

図 8.40 ［CHISQ.TEST」の［関数の引数］ダイアログボックス

補足： 181 ページで説明した通り，「2 つのカテゴリー変数は独立（無関係）である」という仮説が真であるにもかかわらず，この仮説を誤って棄却してしまう確率を有意水準という。p 値があらかじめ定めた有意水準以下である場合に，「2 つのカテゴリー変数は独立（無関係）である」という仮説が棄却される。求められた p 値は 2.4327% であるから，有意水準 5% では「2 つのカテゴリー変数は独立（無関係）である」という仮説は棄却されるが，有意水準 1% ではこの仮説は棄却されない。「2 つのカテゴリー変数が実際に独立（無関係）であれば，20 回に 1 回以下でしか起きない結果が生じたが，100 回に 1 回以下でしか起こらないほどではない」と理解すればいいだろう。

演習問題

演習 8.1 p. 165 の例題 8-1 以降で用いた「付属高校 .xlsx」を開き，[Q 3]，[Q 4] および [Q 6] の度数分布表を出力しなさい。

演習 8.2 演習 8．1 の結果から，[Q 6] の棒グラフと [Q 3] のパイチャート（円グラフ）を描きなさい。

演習 8.3 「付属高校 .xlsx」を開き，[Q 5] の度数分布表を出力し，棒グラフを描きなさい。

演習 8.4 「付属高校 .xlsx」を開き，[Q 3] の [学校] 別積み上げ縦棒グラフを作成しなさい。さらに 3-D 縦棒グラフ（ブロック図）も描きなさい。

演習 8.5 「付属高校 .xlsx」を開き，[Q 3]（本学を共学にした方がいいと思いますか）と [学校] の関係をみるため，2 つの変数に関連性があるか，検討しなさい。

9章 Excelによるデータ解析の応用

●——本章ではExcelとその拡張機能を使って，回帰分析などのやや複雑なデータ解析の応用を学ぶ。

9-1 時系列データ

ある時間間隔(1時間ごとなど)で観測されるデータを時系列データと呼ぶ。時系列データが時間とともにいかに変化しているかをみるために，Excelでは折れ線グラフを描いて視覚化することができる。

9-1-1 時系列データ：変動と移動平均

この節では変動する時系列データを折れ線グラフで視覚化し，変動を表す指標の計算を通して高度な関数の使い方を学ぶ。さらに，変動をスムーズにして傾向を表す移動平均の作り方を学ぼう。

例題 9-1

ダウンロードデータ「例題9-01.xlsx」を開く。このデータは日本の代表的な企業の株価を平均した日経平均株価を月ごとにまとめたものである(出典：日経平均プロフィル)。この例題では，まず株価の標準偏差を求めてから，時系列データの移動平均を計算し，折れ線グラフに移動平均グラフを追加して表示しなさい。

	A	B	C	D	E	F	G
1	表9.1 日経平均株価						
2							
3	年月	平均株価	偏差	偏差2乗	3ヶ月移動平均	6ヶ月移動平均	12ヶ月移動平均
99	2018年12月	20,014.77	3,506	12,290,717	21,428.76	22,304.20	22,285.02
100	2019年1月	20,773.49	4,265	18,186,232	21,046.44	22,007.50	22,091.29
101	2019年2月	21,385.16	4,876	23,777,345	20,724.47	21,760.83	22,034.36
102	2019年3月	21,205.81	4,697	22,060,417	21,121.49	21,275.13	22,013.66
103	2019年4月	22,258.73	5,750	33,059,876	21,616.57	21,331.50	21,996.23
104	2019年5月	20,601.19	4,092	16,746,362	21,355.24	21,039.86	21,862.84
105	2019年6月	21,275.92	4,767	22,723,925	21,378.61	21,250.05	21,777.13
106	2019年7月	21,521.53	5,013	25,125,877	21,132.88	21,374.72	21,691.11
107	2019年8月	20,625.16	4,116	16,943,118	21,140.87	21,248.06	21,504.44
108	2019年9月	21,755.84	5,247	27,529,769	21,300.84	21,339.73	21,307.43
109	2019年10月	22,927.04	6,418	41,191,775	21,769.35	21,451.11	21,391.31
110	2019年11月	23,293.91	6,785	46,035,572	22,658.93	21,899.90	21,469.88
111	2019年12月	23,656.62	7,148	51,089,070	23,292.52	22,296.68	21,773.37
112	最高	24,120.04	偏差2乗和	2,446,912,862			
113	最低	8,434.61	データの数	108.00			
114	平均	16,508.96	分散	22,868,344.51			
115	標準偏差	4,782.09	平方根	4,782.09			
116							

図9.1 日経平均株価の時系列と移動平均の完成例

●各種統計量の計算

まず，データの行数が多いので，項目行がつねに表示されるように，p.165で述べたやり方でウィンドウ枠を固定しておく。そして，個別の統計関数を使って，最大(最高値)・最小(最安値)・平均・標準偏差を求める。それぞれ，MAX，MIN，AVERAGE，STDEV.S関数を使い，データ列の下(ここではセル「B112:B115」)に計算しておく(図9.2)。

B115 =STDEV.S(B4:B111)

	A	B	C	D	E
1	表9.1 日経平均株価				
2					
3	年月	平均株価			
105	2019年6月	21,275.92			
106	2019年7月	21,521.53			
107	2019年8月	20,625.16			
108	2019年9月	21,755.84			
109	2019年10月	22,927.04			
110	2019年11月	23,293.91			
111	2019年12月	23,656.62			
112	最高	24,120.04			
113	最低	8,434.61			
114	平均	16,508.96			
115	標準偏差	4,782.09			
116					

図 9.2　各種統計量の計算

●標準偏差の計算

標準偏差はデータのばらつき具合を示すのに使われる指標である。Excel では標準偏差は STDEV. S 関数を使って簡単に求まるが，数学的には次のような複雑な計算式である。

$$\sqrt{\frac{1}{n-1}\sum_{i=1}^{n}(x_i-\bar{x})^2} \qquad (9.1)$$

この式は p. 149 の式 7 . 4 と同じであり，n はデータの数，$\bar{x}$ は平均，x_i は各データの値を示す。分母の $n-1$ は平均をとる計算と同じだが，統計では自由度（データ数から 1 を引いた数）で割るのが一般的なので，ここでは Excel の計算式に従って計算する。

データの標準偏差

1. 項目行に「偏差」（セル「C 3」），「偏差 2 乗」（セル「D 3」）を追加する。
2. 平均値（セル「B 114」）を参照しながら，C 列に各月（各行）の平均株価のデータの平均値からの差（**偏差**と呼ぶ）を計算する。このとき，オートフィルでコピーしたときに参照先が変わらないように，平均値のセルを絶対参照（「B 114」）としておく。
3. D 列に偏差の 2 乗を計算する。累乗はキャレット（^）を使って計算できる。
桁数が非常に大きくなるが，ここでの単位は「円」なので，小数点以下 2 桁でよい。
4. オートフィルを使って，同じ計算を最下行（セル「D 111」）まで繰り返す（**図 9 . 3**）。

	A	B	C	D	E
1	表9.1 日経平均株価				
2					
3	年月	平均株価	偏差	偏差 2 乗	
105	2019年6月	21,275.92	4,767	22,723,925	
106	2019年7月	21,521.53	5,013	25,125,877	
107	2019年8月	20,625.16	4,116	16,943,118	
108	2019年9月	21,755.84	5,247	27,529,769	
109	2019年10月	22,927.04	6,418	41,191,775	
110	2019年11月	23,293.91	6,785	46,035,572	
111	2019年12月	23,656.62	7,148	51,089,070	
112	最高	24,120.04			
113	最低	8,434.61			
114	平均	16,508.96			
115	標準偏差	4,782.09			

図 9.3　偏差 2 乗の計算

5. 「偏差 2 乗」の下のセル「D 112」に SUM 関数を使って偏差の 2 乗を合計する（この値を**偏差 2 乗和**と呼ぶ）。

6 **5**で計算した合計値をデータの数マイナス1で割る(セル「D 114」)。この例ではデータの数は行数からわかっているが，データが多い場合には，COUNT関数を使うとよい(図9.4)。ちなみに偏差2乗和を自由度で割ったものを**分散**と呼ぶ(p. 148 式7.3参照)。

7 SQRT関数(p. 122 表6.3参照)を使って，**6**で求めた偏差2乗の平均値の平方根を計算する(セル「D 115」)。

111	2019年12月	23,656.62	7,148	51,089,070
112	最高	24,120.04	偏差2乗和	2,446,912,862
113	最低	8,434.61	データの数	=COUNT(D4:D111)
114	平均	16,508.96	分散	
115	標準偏差	4,782.09	平方根	

図9.4 COUNT関数でデータ数を計数

111	2019年12月	23,656.62	7,148	51,089,070
112	最高	24,120.04	偏差2乗和	2,446,912,862
113	最低	8,434.61	データの数	108.00
114	平均	16,508.96	分散	=D112/(D113-1)
115	標準偏差	4,782.09	平方根	

図9.5 分散の計算

●移動平均

移動平均は数ヶ月間など，ある期間に連続して観測されたデータの平均を求めたもので，対象期間を1期間ずつ移動することで，より滑らかな時系列を得ることができる(3ヶ月移動平均の場合は，3ヶ月分のデータが揃ってから計算することになるので，最初の2ヶ月は計算できない。6ヶ月，12ヶ月も同様である)。

移動平均を求めるには，平均値を求めるAVERAGE関数を使う。次の手順でやってみよう。

移動平均

1 項目行に3ヶ月，6ヶ月，12ヶ月移動平均と入れる(セル「E 3:G 3」)。

2 3ヶ月移動平均は，2011年3月(この例ではセル「E 6」)から計算を始める。3ヶ月平均なので，2011年1月から3月までの連続した平均株価(セル「B 4:B 6」)をAVERAGE関数で計算して入力する(図9.6)。

3 このセル「E 6」から下へ，オートフィルで最終行(セル「E 111」)までコピーする。このとき，AVERAGE関数に設定した入力セル範囲は相対参照なので，自動で1ヶ月分だけずらした移動平均が計算できる。

4 同様にセル「F 9」から6ヶ月分連続のデータを使って，また，セル「G 15」から12ヶ月分のデータを使って，移動平均を計算する(図9.7)。

	A	B	C	D	E	F	G	H
1	表9.1 日経平均株価							
2								
3	年月	平均株価	偏差	偏差2乗	3ヶ月移動平均	6ヶ月移動平均	12ヶ月移動平均	
4	2011年1月	10,237.92	-6,271	39,325,919				
5	2011年2月	10,624.09	-5,885	34,631,673				
6	2011年3月	9,755.10	-6,754	45,614,600	=AVERAGE(B4:B6)			
7	2011年4月	9,849.74	-6,659	44,345,186				

図9.6 3ヶ月移動平均の計算

	A	B	C	D	E	F	G	H
1	表9.1 日経平均株価							
2								
3	年月	平均株価	偏差	偏差2乗	3ヶ月移動平均	6ヶ月移動平均	12ヶ月移動平均	
105	2019年6月	21,275.92	4,767	22,723,925	21,378.61	21,250.05	21,777.13	
106	2019年7月	21,521.53	5,013	25,125,877	21,132.88	21,374.72	21,691.11	
107	2019年8月	20,625.16	4,116	16,943,118	21,140.87	21,248.06	21,504.44	
108	2019年9月	21,755.84	5,247	27,529,769	21,300.84	21,339.73	21,307.43	
109	2019年10月	22,927.04	6,418	41,191,775	21,769.35	21,451.11	21,391.31	
110	2019年11月	23,293.91	6,785	46,035,572	22,658.93	21,899.90	21,469.88	
111	2019年12月	23,656.62	7,148	51,089,070	23,292.52	22,296.68	21,773.37	

図9.7 3ヶ月，6ヶ月，12ヶ月移動平均を計算したところ

1 最初に年月と平均株価だけの折れ線グラフを作成し，グラフの縦軸上でマウスを右クリックして開くメニューで**［軸の書式設定］**を選び，縦軸の最小値を 5000 にすると，変動幅が大きく見えるようになる（図 9.8）。それからグラフの上でマウスを右クリックして開くメニューで**［データの選択］**を選び（**［グラフのデザイン］**タブの**［データの選択］**ボタンを使ってもよい），**［データソースの選択］**ダイアログボックスから**［追加］**をクリックして移動平均のデータを追加する（図 9.9）。

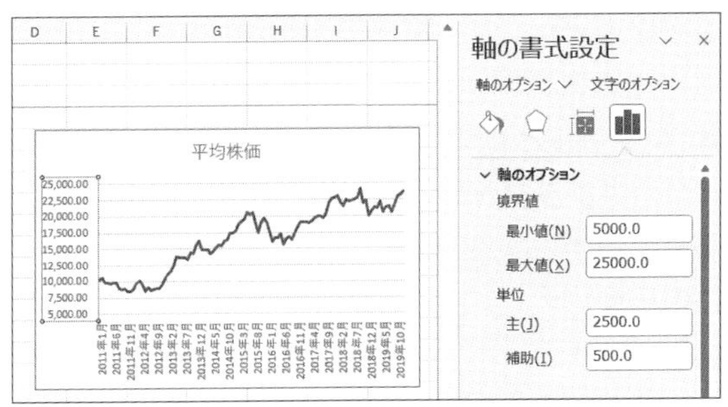

図 9.8　基本的な時系列グラフと軸の書式設定

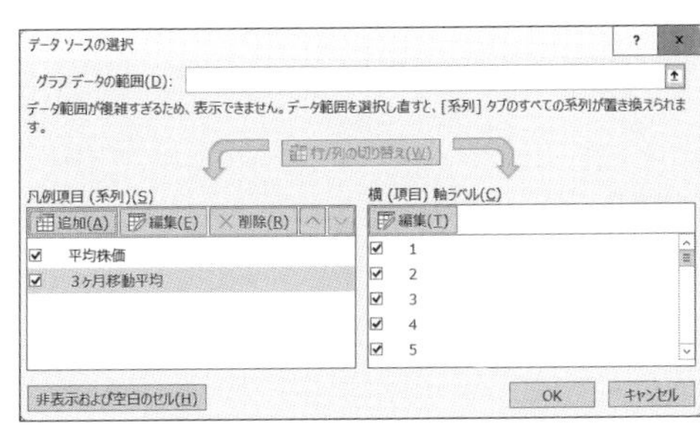

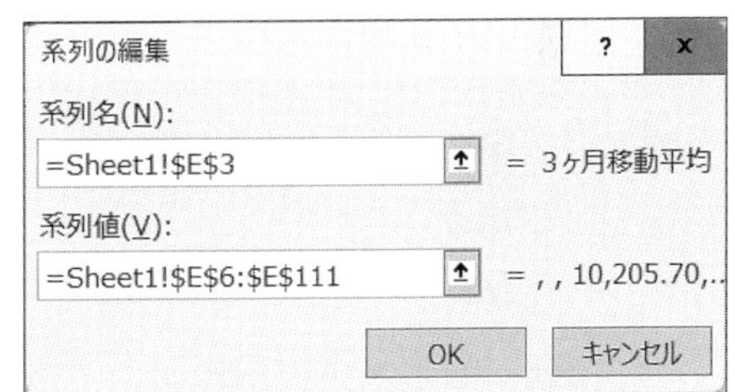

図 9.9　［データソースの選択］ダイアログボックスから移動平均のデータを追加

2 完成した時系列グラフを図 9.10 に示す。**［グラフのデザイン］**タブの**［グラフ要素を追加］**からグラフタイトルを追加しておこう（なお，**［グラフのデザイン］**タブはグラフが選択されているときのみ表示される）。移動平均の期間が長いほど，時系列のカーブが滑らかになることがわかる。

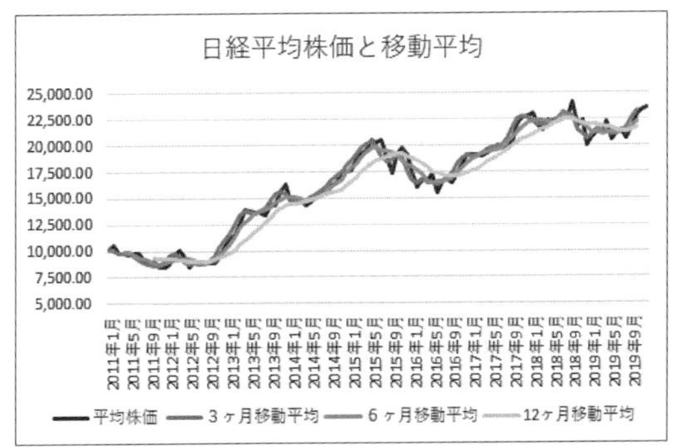

図 9.10　移動平均を追加した時系列グラフ

このように，移動平均は変動の多いデータを滑らかにする効果があり，将来時点の予想をするためによく使われる（平均をとる期間が長いほど，移動平均のカーブが右へ（遅れ方向へ）ずれていってしまうが，これは計算の都合上，どうしても出てしまう現象で，実際の現象とは異なる）。

ところで，第 7 章で述べた分析ツールを使っても移動平均を求めることができる。3 ヶ月移動平均を求めるには次の手順で操作する。

分析ツールによる移動平均の計算

1 **[データ]** タブの **[分析]** グループから **[データ分析]** のボタンをクリックする。

2 「データ分析」のダイアログボックスで **[移動平均]** をクリックして選択する（図 9.11）。

3 「移動平均」のダイアログボックスで **「入力範囲」** を平均株価（セル「B 3:B 111」の範囲）とし，**「先頭行をラベルとして使用」** にチェックを入れる。**「区間」** を 3 として，出力先をセル「E 4」とし，**「グラフ作成」** にチェックを入れて，**[OK]** をクリックする（図 9.12）。

4 「出力先」で指定したセルを先頭にした列に移動平均が出力される（#N/A という表示は計算できないことを示す。3 ヶ月移動平均の場合は最初の 2 ヶ月は #N/A となる）。

5 横軸を年月に直すには，p. 189 の手順 1 と同様に **[データソースの選択]** のダイアログボックスを表示させて，横（項目）軸ラベルを追加するとよい。

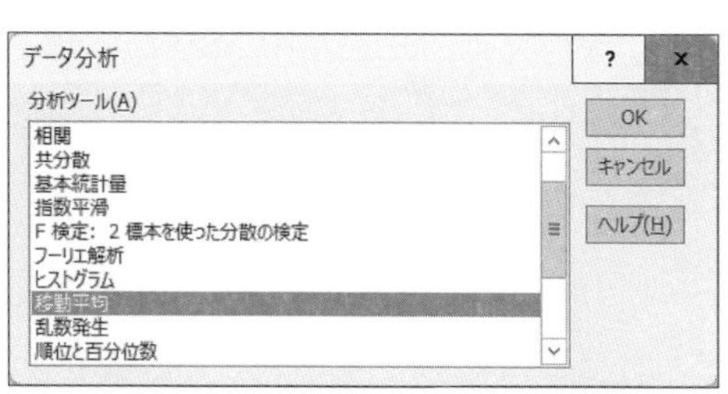

図 9.11　分析ツールで移動平均を選択

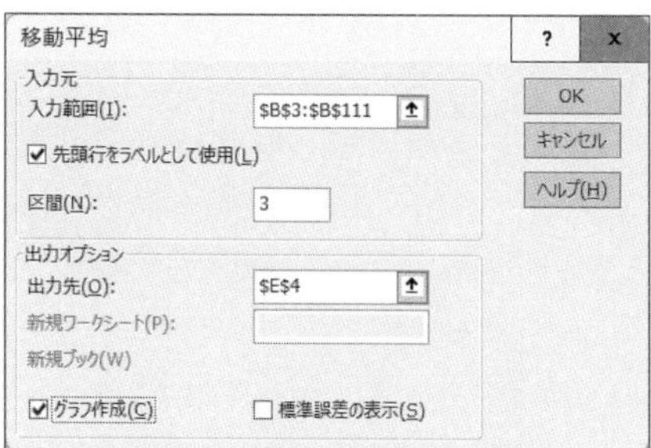

図 9.12　移動平均を求める設定

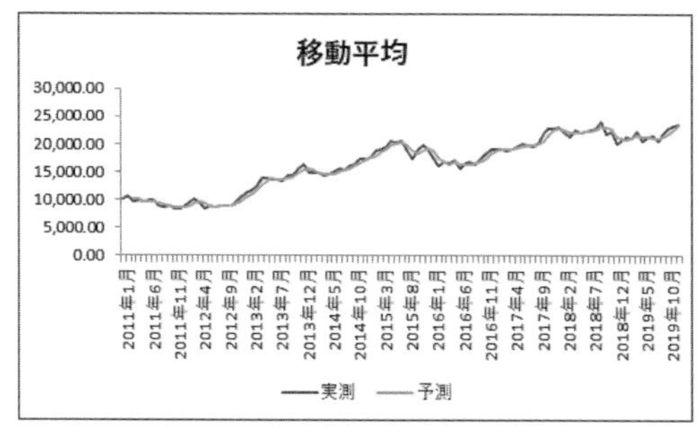

図 9.13　3 ヶ月移動平均のグラフ

同様に「区間」を 6 または 12 とすることで 6 ヶ月および 12 ヶ月移動平均を計算できる。

グラフの折れ線が太すぎたら，**[グラフのデザイン]** タブで **[グラフの種類の変更]** のボタンをクリックして，**「マーカー付き折れ線」** を通常の **「折れ線」** に変更するとよい。なお，凡例の「実測」は元のデータ，「予測」は移動平均を示す。

注　ここでは，各月とそれ以前の月の平均値を使って移動平均を計算したが，各月とそれ以後の月の平均値を使う方法などもある。

9-1-2 散布図と近似曲線

同じ期間で観測されたデータの組であっても，異なるデータ相互間の関係を調べるには散布図が便利である。この節では散布図のデータに基づいて近似曲線と，それを表す近似式を得る方法を学ぶ。

例題 9-2

ダウンロードデータ「例題 9-02.xlsx」を開く。この表は日本国内のガソリンスタンドで記録されたレギュラー・ガソリンの小売価格と国際市場で取引きされる原油価格（ブレント原油）を調べたものである（出典：資源エネルギー庁・統計情報）。ガソリンの小売価格は原料となる原油と連動して変動することが知られている。ここでは，これらのデータを使って，まず散布図を描き，散布図の上にデータの関係を表す近似曲線を追加しなさい。

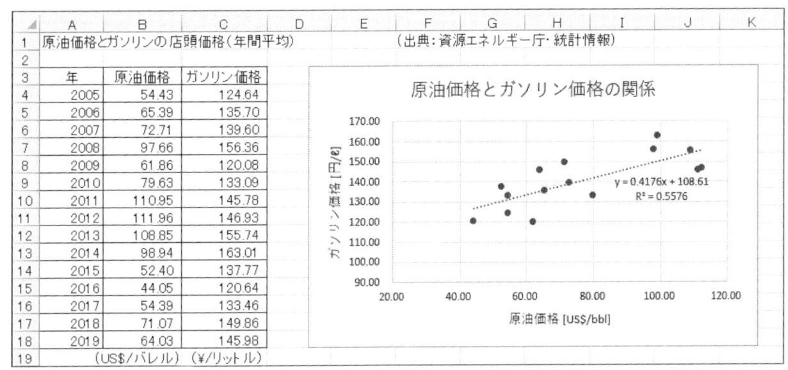

原油価格とガソリンの店頭価格（年間平均）　（出典：資源エネルギー庁・統計情報）

年	原油価格	ガソリン価格
2005	54.43	124.64
2006	65.39	135.70
2007	72.71	139.60
2008	97.66	156.36
2009	61.86	120.08
2010	79.63	133.09
2011	110.95	145.78
2012	111.96	146.93
2013	108.85	155.74
2014	98.94	163.01
2015	52.40	137.77
2016	44.05	120.64
2017	54.39	133.46
2018	71.07	149.86
2019	64.03	145.98
	(US$/バレル)	(¥/リットル)

図 9.14　散布図と近似曲線の完成例

ガソリン価格は原油価格に強く影響されることはよく知られているが，ここでは，この 2 つのデータを使って散布図を描いてみよう（図 9.14）。

散布図と近似曲線

1 まず，セル「B 3:C 18」を選択して散布図を描く。

2 データを示すマーカーが見やすい位置になるように，**［軸の書式設定］**で最小値を調整するとよい（ヒント：ガソリン価格は 90 円以下にはならないので，それ以下の値を軸目盛に表示する必要はない）。

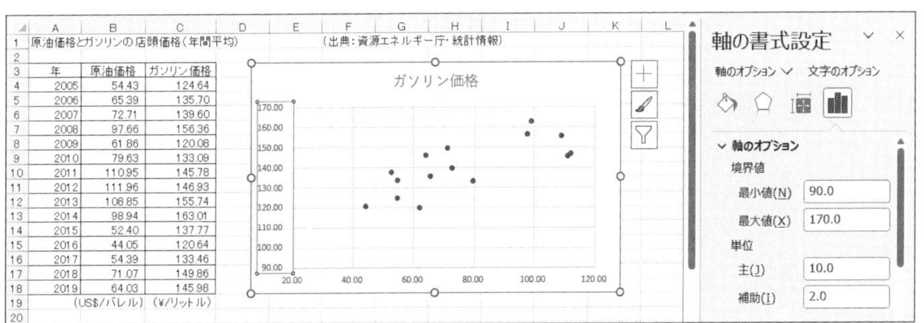

図 9.15　散布図の軸を調整

3 次に，散布図のマーカーの点列に対して近似曲線を描く。それにはマーカーをクリックしてデータ系列を選び，右クリックして表示されるメニューから **[近似曲線の追加]** を選択する（図9.16）。

4 **[近似曲線の書式設定]** ウィンドウの **[近似曲線のオプション]** で，**「種類」** を線形近似とし，**「グラフに数式を表示する」** と **「グラフに R-2 乗値を表示する」** にチェックを入れる（図9.17）。こうすると，近似直線とその上に数式（近似式）が示される。また，「線形近似」以外を選ぶと，さまざまな曲線が描かれる。必要に応じて使い分けるとよい。

> **補足：** R^2 は「アール2乗値」と読み，1に近いほど近似式がよくデータに当てはまることを示す「決定係数」と呼ばれる指標である。

5 必要に応じて軸ラベルなどを追加し，グラフを完成させる。

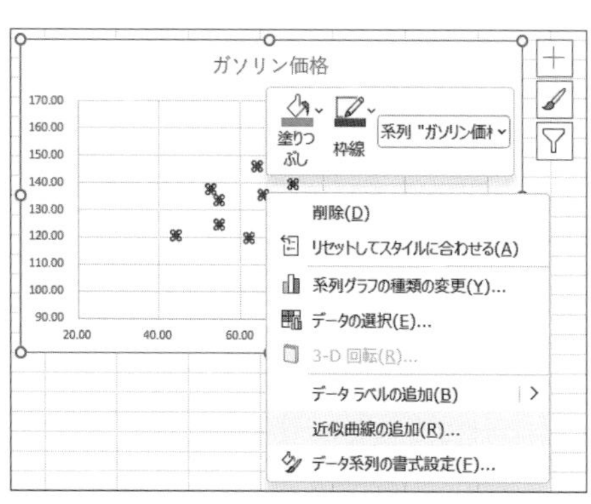

図 9.16　散布図に近似曲線を追加

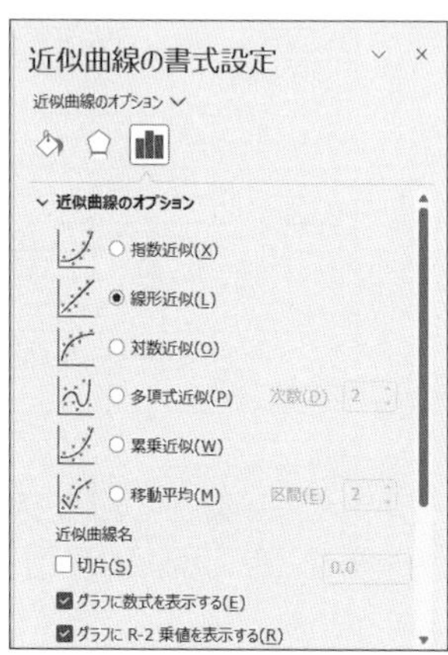

図 9.17　近似曲線のオプション

近似曲線は線形近似（直線）以外にいろいろな形が選べるが，ここでは最も一般的な線形近似について説明する。

9-2 回帰分析の基礎

2つの変数 x と y の間に強い相関関係があり，かつ変数 x が変数 y に影響を与えるという因果関係が成立するならば，x の値が与えられたとき，y のとる値をある程度説明（推定）することができるだろう。例題 9-2 でみたように，原油価格 x はガソリン価格 y の元になるので，

$$y=a+bx \tag{9.2}$$

という直線関係を表す式を使って表すことができる。

ここで，x は**説明変数**または**独立変数**，y は**被説明変数**あるいは**従属変数**と呼ばれる。また，説明変数 x の係数 b を回帰係数と呼び，x が1単位増加したときに y がどれだけ変化するかを示している（グラフの上では近似直線の傾きを表す）。a は $x=0$ のときの y の値で，切片（せっぺん）と呼ばれる。

観測された x と y の n 組のデータ $(x_1, y_1), (x_2, y_2), \cdots, (x_n, y_n)$ が得られた場合，どのように a と b を求めたらよいのだろうか。

y を x で説明するとき，すべての $i\,(i=1, 2, \cdots, n)$ について実際に観測された y_i と (9.2) 式から計算して求めた $a+bx_i$ の値が近ければ，より現実的な説明ということになる。言い換えれば，差 $y_i-(a+bx_i)$ ができるだけ小さいほうがよい。この差は負の値をとることもあるので，2乗をとって，その和

$$\sum_{i=1}^{n}\{y_i-(a+bx_i)\}^2 \tag{9.3}$$

を最小にするような a と b を求める。この方法が**最小2乗法**と呼ばれる考え方である。

(9.3) 式を最小にする a と b の解は次で与えられることが知られている。

$$\begin{cases} a=\bar{y}-b\bar{x} \\ b=\dfrac{\sum_{i=1}^{n}(x_i-\bar{x})(y_i-\bar{y})}{\sum_{i=1}^{n}(x_i-\bar{x})^2} \end{cases} \tag{9.4}$$

ここで，$\bar{x}$ と $\bar{y}$ はそれぞれ x と y の平均値を示す。

こうして求めた a と b の値を使って表した (9.2) の式を**回帰式**または**回帰直線**という。（分析ツールを使う限り Excel 内部で a と b を計算しているので，(9.4) 式を直接計算する必要はないが，章末の演習問題では具体的に計算してみよう）。

column | **近似の正確さ**

データを近似するときの正確さを示す指標にはいろいろなものがあるが，Excel の近似曲線では決定係数 R^2 を使っている。決定係数は7章 7-5 で学んだ相関係数 r の2乗で表され，回帰分析は r^2 を最大にする解を求める。Excel では回帰統計の結果として，それぞれ「重相関 R」「重決定 R 2」の値として計算される。ちなみに，「補正 R 2」はデータ数により誤差が大きくなることを避けるため，決定変数がより現実的になるように調整したものを示す。

例題 9-3

例題 9-2 と同じ原油価格とガソリン価格のデータを使って，分析ツールにより回帰直線を求めなさい。

回帰分析を求める

1. [データ] タブの [分析] グループの [データ分析] をクリックし，一覧から**「回帰分析」**を選んで [OK] をクリックすると，**[回帰分析]** ダイアログボックスが現れる (図 9.18)。
2. **「入力 Y 範囲」**には被説明変数（ガソリン価格）のセル範囲「C 3:C 18」を，**「入力 X 範囲」**には説明変数（原油価格）のセル範囲「$B$3:$B$18」を設定する。
3. 1 行目が項目名なので，**「ラベル」**にチェックを入れる。
4. **[出力オプション]** が**「新規ワークシート」**になっていることを確認して，**[OK]** をクリックする。

このように操作すると新規ワークシートが自動で作られ，回帰分析の結果が出力される (図 9.19)。回帰分析の結果を詳細に理解するには統計の知識が必要になるので，一番下の表にある「係数」だけ見ておこう。「係数」という列に注目すると，その左の項目（セル「A 17」）は「切片」，その下（セル「A 18」）は「原油価格」となっている。ここで，「切片」とは x が 0 のときの y の値を示している。そこで，B 列の数値（係数）を読み取ると，

$$\hat{y} = 108.61 + 0.417\,x$$

という回帰直線が求められたことがわかる。ここで，回帰式で計算される y の値は実際の値ではなく推定値なので，区別するためにハットを付けて $\hat{y}$ と表している。

例題 9-2 で散布図から近似直線を描いたときに得られた数式と比べてみよう（係数は同じとなることに注目）。この式を使えば，例えば，原油価格が 1 バレルあたり $ 200 になった場合のガソリン価格が推定できる。

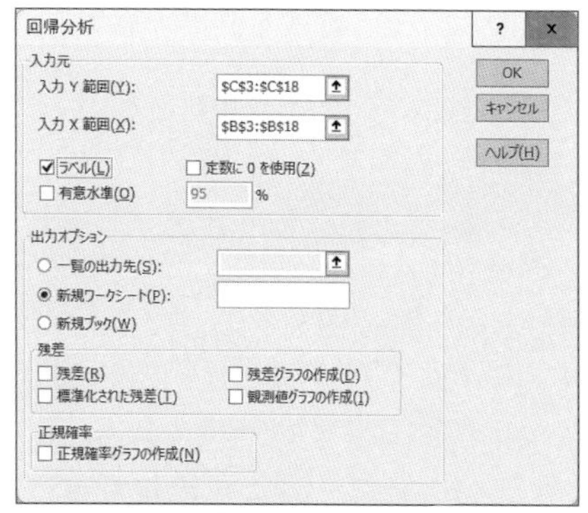

図 9.18 [回帰分析] ダイアログボックス

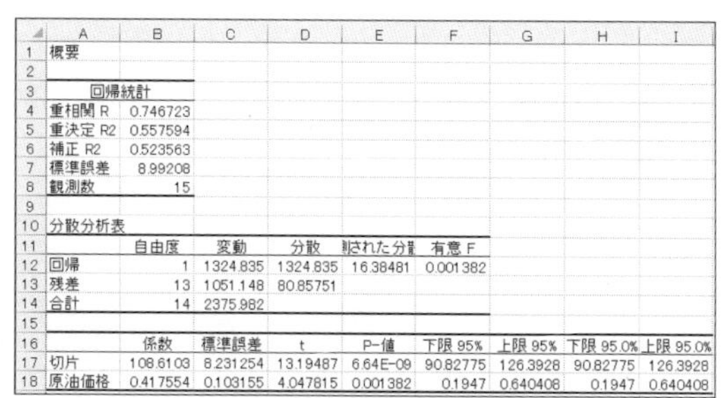

	A	B	C	D	E	F	G	H	I
1	概要								
2									
3	回帰統計								
4	重相関 R	0.746723							
5	重決定 R2	0.557594							
6	補正 R2	0.523563							
7	標準誤差	8.99208							
8	観測数	15							
9									
10	分散分析表								
11		自由度	変動	分散	測された分散	有意 F			
12	回帰	1	1324.835	1324.835	16.38481	0.001382			
13	残差	13	1051.148	80.85751					
14	合計	14	2375.982						
15									
16		係数	標準誤差	t	P-値	下限 95%	上限 95%	下限 95.0%	上限 95.0%
17	切片	108.6103	8.231254	13.19487	6.64E-09	90.82775	126.3928	90.82775	126.3928
18	原油価格	0.417554	0.103155	4.047815	0.001382	0.1947	0.640408	0.1947	0.640408

図 9.19 回帰分析の出力結果

9-3 ソルバーの応用

9-3-1 ソルバーによる回帰分析

例題 9-4

Excel には「ソルバー」という最適化問題の解を見つけるアドインが付属している（[データ] タブの [分析] グループに [ソルバー] のボタンが表示されていない場合は，7 章 7-1-2 で説明した手順でアドインを追加しておく）。ここでは例題 9-2 と同じデータ（原油価格とガソリン価格）を使って，残差 2 乗和を最小にすることで回帰式の係数を求めなさい。

	A	B	C	D	E	F
1	原油価格とガソリンの店頭価格（年間平均）					
2						
3	年	原油価格	ガソリン価格	推定値	残差	残差2乗
4	2005	54.43	124.64	131.3378	-6.70	44.86
5	2006	65.39	135.70	135.9141	-0.21	0.05
6	2007	72.71	139.60	138.9706	0.63	0.40
7	2008	97.66	156.36	149.3886	6.97	48.60
8	2009	61.86	120.08	134.4402	-14.36	206.21
9	2010	79.63	133.09	141.8601	-8.77	76.91
10	2011	110.95	145.78	154.9379	-9.16	83.87
11	2012	111.96	146.93	155.3596	-8.43	71.06
12	2013	108.85	155.74	154.061	1.68	2.82
13	2014	98.94	163.01	149.9231	13.09	171.27
14	2015	52.40	137.77	130.4901	7.28	53.00
15	2016	44.05	120.64	127.0035	-6.36	40.49
16	2017	54.39	133.46	131.3211	2.14	4.58
17	2018	71.07	149.86	138.2859	11.57	133.96
18	2019	64.03	145.98	135.3463	10.63	113.08
19		(US$/バレル)	(¥/リットル)			
20						
21	係数	切片	108.6103		残差2乗和	1051.15
22		傾き	0.417554			

図 9.20 ソルバーによる回帰分析・完成例

ここでは，最も簡単な線形近似を使った回帰分析を行う。モデルが線形の場合，係数は切片と傾きの 2 つだけでよい。そこで，回帰係数を表の下のセル「C 21:C 22」に入れることにする。これらの係数を使って原油価格から推定したガソリン価格の値を求める。

線形近似を使った回帰分析

1. 項目行に D 列から右へ**「推定値」「残差」「残差 2 乗」**と入れる（この例ではセル「D 3:F 3」）。ここで**「残差」**とは回帰式による推定値と実際のデータの差のことである。
2. 係数の項目として，データ表の下のセル「A 21」に**「係数」**，その隣の項目に**「切片」**（セル「B 21」），**「傾き」**（セル「B 22」）と入れる。
3. 係数の値（セル範囲「C 21:C 22」―最初は何も入れていない）を使って計算した推定値を D 列に計算する（図 9.21）。このとき，オートフィルでコピーしたときに係数の参照先がずれないようにセル「C 21」「C 22」を絶対参照にしておく。

4 実際のガソリン価格の実測値(C列)から推定値(D列)を引いた残差をE列に，その値を2乗したものを，F列に計算する(**図9.22**)(残差2乗値は非常に大きな値のため，「#####」と計算結果が表示されることがあるが，これは桁あふれなので，列の幅を拡げることですべての数字を表示できる)。

5 D列からF列まで(セル範囲「D4:F4」)を，最終行(セル範囲「D18:F18」)までオートフィルでコピーする。

6 セル「F21」に残差2乗を総和したもの(残差2乗和)を計算する(**図9.23**)。

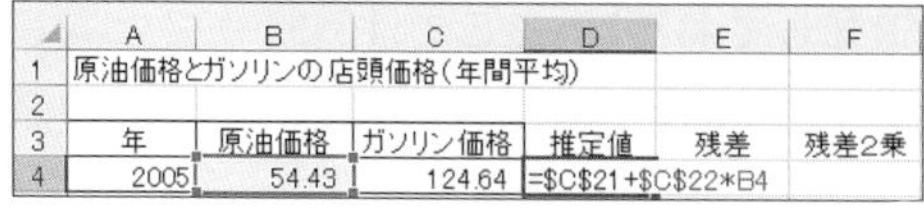

	A	B	C	D	E	F
1	原油価格とガソリンの店頭価格(年間平均)					
2						
3	年	原油価格	ガソリン価格	推定値	残差	残差2乗
4	2005	54.43	124.64	=$C$21+$C$22*B4		

図9.21　推定値の計算

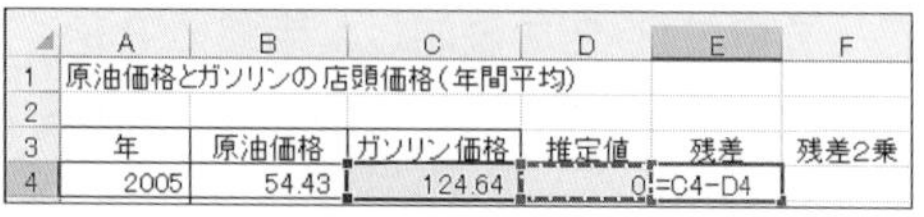

	A	B	C	D	E	F
1	原油価格とガソリンの店頭価格(年間平均)					
2						
3	年	原油価格	ガソリン価格	推定値	残差	残差2乗
4	2005	54.43	124.64	0	=C4-D4	

図9.22　回帰残差の計算

	A	B	C	D	E	F
1	原油価格とガソリンの店頭価格(年間平均)					
2						
3	年	原油価格	ガソリン価格	推定値	残差	残差2乗
15	2016	44.05	120.64	0	120.64	14554.01
16	2017	54.39	133.46	0	133.46	17811.57
17	2018	71.07	149.86	0	149.86	22458.02
18	2019	64.03	145.98	0	145.98	21310.16
19		(US$/バレル)	(¥/リットル)			
20						
21	係数	切片			残差2乗和	=SUM(F4:F18)
22		傾き				

図9.23　残差2乗和の計算

7 ソルバーを使い，セル「F21」の値を最小にする。**[データ]**タブの**[分析]**グループの**[ソルバー]**をクリックしてソルバーを起動し，**「パラメーター」**を設定する(**図9.24**)。**「目的セルの設定」**を残差2乗和の計算式(セル「$F$21」)，**「変数セルの変更」**を係数のセル範囲「$C$21:$C$22」とする。**「目標値」**を**「最小値」**として，**「制約のない変数を非負数にする」**のチェックを外し，**[解決]**をクリックする(その他のパラメーターは初期設定のままでよい)。

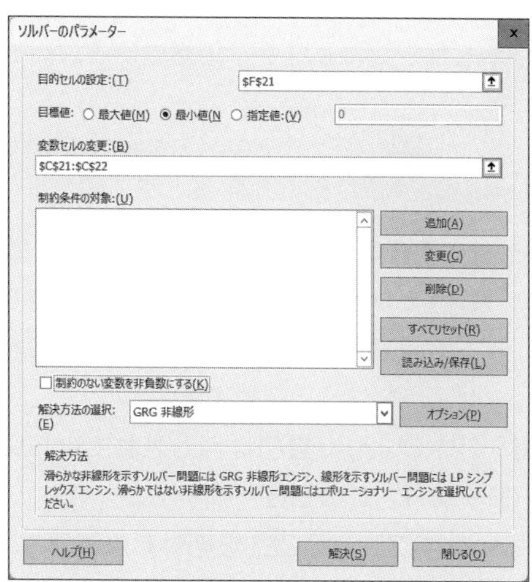

図9.24　ソルバーのパラメーターを設定

8 ソルバーが解を見つけると，**[ソルバーの結果]** ダイアログボックスに「ソルバーによって解が見つかりました」という表示（図 9.25）が出るので，**[OK]** をクリックすると，**「ソルバーのパラメーター」**で指定した変数セルに最適解が入る。

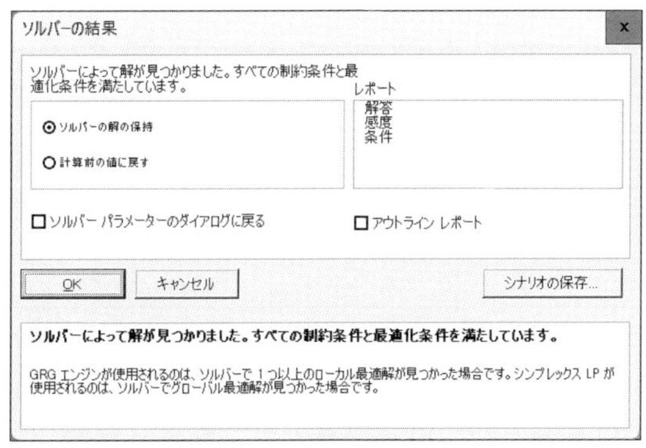

図 9.25 ［ソルバーの結果］ダイアログボックス

例題 9-3 の回帰分析で得た回帰係数と等しい値が入っていることがわかる（図 9.26）。残差 2 乗和の値も，最初の値（係数がいずれも 0）と比べてかなり小さくなっている。これがソルバーによる**最適化**の結果である。ただし，線形回帰モデルでは，このデータに対して残差を完全に 0 にすることはできない。

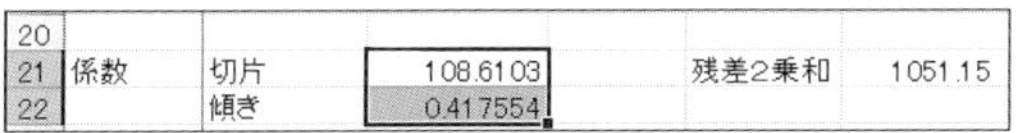

20						
21	係数	切片	108.6103		残差2乗和	1051.15
22		傾き	0.417554			

図 9.26 ソルバーによって最適化された回帰係数

9-3-2 生産計画

ソルバー(Solver)は「解を見つける」という意味の汎用ツールだが，本来はいくつかの制約条件下にある問題の最適解を見つけるのに使う。

ここでは，簡単な生産計画の問題を見てみよう。「生産計画」とはメーカーなどの企業がどの製品(商品)をどれだけ生産(調達)するかを決定する問題である。最適な解には利益を最大にする(最大化問題)，あるいはコストを最小にする(最小化問題)など，いろいろな目的があるが，こうした目的を達成するには複雑な制約条件がある場合が多い。これらをソルバーでどのように解決するかを学ぶ。

例題 9-5

ある製品 A，B は 1kg あたりそれぞれ 6 万円，4 万円の利益を生む。製品 A を 1kg 作るのに原料 P，Q を各 6kg，8kg 必要とし，製品 B については，それぞれ，9kg，4kg 必要である。しかし，原料は P が 108kg，Q は 80kg しかない。利益を最大にするには，A，B の生産量をどのように計画すればよいか。ただし，ここでは，売れ残りはないものとする。ソルバーを使ってこの問題の解を求めなさい。

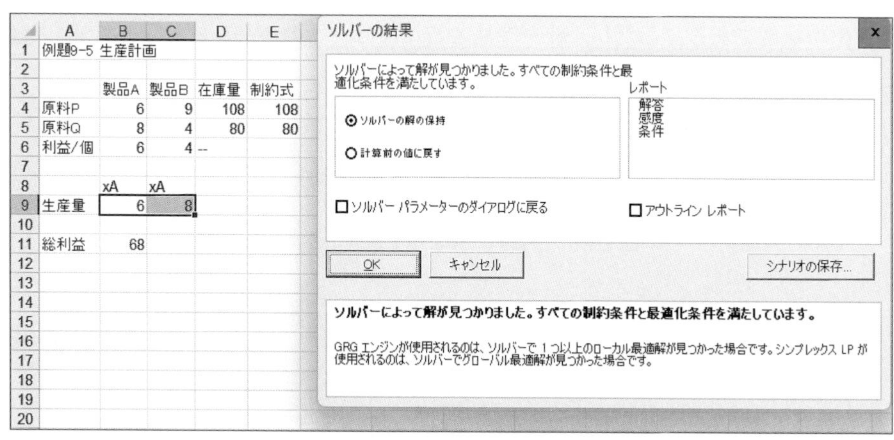

図 9.27 ソルバーで解く生産計画：完成例

この問題をソルバーを使って解くには，問題をよく理解して手順を整理しておく必要がある。得られた情報から，処理の内容と対応するデータを次のように整理しておこう。

●変数(「何を決めるか？」)

ここでは，説明の都合上，まだ決まっていない生産量を変数として，x_A を A の生産量，x_B を B の生産量とする。

●目的の解釈(「何のために？」)

「製品 A，B は 1kg あたりそれぞれ 6 万円，4 万円の利益を生む。利益を最大化するには？」この目的を式で表すと，次の関数を最大にすればよいことになる。

$$6x_A + 4\,x_B\,[\text{万円}] \rightarrow \text{最大}$$

●制約条件の解釈（「どのように？」）

「製品 A を 1 kg 作るのに原料 P，Q を各 6 kg，8 kg 必要とし，製品 B については，それぞれ 9 kg，4 kg 必要である。しかし，原料は P が 108 kg，Q は 80 kg しかない。」

こうした制約条件は次の式で表せる。

$$6x_A + 9x_B = < 108 \ (\text{原料 P の制約})$$
$$8x_A + 4x_B = < 80 \ (\text{原料 Q の制約})$$

ここで＝＜は等号または不等号が成り立つ場合を示す（数学では≦などと書かれる場合が多い）。

これを Excel の表に整理すると図 9.28 のようになる。

	A	B	C	D	E
1	例題9-5 生産計画				
2					
3		製品A	製品B	在庫量	制約式
4	原料P	6	9	108	0
5	原料Q	8	4	80	0
6	利益/個	6	4		
7					
8		xA	xB		
9	生産量				
10					
11	総利益	0			

図 9.28　ソルバーのために整理した生産計画問題

ここで，変数はセル範囲「B 9：C 9」にあるものとして，制約の値および目的（利益）を次の図のように関数として設定する（**図 9.29-30**）。

この例では，

原料 P に関する制約式は（セル「E 4」）：　＝B 4＊B 9＋C 4＊C 9

原料 Q に関する制約式は（セル「E 5」）：　＝B 5＊B 9＋C 5＊C 9

目的の計算式は（セル「B 11」）：　＝B 6＊B 9＋C 6＊C 9

となる。

	A	B	C	D	E	F
1	例題9-5 生産計画					
2						
3		製品A	製品B	在庫量	制約式	
4	原料P	6	9	108	=B4*B9+C4*C9	
5	原料Q	8	4	80	0	
6	利益/個	6	4			
7						
8		xA	xB			
9	生産量					
10						
11	総利益	0				

図 9.29　制約条件の式

	A	B	C	D	E	F
1	例題9-5 生産計画					
2						
3		製品A	製品B	在庫量	制約式	
4	原料P	6	9	108	0	
5	原料Q	8	4	80	0	
6	利益/個	6	4			
7						
8		xA	xB			
9	生産量					
10						
11	総利益	=B6*B9+C6*C9				

図 9.30　目的セルの式

最初は変数のセルに値が入っていないので，目的セルおよび制約の値は 0 になる。

このように表の準備ができたところでソルバーを起動して，次のように問題のパラメーターを設定しよう。

パラメーターの設定

1 まず，**[ソルバーのパラメーター]**ダイアログボックスでは，最初に目的セル(「B 11)を設定する。利益の最大化が目的なので，**「目標値」**は**「最大値」**を選択する。また変数セルは「B 9:C 9」とする(**図 9.31**)。

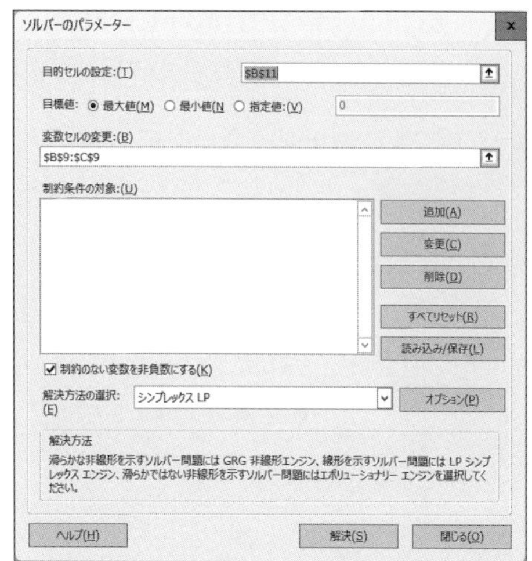

図 9.31 ソルバーのパラメーター(1) 目的と変数

2 次に，**「制約条件の対象」**の項目で，**[追加]**をクリックして，**[制約条件の追加]**ダイアログボックスを表示させ，制約条件式を左辺，等号または不等号，右辺，の関係になるように設定していく(**図 9.32**)。制約条件が 2 つあるので，**[追加]**をクリックして次の制約条件を入れる。入力が終了したら**[OK]**をクリックする。

図 9.32 ソルバーのパラメーター(2) 制約条件

3 **[ソルバーのパラメーター]**ダイアログボックスに戻ると，指定した制約式が**「制約条件の対象」**の枠内に表示される(**図 9.33**)。この問題では(生産量はマイナスにならないので)**「制約のない変数を非負数にする」**にチェックを入れる(「制約のない変数を非負数にする」とは，変数は最低でも 0 で，負(マイナス)にならないことを意味する)。

4 解決方法は，ここでは目的および制約式がいずれも線形式なので**「シンプレックス LP」**とする(解決方法の違いについては p. 202 のコラムを参照)。

5 すべての条件を設定したら，**[解決]**をクリックしてソルバーを実行する。

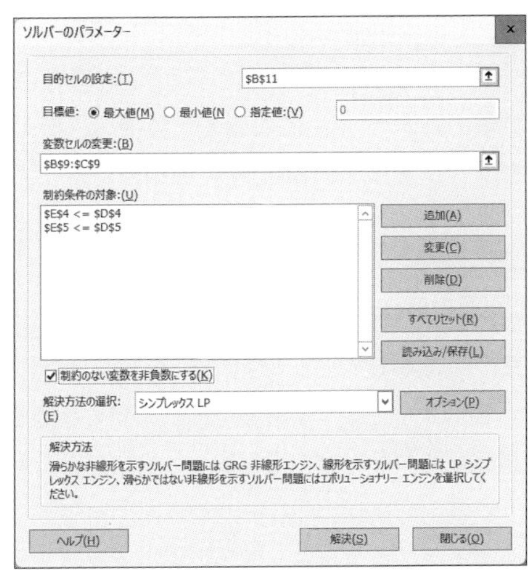

図 9.33　ソルバーのパラメーター (3) 条件設定完了

6 計算が終了すると，**[ソルバーの結果]** ダイアログボックスが表示される (図 9.34)。ここで **[OK]** をクリックすると，変数セルに最適解が入り，ソルバーは終了する (図 9.35)。**[OK]** をクリックする前に「レポート」の項目のいずれかをクリックすると，最適化 (数式モデル) に関する有用な情報が得られる。例えば，「感度」を選ぶと，感度レポート (図 9.36) が別シートに作られ，そのうち「潜在価格 (シャドウプライス)」というパラメーターは，(原料をより多く調達するなどして) 制約条件を 1 単位 (ここでは 1 kg) だけ緩めることができれば，どのように利益が変化するかというヒント (こうした情報を一般的に「感度」と呼ぶ) が得られる。この例の場合は，原料 Q をより多く準備したほうが効果 (感度) は高いことがわかる。

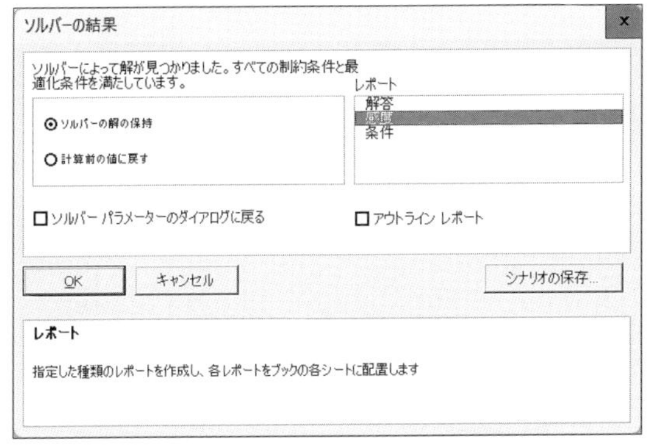

図 9.34　[ソルバーの結果] ダイアログボックス

	A	B	C	D	E
1	例題9-5	生産計画			
2					
3		製品A	製品B	在庫量	制約式
4	原料P	6	9	108	108
5	原料Q	8	4	80	80
6	利益/個	6	4		
7					
8		xA	xA		
9	生産量	6	8		
10					
11	総利益	68			

図 9.35　ソルバーによって求めた最適解

12	制約条件						
13			最終	潜在	制約条件	許容範囲内	許容範囲内
14	セル	名前	値	価格	右辺	増加	減少
15	$E$4	原料P 制約式	108	0.166666667	108	72	48
16	$E$5	原料Q 制約式	80	0.625	80	64	32

図 9.36　感度レポートの一部

ソルバーで解決しようとしている問題は数学的に複雑な問題であることが多いので，期待した結果（解）が得られないことも多い。最適解が求められない場合にも，制約条件を見直したり初期値を変えたりすると解が求められるようになることがある（簡単な問題でも，解が存在しないような条件をうっかり設定してしまっていることもあるので，よく見直そう）。

column **最適化問題の解法**

ある関数（現実の問題のモデルを表す数式）を数値計算により最小または最大にする方法を最適化といい，見つかった最小値あるいは最大値を最適値，そのときの変数の値を最適解と呼ぶ。また，最適化の対象となる量を表した関数を目的関数と呼ぶ。

ソルバーで最適解を求める方法は，問題に応じて次の 3 種類が用意されている。

シンプレックス LP：　目的，制約とも線形の場合に使う。
GRG 非線形：　Generalized Reduced Gradient の略で，非線形の連続関数に使う。
エボリューショナリー：非連続の関数の場合に使う。

非線形法による最適化のイメージを図 9.37 に示す。問題を解く前の初期の変数値 $x^{(0)}$ は最適ではないので，この点で得られる情報（数学的には目的関数 $f(x)$ の微分 $f'(x^{(0)})$ を使うことが多い）を使って，変数を逐次更新していく。最終的に下に凸の曲線の底（$x = x^*$）に到達すれば最適解が得られる（数学的には微分はゼロになる）。例題 9-4 の残差 2 乗和を最小にした問題はこのように解かれている。ただし，現実的な問題には生産計画の例題のように複雑な制約条件があるので，目的関数の最適点に到達できないことも多い。その場合は制約をすべて満たす（実行可能な）解のうち，最も最適点に近い（目的関数を最小または最大にする）ものを選ぶことになる。

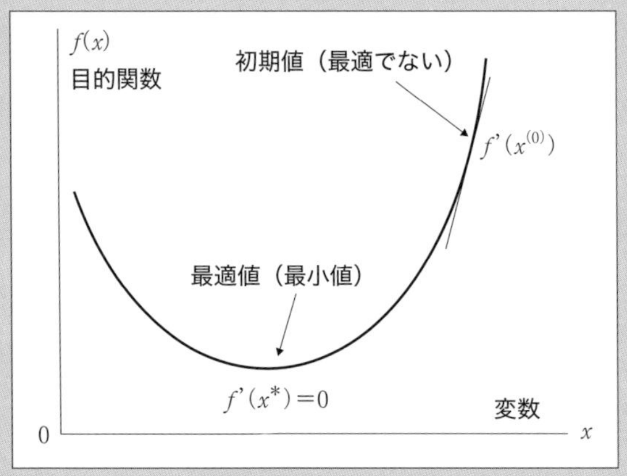

図 9.37　非線形最適化問題の解法イメージ

目的関数および制約条件がすべて直線で表せるような最適化問題を線形計画問題（Linear Programming；LP）とよぶ。線形計画問題を最適にする解は，制約条件を示す直線の組み合わせが表す多面体（シンプレックス）の端点で見つかる場合が多いことが知られている。

詳しい解法の原理などは，応用数学の参考書を参照されたい。

9-3-3 連立方程式の解

前項の例題 9-5 において，原料の制約を満たしながら A，B の生産量（x_A，x_B）を変化させたグラフを作ると次のようになる（図 9.38）。右軸には利益（目的値）の変化を示した。

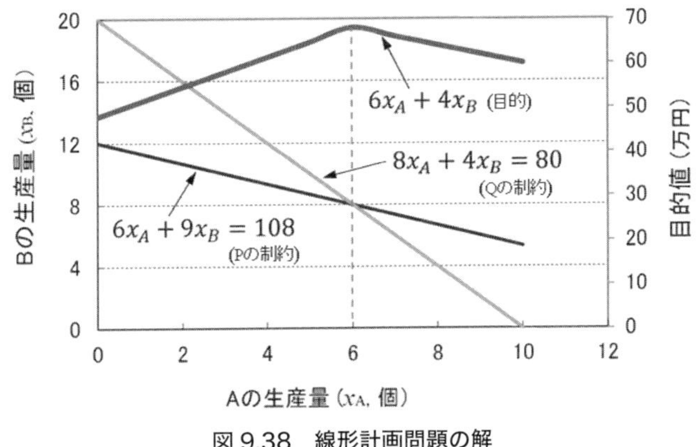

図 9.38　線形計画問題の解

生産計画では，利益を最大にする目的から，製品 A，B ともできるだけ多く生産したほうがよいが，A，B の生産量は，原料 P および Q の在庫量から決まる制約を上回ることができない。グラフでは，2 つの直線のいずれかの下側が許容できる解となる。したがって，このグラフから読み取れるように，原料 P と Q の制約を示す直線の交点（$x_A=6$，$x_B=8$）で利益（右軸）が最大になることがわかる。この例のように，制約条件および目的が直線で表せるような**線形計画問題**（Linear Programming；**LP**）は，制約条件を示す直線の交点で最適となる場合が多いことが知られている。

実は，ソルバーを使って直線の交わる点を求めることもできる（数学では連立方程式として解かれる）。次の例題はその一例である。

例題 9-6

ソルバーで次の連立方程式を解きなさい。

$$6x_A+9x_B=108$$
$$8x_A+4x_B=80$$

例題 9-5 のパラメーターで，制約条件を等号で表し，目的関数を適当なセルに設定して（ただし目的セルには式を入れておく必要があるので，変数セルに影響しないようなダミーの式（例えば=0）を入れておく）ソルバーを実行すると，ソルバーはすべての式を満たす解（直線の交点）を探すので，例題 9-6 を解くことができる。

パラメータの設定 (2)

1 「ソルバーのパラメーター」を図 9.39 のように変更する（この場合，目標は最大・最小値でも，指定値＝0 のいずれでもよい）。

9章 Excel によるデータ解析の応用

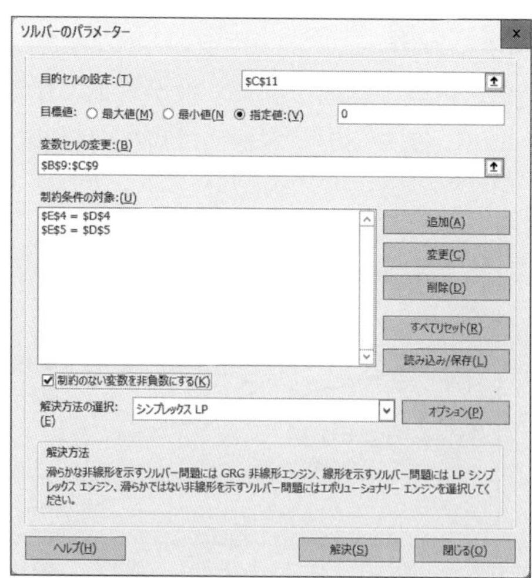

図 9.39　線形連立方程式の解を求めるためのソルバーのパラメーター設定

この例題では線形の問題を解いてみたが，ソルバーは制約や目的の式が線形でなくても解くことができるので（制約条件によっては解が見つからないこともある），例えばミクロ経済学で需要曲線と供給曲線の均衡点を見つけるときなどに応用できる。

9-4 乱数とシミュレーション

9-4-1 確率変数と確率分布

物事の起こりやすさを示す尺度を**確率**という。例えば，サイコロを転がして1から6までの目が出る確率は理論上，どの目も同じように出やすい(偏りがない)と考えると$\frac{1}{6}$である。このように，確率による規則性に基づいて特定の値をとる変数を**確率変数**といい，ここでは大文字Xで表すことにする。確率変数が示す起こりやすさの規則性を**確率分布**，あるいは単に**分布**という。サイコロの目のようにとびとびの離散値をとる確率変数を**離散型**，身長・体重などのように連続的な値をとる確率変数を**連続型**という。

ここでは，まず，サイコロを転がして出る目の分布を観察しよう。図9.40にサイコロの目の確率分布を示す。普通のサイコロには，例えば1.5という目はないので，1，2，…，6のそれぞれの目に等しい値で確率はそれぞれ$\frac{1}{6}$，それ以外では0である。

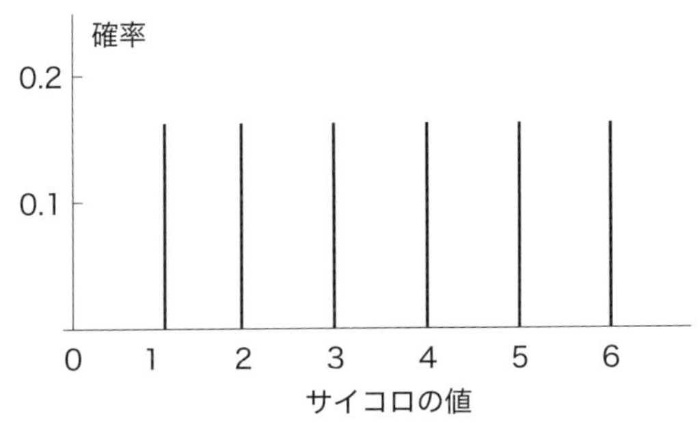

図9.40　サイコロを投げて出る目の確率分布

連続型の確率変数の分布は確率密度関数によって表される。ある確率密度関数$f(x)$に対して，確率変数Xがaとbの間をとる確率を考えると，$f(x)$の下側で$x=a$と$x=b$に囲まれる面積が確率に相当する(ただし，$f(x) \geqq 0$)。ここで，区間$[a, b]$を特定せずに確率密度関数の下側の面積全体が1となるような関数の形を決めている。最も簡単なものは，変数がどのような値でも確率が等しい**一様分布**と呼ばれるもので，その例を図9.41に示す。

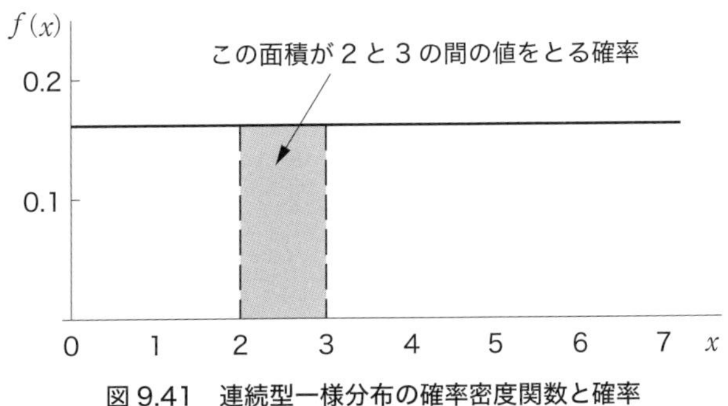

図9.41　連続型一様分布の確率密度関数と確率

次に，連続型確率分布の中で広く応用される**正規分布**を見てみよう。正規分布は図 9.42 のような左右対称の釣鐘(ベル)型をした確率分布である。正規分布は分布の中心を示す**「期待値(μ)」**と広がり具合を示す**「標準偏差(σ)」**の 2 つのパラメータ(定数)から決まる。σ の値が小さいほど分布の山が高く裾が狭まり，σ の値が大きくなるほど山が低く裾が広がっていく。図 9.42 には期待値が 50 で，標準偏差が 5 と 10 の正規分布の確率密度関数が描かれている。

正規分布に従う確率変数が $\mu-\sigma$ と $\mu+\sigma$ の値をとる確率は 0.683，$\mu-2\sigma$ と $\mu+2\sigma$ の値をとる確率は 0.954，$\mu-3\sigma$ と $\mu+3\sigma$ の値をとる確率は 0.997 である。

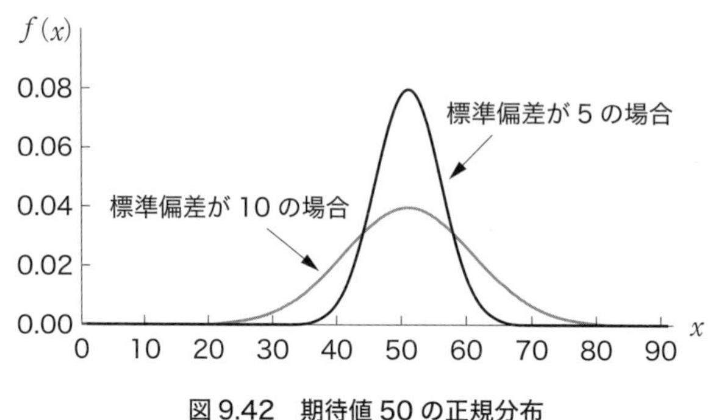

図 9.42　期待値 50 の正規分布

9-4-2　サイコロを投げるシミュレーション

ある確率分布を持つ確率変数が実際にとる値(例えばサイコロの目の値)はその事象が起こるたびに異なる値となるので**乱数**と呼ばれる。Excel には異なる種類の分布に従った乱数を発生させる機能がある(コンピューターはある規則にそって乱数を発生させるので，数学的に厳密には「擬似乱数」と呼ばれることもある)。コンピューターを使った模擬実験をシミュレーションと呼ぶが，ここでは乱数を使ったシミュレーションを学ぶ(ちなみに，乱数を使ったコンピューター・シミュレーションを，カジノで有名なモナコの都市にちなんで「モンテカルロ・シミュレーション」と呼ぶことがある)。

例題 9-7

1 から 6 までの離散値を等しい確率 ($\frac{1}{6}$) でとる離散乱数を Excel で発生させるシミュレーションを行いなさい。

乱数発生の準備

1. シートの A 列に乱数のとる値 (1 ～ 6)，B 列に確率 ($\frac{1}{6}$) を半角数字で入力しておく (図 9.43)。ただし，単に「1 / 6」と入力すると，日付と解釈されて「1 月 6 日」に変換されてしまうので，「＝ 1 / 6」と入力する。
2. 次に 1 から 6 までの値を確率 $\frac{1}{6}$ でとる乱数を 10,000 個発生させる。**「データ」**タブの **[分析]** グループで **[データ分析]** をクリックし，**[データ分析]** ダイアログボックスから **「乱数発生」** を選択し，**[乱数発生]** ダイアログボックスを表示させる (図 9.44)。

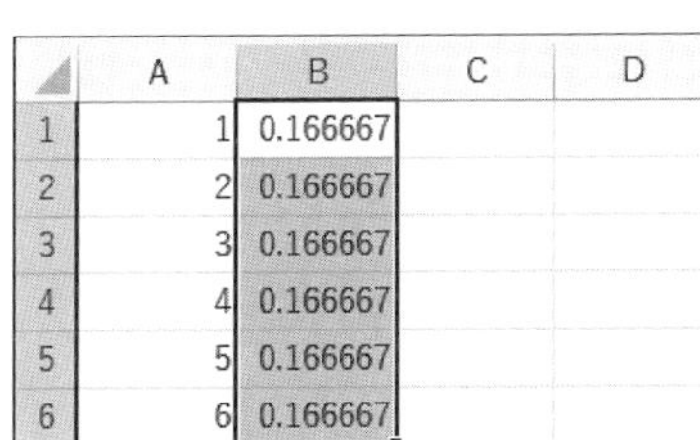

	A	B	C	D
1	1	0.166667		
2	2	0.166667		
3	3	0.166667		
4	4	0.166667		
5	5	0.166667		
6	6	0.166667		

図 9.43　値と確率の入力

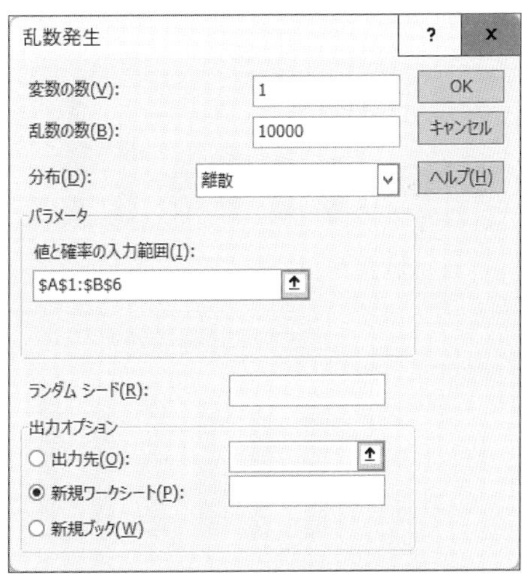

図 9.44　[乱数発生] ダイアログボックス

乱数発生の条件を設定

1. 「変数の数」として 1 を入力する。
2. 発生させる乱数の個数を **「乱数の数」** として 10,000 と設定する。
3. **「分布」** の中から乱数の分布を **「離散」** と選ぶ。
4. **「パラメータ」** の欄に乱数がとる値とその確率としてセル範囲「A 1:B 6」を設定する。
5. [OK] をクリックすると 10,000 個の乱数が新しいシートに作られる。

生成した乱数からヒストグラムを作るため，階級値（区間の上限値）として，乱数ができたシートのセル範囲「C 1：C 6」に1から6までの半角数字を入力しておく。第7章7-1-2で学んだ手順に従って，ヒストグラムを作ろう。

ヒストグラムの作成

1 **［ヒストグラム］**ダイアログボックスの**「入力範囲」**では，最初はセル範囲「A 1：A 100」を指定することで，乱数の最初の100個を使ってヒストグラムを作ることができる。同様に，入力範囲をセル「A 1000」または「A 10000」までとすることで，それぞれ1000個および10000個の乱数を使ってヒストグラムを作ることができる。ただし，先頭行はラベルではないので，**「ラベル」**のチェックは外しておく。

2 新規シートにヒストグラムの集計結果とグラフが作成されるので，「次の級」という行を削除し，タイトルなどを追加すると図9.45が得られる（乱数は実行するたびに異なるので，本図の通りの結果が得られるとは限らない）。

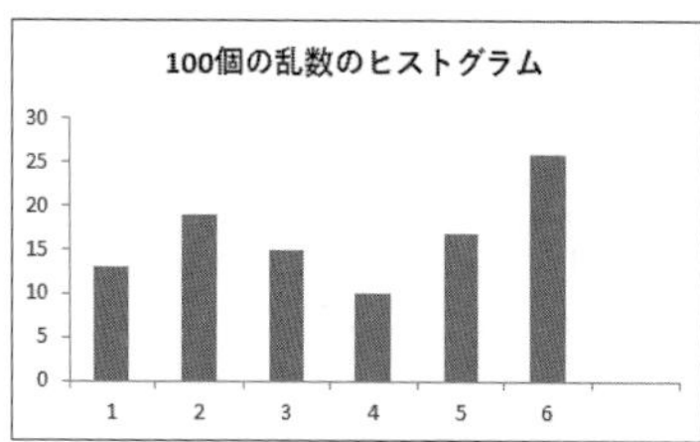

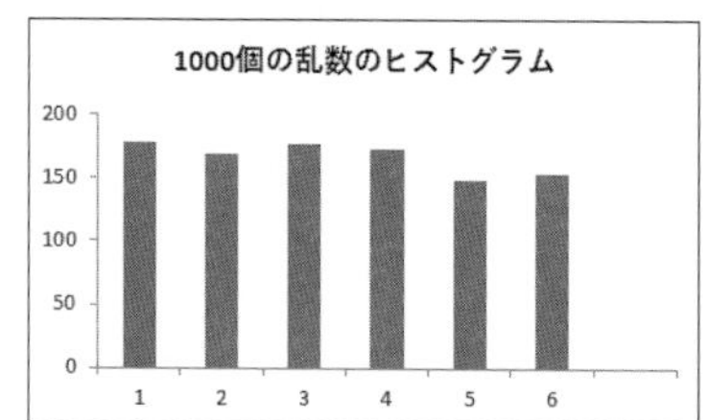

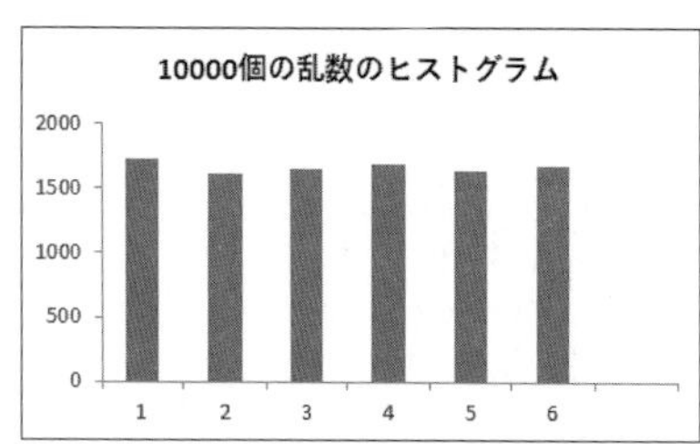

図9.45　サイコロのシミュレーションのヒストグラム

100回の実験でのヒストグラムを見ると，それぞれの目が出た回数がばらついていることがわかる。実験の回数を1000回，10000回と増加させると，それぞれの目が出る比率がほぼ一定となってくる。このことは，例えば内閣支持率などの社会調査を行う場合に，乱数を使って選ぶ調査対象の人数をある程度多くすれば（偏りのない）信頼のおける結果が得られる，ということを示している。

演習問題

演習 9.1

「演習 9-01 .xlsx」のダウンロードデータを開き，週ごとに記録されたガソリン価格のデータを使って，移動平均を計算しなさい。このとき，移動平均の対象となる期間は 4 週，8 週，12 週の 3 通りとする。元の価格データと移動平均をひとつの折れ線グラフに表示すること。

演習 9.2

例題 9-3 で求めた原油とガソリン価格の回帰直線の係数を，式（9．4）を使って求めなさい。

演習 9.3

日本の企業は輸出が多いので円高になると不利になるといわれている。そこで，「演習 9-03 .xlsx」のダウンロードデータを使って，日経平均株価と円ドル交換レートの関係を調べなさい。このために，横軸を交換レート，縦軸を日経平均株価として散布図を描き，近似直線を追加しなさい。このとき，回帰直線の式と R^2 値も求めておき，データ分析ツールの回帰分析の結果と較べなさい。

演習 9.4

製品 X を 1 kg 生産するには，原料 A を 3 kg，原料 B を 2 kg 必要とし，製品 Y を 1 kg 生産するには，原料 A を 4 kg，原料 B を 1 kg 必要とする。原料の在庫量は，A が 40 kg，B が 20 kg ある。製品 X，Y を売って得る利益はそれぞれ 1 kg あたり 4 万円および 3 万円とするとき，利益を最大にするには，製品 X と製品 Y をどれだけ生産すればよいか。ソルバーを使って最適解を求めなさい。ただし，原料や生産の費用は考えないことにする（売上高＝利益）。また，原料 A を 1 kg 増やすと，利益はどれくらい増えるか調べなさい。

演習 9.5

ある店では，過去のデータから，ある種類の弁当の 1 日あたりの販売個数が以下の確率分布に従うことがわかっている。この弁当の仕入れ値は 500 円，販売価格は 700 円である。利益を最大にするには，この店では毎日何個の弁当を仕入れたらよいか。乱数シミュレーションで調べなさい。

販売個数	5	6	7	8
確率	0.1	0.3	0.4	0.2

10章 Excel マクロ

●——Excel などの Office 系アプリでは，操作を記録し，記録した処理手順を呼び出すことで一連の操作を自動実行するマクロ注[1]という機能がある。記録されたマクロは Visual Basic for Applications（以下，VBA）で記述されている。VBA は実用的なプログラミングにも使えるコンピューター言語なので，Excel の基本機能にはない，いろいろ複雑な処理を実現することができる。ここでは，マクロの作成・実行と，VBA を作成・編集する Visual Basic Editor（VBE）の基本操作を例題で学ぶことでマクロの動作を理解しよう。

10-1 マクロと VBA の実行環境の設定

Excel でマクロおよび VBA を使うには，**[開発]** タブに用意された各種の機能を使う。Excel の初期設定によっては，これが用意されていないことがあるので，その場合は，**[Excel のオプション]** を変更して，**[開発]** タブを表示させる（図 10.1）。

開発環境の準備

1 Excel を起動したら，**[ファイル]** タブをクリックする。
2 **[ファイル]** タブ左端のメニューから一番下の **[オプション]** をクリックする。
3 **[Excel のオプション]** のダイアログボックスが表示されたら，左端のメニューで **[リボンのユーザー設定]** をクリックする。
4 右側の **[メインタブ]** の一覧で **[開発]** のチェックボックスをクリックして ✓ を入れたら，**[OK]** をクリックしてダイアログを閉じる（図 10.1）。これで **[開発]** タブが表示される。

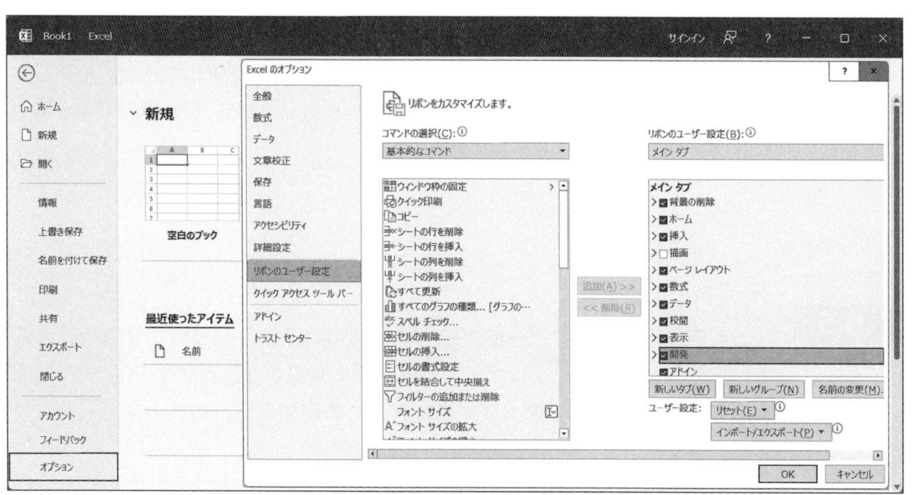

図 10.1 ［Excel のオプション］ダイアログボックス

注 [1] PowerPoint など，Microsoft の Office 系アプリで実行できる VBA の基本機能は共通しているが，各アプリで個別の処理もあるので，「Excel マクロ」などと特定して解説している文献もある。

マクロにはいろいろな Windows の基本操作機能があるので，セキュリティ上，初期設定のままではマクロが使えなくなっている場合がある。そうした場合，Excel では次のようにセキュリティを設定する(図 10.2)。

マクロ・セキュリティの設定

1 **[開発]** タブで **[マクロのセキュリティ]** をクリックする。

2 **[トラストセンター]** のダイアログボックスが表示されたら，左端のメニューから **[マクロの設定]** をクリックする。

3 表示された **[マクロの設定]** のメニューから，**[警告して，VBA マクロを無効にする]** をクリックして選択する(注：このように「無効」になっていても，ファイルを開くたびに「有効化」したうえで実行できる)。

4 **[OK]** をクリックしてウィンドウを閉じる。

図 10.2　マクロ・セキュリティの設定

10-2 マクロの記録と実行

例題 10-1

Excel で多くのシートを作るときに，同じデータを何度も入力するのを自動化することを考える。たとえば，Excel でデータの整理をしているときに，シートを作るたびに，学生番号と氏名を入力する必要があるとする。この処理をマクロを使って自動化しなさい。

図 10.3　マクロの実行例

マクロの記録と実行は各種レコーダーの録音・録画および再生の操作に似ている。

マクロの記録手順

1 Excel で新しいブックを開き，**[開発]** タブの **[マクロの記録]** をクリックする。

2 **[マクロの記録]** ダイアログボックスが開くと，いくつか設定項目があるが，とりあえず初期設定のまま **[OK]** を押す(図 10.4)。(マクロ名は自動で Macro 1 から順に付けられるが，複数記録させる場合はマクロ名を覚えておくか，わかりやすいマクロ名に変更しておこう。

3 記録が始まると **[マクロの記録]** ボタンは **[記録終了]** の表示に変わる。これ以降，記録を終了するまですべての Excel の操作がマクロとして記録される。ここでは次のような操作を記録させる。

4 セル「A 1」に「学生番号」，「B 1」に「氏名」を記入する。

5 セル「A 1」と「B 1」を同時に選択し，コピーする。

6 新しいシートを開き，セル「A 1:B 1」にコピーしたものを貼り付ける(新しいシートを追加するにはシートタブの＋をクリックするとよい)。

7 **[記録終了]** をクリックし，自動記録を停止する。

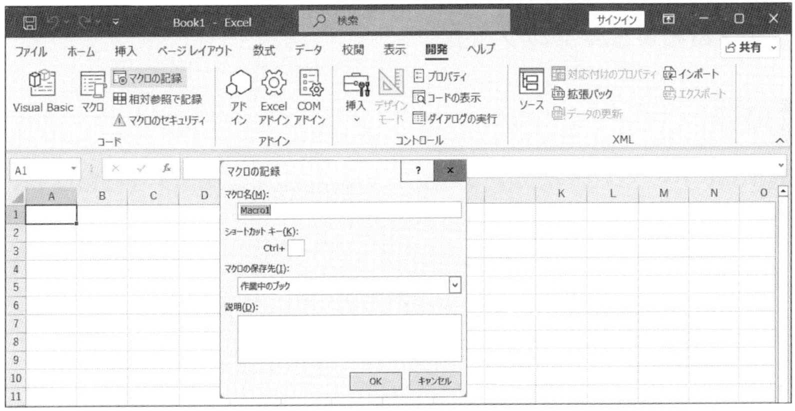

図 10.4　マクロの記録開始

マクロを実行するには次の操作を行う。

マクロの実行

1. **[開発]** タブから **[マクロ]** のボタンをクリックする。
2. **[マクロ]** ダイアログボックスで，記録したマクロ名（ここではMacro 1）をクリックして選び，**[実行]** をクリックする（図 10.5）。

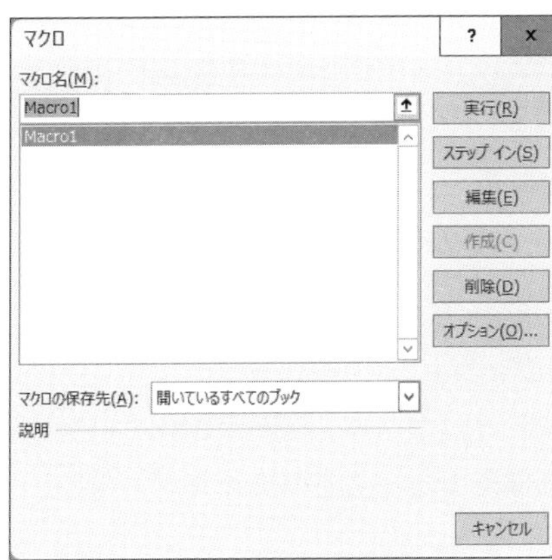

図 10.5　記録済みマクロの実行

マクロが実行されると，新しいシートが追加され，「学生番号」と「氏名」が自動入力されている（見かけが実行前とそっくりだが，シート名が新しくなっているのでわかる）。

なお，マクロおよびVBAプログラムを含むExcelブックを保存するには，**[名前を付けて保存]** ダイアログボックスで **[ファイルの種類]** を「Excelマクロ有効ブック（*.xlsm）」に変更して保存する必要がある。

10-3 マクロと VBA プログラム

例題 10-2

例題 10-1 でマクロを作成したブックで Visual Basic Editor を起動してマクロを記述しているプログラムの内容を確認しなさい。

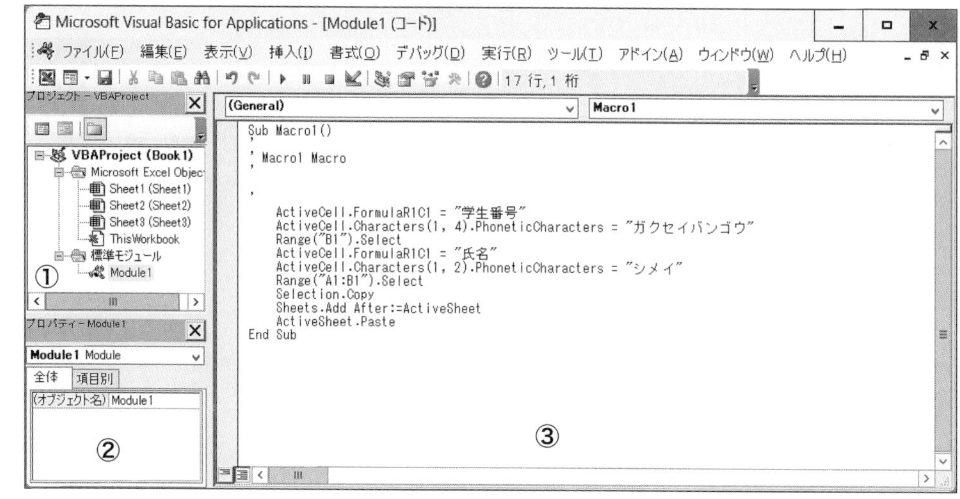

図 10.6　マクロのプログラムの内容

Visual Basic Editor の起動手順

1. [開発] タブから [Visual Basic] をクリックする。
2. [Visual Basic] のウィンドウが開く。
3. 右側にプログラムの内容（コード）が表示されていないときは，左側の **[プロジェクト]** ウィンドウから **[標準モジュール]** のフォルダーをクリックして開き，Module-1 のアイコンをダブルクリックする。

● Visual Basic Editor（VBE）の各部名称

Visual Basic Editor の窓 **(図 10.6)** は 3 つの部分に分かれている。

①（左上）：プロジェクト・ウィンドウ

②（左下）：オブジェクト・ウィンドウ（この例題では使わない）

③（右）：　コード・ウィンドウ

右側のコード・ウィンドウの中にプログラム本体が表示されている（コード（code）とはコンピューターに処理手順を指示する命令のことである）。

マクロは Visual Basic の命令をまとめて，ひとつの関数（アプリケーション）を作っている。基本的に 1 行につき 1 命令（1 つの操作）であり，上の行から順に実行する。ただし，'（半角引用符）で始まる文字列はコメントを示す（実行しない）。

次に主な命令を簡単に解説する。

Sub Macro 1 ()	マクロプログラム (Macro 1) の始まりを示す。
ActiveCell.FormulaR 1 C 1="学生番号"	1行1列目のセルに文字列を入力する。
Range ("A 1:B 1 ") .Select	並んだセルの範囲「A 1:B 1」を選択する。
Selection.Copy	選択した部分をコピーする。
Sheets.Add After:=ActiveSheet	新しいシートを現在のシートの次に追加する。
ActiveSheet.Paste	追加されたシートにコピーした内容を貼り付ける。
End Sub	処理の終わりを示す。

例題 10-3

ダウンロードデータ「例題 10-03.xlsm」を開き，元利計算を実行しなさい。また，その計算過程を Visual Basic プログラムを開いて確認しなさい。

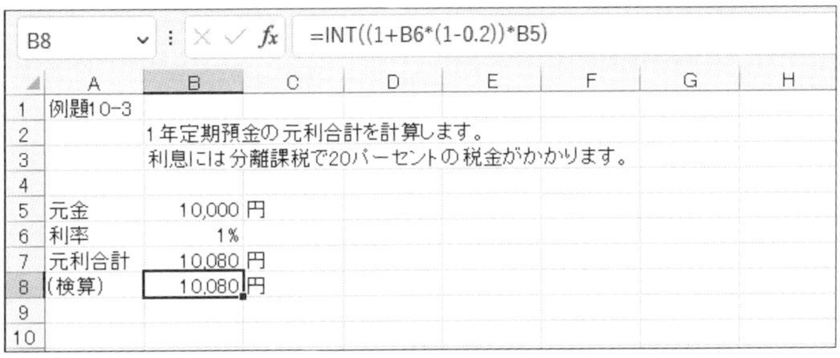

B8 　=INT((1+B6*(1-0.2))*B5)

	A	B	C	D	E	F	G	H
1	例題10-3							
2		1年定期預金の元利合計を計算します。						
3		利息には分離課税で20パーセントの税金がかかります。						
4								
5	元金	10,000	円					
6	利率	1%						
7	元利合計	10,080	円					
8	(検算)	10,080	円					
9								
10								

図 10.7　マクロによる元利合計の計算

マクロのある Excel のファイルを開くと，「マクロが無効にされました」というメッセージが出る場合がある (図 10.8) が，**[コンテンツの有効化]** をクリックすると実行できる (内容がわからないマクロはウィルスの可能性があるので使ってはいけない)。

セキュリティの警告　マクロが無効にされました。　コンテンツの有効化

図 10.8　セキュリティの警告

例題 10-2 と同様に**[開発]**タブから**[Visual Basic]**のボタンをクリックして Visual Basic Editor を起動するとプログラムの内容が表示できる(**図 10.9**)。

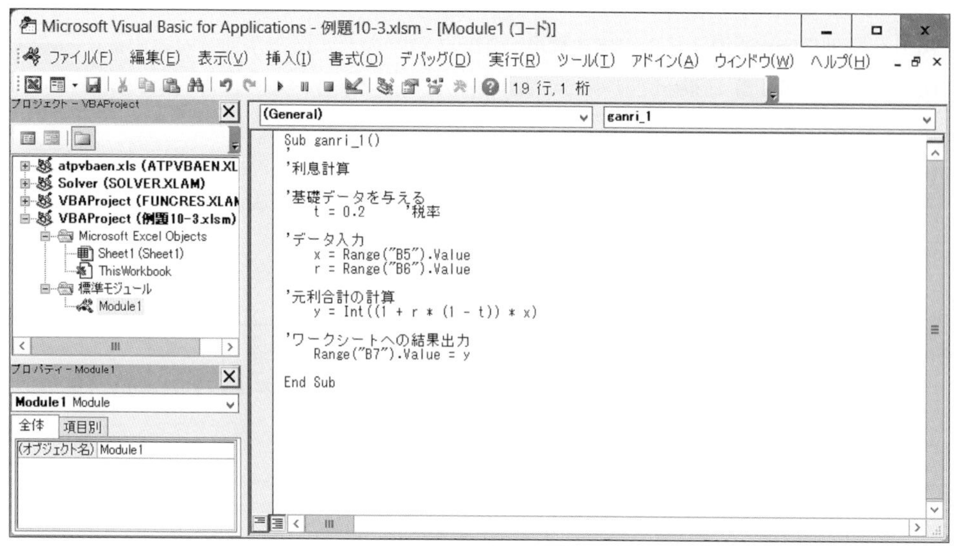

図 10.9　元利合計を計算するマクロ・プログラム

「例題 10-03 .xlsm」には 1 年ものの定期預金の元金と利息の合計を計算するマクロ (ganri_ 1) が記録されている。ここでは，利率 r と利子に掛かる税率 t は一定として，預金額 (元本) x により 1 年後の元利合計 y を計算している。これを数式で書くと，

$$y = \{1 + r(1 - t)\}\,x$$

となる。

注 | Int は小数点以下を切り捨てて整数 (円単位) にする関数である。

マクロによる元利計算の手順

1. このプログラムはマクロ名 ganri_ 1 として登録されているので，計算実行前に入力データとしてセル「B 5」に元金を，セル「B 6」に利率をそれぞれ入れておく。
2. **[開発]**タブから**[マクロ]**をクリックして，ダイアログボックスからマクロ ganri_ 1 を選んで実行する。
3. セル「B 7」に計算結果が入るので元利合計を確認する (Excel のセル内の式 (**図 10.7**) を使って，検算してみよう)。

10-4 ユーザー定義関数の作成と利用

例題 10-4

例題 10-3 のプログラムを改造して，どこのセルからでも実行できるように，元本かつ利率を入力とするユーザー定義関数を作成しなさい。

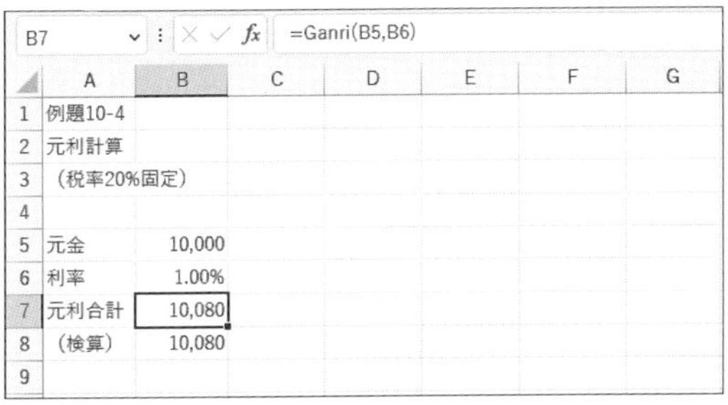

B7 =Ganri(B5,B6)

	A	B	C	D	E	F	G
1	例題10-4						
2	元利計算						
3	（税率20%固定）						
4							
5	元金	10,000					
6	利率	1.00%					
7	元利合計	10,080					
8	（検算）	10,080					
9							

図 10.10　ユーザー定義関数による元利計算の例

例題 10-3 のマクロは元金の入力セルや利率などが固定されているので，あまり便利ではない。それに対して，ユーザー定義関数は，VBA プログラムにより Excel の組み込み関数にない機能を実現するもので，ユーザーが使いやすいように仕様を決めることができ，Excel の任意のセル内で一般の関数と同様に使うことができる。

ユーザー定義関数を新規に作るには，次のように Excel および VBE を操作する。

ユーザー定義関数の作成手順

1. いったん Excel のブックをすべて閉じてから，**[ファイル]** タブから **[新規作成]** で空白のブックを開く（マクロ付きのブックを複数開いていると，Excel が正しく動作しないことがある）。
2. **[開発]** タブから **[Visual Basic]** をクリックして VBE を起動する。
3. Visual Basic のメニューから **[挿入]-[標準モジュール]** を選ぶ（図 10.11）。
4. 新しい（空白の）コード・ウィンドウに関数を書く。

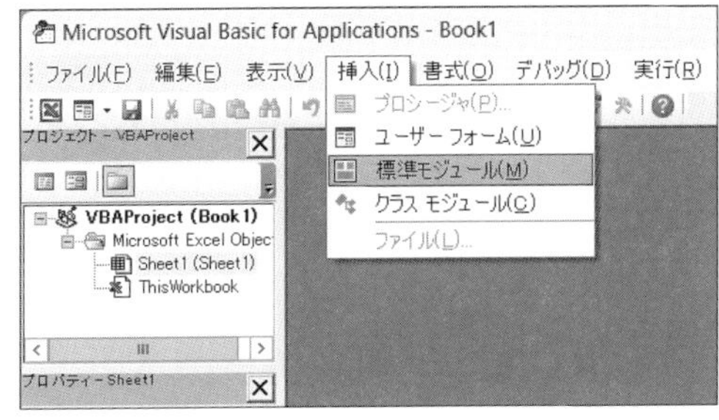

図 10.11　標準モジュールの挿入

標準モジュールを挿入したら，コード・ウィンドウから次のように命令を入れていく（すべて半角英数文字である）。

```
Function Ganri (x, r)
        t = 0.2
        Ganri = Int ((1+r * (1-t)) * x)
End Function
```

ここでは，例題10-3のプログラムがすでにあるので，標準モジュールの挿入は省略してコードウィンドウから直接プログラムを書き直してもよい。

●プログラムの注意点

①ユーザー定義関数は，SubではなくFunctionで始まる。
②Excelのセルから値を渡すために引数(x, r)を関数名のすぐ後のカッコの中に入れておく。
③計算した値を呼び出したセルに戻すために，関数の名前と同じ変数（＝の左側）に計算結果を入れる。

新たにコードを入力または変更したら，VBEの **[デバッグ]** メニューから **[コンパイル]** を実行してプログラムに間違えがないか確認しておこう（**図10.12**）。ただし，問題がないと何も表示されない。プログラムの整合性を確認したら，いったん保存しておく（注：「コンパイル」とはコンピューターがプログラムを解釈することをいう）。

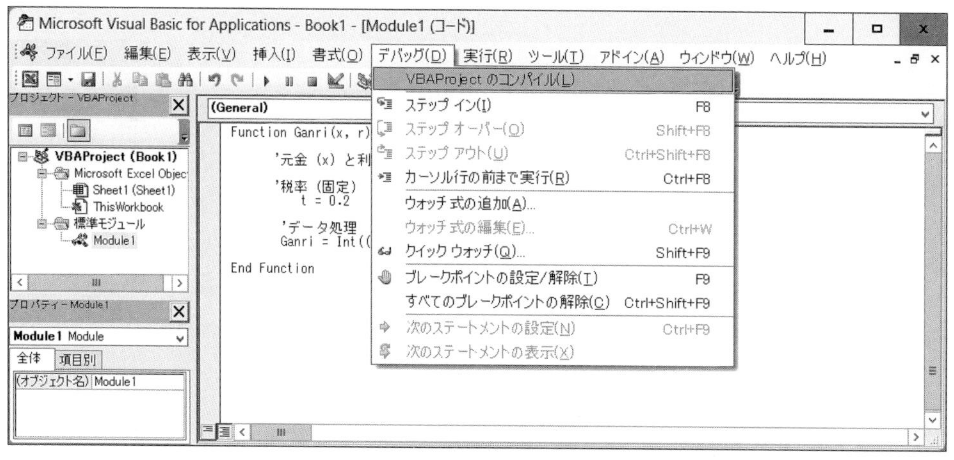

図10.12　プログラムのコンパイル

作成したユーザー定義関数を使って元利合計を求めるには次のように操作する。

ユーザー定義関数による計算

1 新しい **[空白のブック]** を開く（他のブックはすべて閉じておくこと）。
2 セル「A 5:A 7」の列に「元金」「利率」「元利合計」と項目を入れておく。

3 セル「B５」に半角数字で 10000（円）を，「B６」に０.０１（1％）を入れておく。

4 セル「B７」をクリックして選び，**[関数の挿入]** ボタンをクリックする。

5 **[関数の分類]** を **[ユーザー定義]** とすると，**[関数名]** に「Ganri」が表示されるので，これを選んで **[OK]** をクリックする（図 10.13）。

6 **[関数の引数]** ウィンドウで（図 10.14），「X」をＢ５に，「R」をＢ６と入力して **[OK]** をクリックする（プログラムに問題がなければ，すぐに計算された数値が出る）。

7 セル「B７」に表示された数値を確認してみよう（この例ではセル「B８」で＝INT（（1＋B６＊（1－０.２））＊Ｂ５）と数式を入力すると検算ができる）。

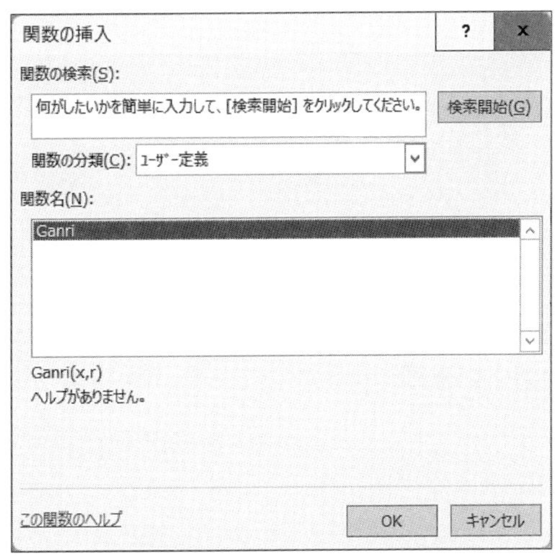

図 10.13　ユーザー定義関数の選択

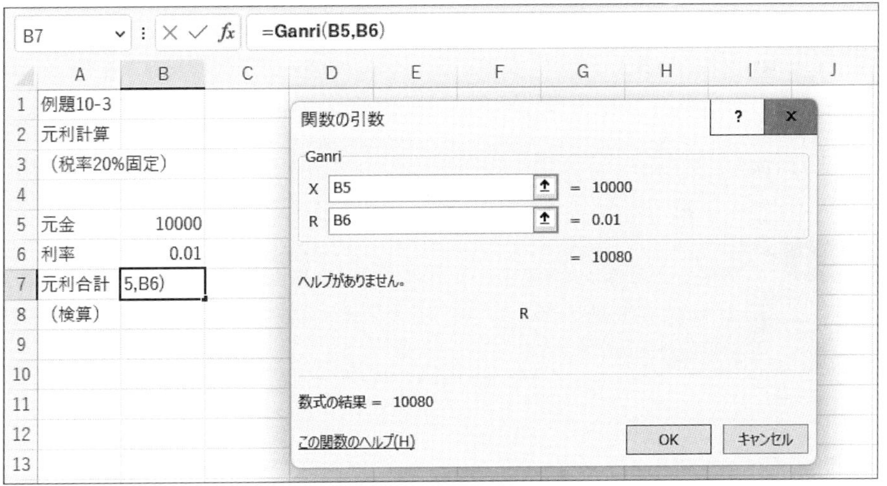

図 10.14　引数の設定

作成した関数がうまく動くと例題 10-3 と同じ計算結果が得られる。ユーザー定義関数はどこのセルでも同様に使うことができるので，元金と利率を変えて試してみよう（演習 10.2）。

本書では入門者向けにごく簡単な例題を扱ったが，本格的にプログラミングを学びたい場合は別の専門書を参照されたい。

演習問題

演習 10.1

空白のブックを開き，新しいシートを挿入したうえで TODAY 関数を使ってセル「A 1」に今日の日付を入れ，書式を年・月・日に変更するマクロを記録して実行しなさい。

演習 10.2

元利合計を計算するユーザー定義関数を作成し（例題 10-4 で作ったものを使うとよい），次の条件を満たす適当な元金の値を入れて計算しなさい。

預金額	年利率
100 万円未満	0.5%
100 万円～ 300 万円未満	0.8%
300 万円～ 1000 万円未満	1.0%
1000 万円～	1.2%

演習 10.3

1 年複利の場合の元利合計は次のような式で求められる。

$$y = \{1 + r(1-t)\}^n x$$

ここで，y が元利合計，r が利率，t が税率，n は年数である。税率は一定として，元金と利率および年数を引数として読み込むユーザー定義関数を作成し，10 年後までの各年で元利合計を計算しなさい。ただし，各年の年利率は一定とする。

演習 10.4

例題 9-1 で作った表の空いた列に日経平均株価のボラティリティを計算するマクロを作成しなさい。ここで，ボラティリティは平均株価の 1 日毎の変動の標準偏差を計算したものである。

I116　=STDEV.S(I5:I111)

	A	B	C	D	E	F	G	H	I
1	表9.1 日経平均株価								
2									
3	年月	平均株価	偏差	偏差 2 乗	3 ヶ月移動平均	6 ヶ月移動平均	12 ヶ月移動平均		変動
109	2019年10月	22,927.04	6,418	41,191,775	21,769.35	21,451.11	21,391.31		1,171.20
110	2019年11月	23,293.91	6,785	46,035,572	22,658.93	21,899.90	21,469.88		366.87
111	2019年12月	23,656.62	7,148	51,089,070	23,292.52	22,296.68	21,773.37		362.71
112	最高	24,120.04	偏差 2 乗和	2,446,912,862					
113	最低	8,434.61	データの数	108.00					
114	平均	16,508.96	分散	22,868,344.51					
115	標準偏差	4,782.09	平方根	4,782.09					
116								ボラティリティ	799.94

図 10.15　ボラティリティの計算例

さくいん

●本書の関連データがWebサイトからダウンロードできます。

https://www.jikkyo.co.jp/download/ で

「実践コンピューターリテラシー入門」を検索してください。

提供データ：例題・演習データ

■執筆

宮脇（みやわき）　典彦（のりひこ）　法政大学経済学部　教授

小沢（おざわ）　和浩（かずひろ）　法政大学経済学部　教授

安藤（あんどう）　富貴子（ふきこ）　法政大学経済学部　講師

新村（にいむら）　隆英（たかひで）　法政大学経済学部　講師

●表紙——アトリエ小びん　佐藤志帆

●本文デザイン————難波邦夫

実践コンピューターリテラシー入門 改訂版

2013年10月31日　初版第1刷発行
2023年11月20日　改訂版第1刷発行
2024年11月20日　改訂版第2刷発行

●執筆者　宮脇　典彦（ほか3名）

●発行者　小田　良次

●印刷所　大日本法令印刷株式会社

●発行所　実教出版株式会社
〒102-8377
東京都千代田区五番町5番地
電話［営　　業］(03)3238-7765
　　［企画開発］(03)3238-7751
　　［総　　務］(03)3238-7700
https://www.jikkyo.co.jp

ISBN 978-4-407-36357-9　C3004　　Printed in Japan